L'allaitement

Du même auteur

D'amour et de lait, Cahiers du Nouveau-né, ouvrage collectif, Stock, 1983.
Les Compétences du nouveau-né, nouvelle édition, Albin Michel, 1999.
Le Sommeil, le Rêve et l'Enfant (avec Marie-Josèphe Challamel),
    nouvelle édition, Albin Michel, 1999.

Dr Marie Thirion

L'allaitement

Illustrations de Christiane Schaeffer

Nouvelle édition revue et corrigée

Albin Michel

Collection « Bibliothèque de la famille »
dirigée par Mahaut-Mathilde Nobécourt

SOMMAIRE

Introduction   9

CHAPITRE I - **S'il te plaît, dessine-moi un sein...**   15
   Des fantasmes bien loin de la réalité   16
   La réalité de la nature   22

CHAPITRE II - **Le lait jaillira, ou la physiologie du lien mère-enfant** 37
   Le signal bébé de la tétée   39
   Le temps de réaction cérébrale   50
   L'arrivée des hormones hypophysaires   56
   Le jaillissement du lait   62
   La régulation de la production du lait   65
   Un peu d'horaire, pour ne plus compter...   66
   L'action bénéfique sur l'organisme maternel   68

CHAPITRE III - **Le lait du petit d'homme, ou la biologie du lien**   73
   La fabrication du lait   75
   Le lait, spécificité de l'espèce   80
   Le colostrum, lait de l'adaptation   82
   Le matériau de construction du tissu humain   84

CHAPITRE IV - **Choisir l'allaitement et s'y préparer**   107
   Trois conditions nécessaires et suffisantes   110
   Faux problèmes et racontars   113
   Existe-t-il de vraies contre-indications ?   119
   L'alternative : le blocage de la lactation   122
   Comment se prépare-t-on à allaiter ?   125
   Le choix de la maternité   128

CHAPITRE V - **La première tétée**   131
   Pourquoi une tétée précoce ?   132
   Naissance et première tétée   137
   Les avantages médicaux de cette tétée précoce   143
   Premières tétées et naissances difficiles   146

CHAPITRE VI - **Le séjour hospitalier,**
ou la mise en route de l'allaitement 151
Une nécessité au début : l'allaitement à chaque éveil du bébé 152
Le début de la lactation 159
Les conditions d'un allaitement réussi 162
Petites difficultés de démarrage 172

CHAPITRE VII - **Les problèmes médicaux de l'allaitement,**
lésions des mamelons et des seins 185
Les difficultés fréquentes 187
Les infections sévères du sein 197
Allaitement et pathologie mammaire 200

CHAPITRE VIII - **Les mille et une tétées, ou la phase d'équilibre** 203
Le jardin des délices 204
Le nourrisson qui va bien 207
La mère qui va bien 211
Quelques cas particuliers 219

CHAPITRE IX - **Le sevrage, un nouveau pas vers la liberté** 223
Un mot et un moment difficiles à définir 224
Les avis des experts pédiatriques 231
Quelques notions de bon sens 232
Sevrage et changement de lait 241
Sevrage et alimentation diversifiée 248

Annexes 257
Bibliographie 259
Où trouver les réponses aux principales questions
que vous vous posez 267
Liste des lactariums en 2004 271
Table des matières 275

Au commencement il y avait une énorme goutte de lait
Alors vint Doondari et il créa la pierre
Puis la pierre créa le fer
Et le fer créa le feu
Et le feu créa l'eau
Et l'eau créa l'air
Puis Doondari descendit pour la seconde fois. Il prit les cinq éléments
Et il en modela l'homme.

Contes africains de la création, Ulli Beïer (Fédérop)

INTRODUCTION

Désirer, concevoir, porter de longs mois en son ventre un tout petit enfant, le voir naître de soi est une des plus belles aventures qui puisse être vécue.
L'allaiter, c'est poursuivre avec lui une relation unique et privilégiée au-delà des gestes, au-delà des mots, relation dans laquelle les corps gardent toute leur place : corps d'enfant programmé à cette recherche dont il recevra les éléments de construction de sa matière vivante les plus directement, et fidèlement, adaptés. Corps de mère largement transformé par et pour cet enfant, lui assurant nutrition parfaite dans son nid utérin, nutrition idéale au long des mois après la naissance. Échange vrai où le don de lait de la mère à l'enfant s'accompagne du don de l'enfant vers sa mère d'un équilibre hormonal et neuro-endocrinien précieux. Il n'y a aucune rupture entre le temps d'avant et celui d'après la naissance. La maternité, cet immense art féminin, peut se vivre et se jouir dans une merveilleuse continuité. Mais, au fait, qu'est-ce que la maternité ?
La maternité, c'est d'abord l'aventure d'un couple. Couple stable ou couple de hasard. Amour fou ou passage inattendu, peu importe, la rencontre, la recherche de l'autre dans son corps. Au début est la sexualité, ses plaisirs, sa peur, sa folie. Au début est le corps à corps d'un homme et d'une femme. Au début est la « vie ».
La maternité, c'est ensuite l'aventure d'une femme. Aventure unique et irremplaçable. Heureuse ou affolée, accueillante ou rigide, épanouie ou désespérée, une femme devient mère dans son corps : seins qui gonflent, ventre qui se tend, s'arrondit, enfant qui bouge doucement, fatigue, joie, dépaysement de soi-même, angoisses, rêves doux. Tout un univers nouveau de bonheurs et de peines, de sensations nouvelles, qui fait de chaque femme « ni tout à fait la même, ni tout à fait une autre »... Aucune grossesse ne ressemble à une autre. Il n'y a pas de recettes, de mode d'emploi, de guide pratique, pour vivre un tel bouleversement.
La maternité, c'est surtout l'aventure mystérieuse et profonde d'une femme et d'un enfant : le porter, le couver, l'aider à naître, le reconnaître, l'aimer, lui

apporter ce dont il a besoin, le nourrir, le voir grandir, le regarder s'éloigner. Être mère, ce n'est pas seulement donner la vie, c'est aussi la préserver, la protéger, la conduire jusqu'à son épanouissement. C'est donc accepter le risque de la vie et de la mort, de la joie et de la souffrance, de la solitude et de la rencontre, de la vie fusionnelle et de la séparation.

C'est une aventure de corps à corps, de cœur à cœur, de sein à lèvres, de peur à plaisir, de peau à peau. Tout un univers de soins, de tendresse, d'amour dont l'allaitement n'est qu'un des éléments.

La maternité, c'est enfin l'aventure de toute une société : présence du père, pérennité de l'espèce, rôle de la famille, regard des autres femmes, transmission du code, des croyances, tout se joue dans l'enfant à travers sa mère.

Un événement aussi capital ne peut rester ignoré et individuel. De tous temps et dans toutes les sociétés, ce qui touche à la maternité – sexualité, grossesse, naissance, allaitement – a été soigneusement ritualisé et codifié. Tous les rituels de naissance et d'allaitement transmis de génération en génération, de femme à femme, de médecin à accouchée, ont toujours eu pour but premier la sécurité de l'accouchement et des tout-petits.

Mais ce but premier, à chaque époque, a été repris en main. Au nom de la famille, des nécessités économiques, des découvertes scientifiques et médicales, des croyances ou des superstitions, des lois politiques ou religieuses, de la place de la femme dans le couple et la vie sociale, chaque civilisation a imposé tout un arsenal de règles et d'interdits pour ramener la maternité dans son juste domaine, celui des femmes... et de leurs devoirs !

Le XXe siècle en Europe a multiplié les rituels de naissance. Ils ont connu en quelques décennies de profonds changements dont chacun est devenu, devient, pour un temps, la « norme » sous le nom pas toujours justifié de « sécurité ».

En 1900, toutes les femmes ou presque accouchent chez elles, entourées de leur famille, des « femmes sages » du voisinage. En 1950, toutes les naissances ont lieu en clinique ou à l'hôpital, où les femmes sont seules avec des médecins ou des sages-femmes inconnus. En 1960 se perfectionnent les techniques de surveillance de l'enfant pendant l'accouchement, permettant d'intervenir très vite en cas de danger. Mais l'on ose alors – incroyable abus de langage – nommer ces lieux, ces murs où se déroule la naissance, « maternité », laissant clairement entendre que l'immense aventure des mères peut se réduire à ces moments de contrôle technique et d'interventions médicales de plus en plus pressantes. Et tout cela au prix d'un accueil technicisé, aseptisé, déshumanisé, rigide, qui a fait des hôpitaux des lieux tellement... inhospitaliers !

En 1975, retour de bâton. Des parents et des médecins refusent cette inhumanité, et réfléchissent à l'accueil de l'enfant, à l'intimité nécessaire pour la mère, à la présence réconfortante de son « homme », au bain pour accueillir l'enfant dans un milieu chaud, rassurant, qui le porte, à la possibilité – peut-être pas toujours délirante – de laisser l'enfant naître « à la maison », dans le lit où il a été conçu. La bataille fait alors rage pendant près de dix ans entre les partisans du tout technique et ceux de l'accueil idyllique. Les médecins et les maternités s'affrontent, chacun affirmant être non seulement parfait sur son propre terrain, mais aussi tout à fait performant sur le terrain de l'autre. Mères, pères et soignants de bonne volonté ne savent plus qui croire, ni à qui faire confiance. Cette polémique autour des berceaux s'apaise à peine, et nous voilà dans l'ère hypertechnique, hyperangoissante des procréations médicales assistées, du contrôle de la reproduction humaine dès ses premiers instants, de la banalisation médiatique de prouesses médicales. Au risque de voir surgir insidieusement une nouvelle norme presque « extracorporelle » de faire nos enfants, qui rejoindrait les rêves de la littérature de science-fiction et de nos fantasmes les plus fous. Nous n'en sommes plus très loin. Nous laisserons-nous piéger par ce mythe de toute-puissance ?

Même raccourci historique sur l'allaitement. En 1900, les bébés nourris autrement qu'avec du lait de femme meurent à 90 %. Les femmes de France allaitent leur enfant, ou s'achètent les services d'une nourrice. La guerre de 14-18, qui envoie à l'usine pendant l'absence des hommes un large contingent de jeunes femmes de milieu défavorisé (justement le milieu qui « fournissait » les nourrices), sonne le glas de cette tradition. On tente d'alimenter les bébés au lait de vache, d'abord simplement coupé d'eau et sucré, puis peu à peu modifié, adapté. En 1950, un nourrisson sur trois seulement est nourri par sa mère. Le dernier bureau de placement des nourrices à Paris vient de fermer ses portes... pendant que se créent les premiers lactariums, modernes structures destinées à procurer médicalement aux bébés malades et prématurés cet aliment-médicament indispensable. Les laits de vache en poudre font leurs premières grandioses publicités, et les jeunes femmes en tricotant bavardent des mérites comparés de la marque Truc et de la marque Machin, ignorant que la composition chimique de ces différents produits est la même ou presque... et qu'il s'agit toujours de lait de vache.

Pendant ce temps, les femmes, les mères, et donc aussi le personnel soignant des hôpitaux, désapprennent, oublient l'allaitement. Les mères, les grands-mères ne l'ont pas vécu, ne savent plus et racontent les échecs qu'on leur a fait subir. Qui d'entre nous a vu dans son enfance sa mère ou une autre femme allaiter, qui d'entre nous connaît les gestes ? Toutes les petites filles donnent le biberon à leurs poupées... Quel médecin, quelle sage-femme, qui du personnel soignant peut guider, conseiller, accompagner une jeune mère qui débute un allaitement ? Ils n'ont appris au cours de leurs études qu'une diététique traditionnelle de rations et d'horaires – prévue pour faire mieux tolérer aux nouveau-nés des laits qui leur sont biologiquement peu adaptés – et n'ont que de vagues notions du fonctionnement des seins de femme. Savez-vous que dans le programme des cours dits d'« éducation sexuelle » au lycée, le mot sein n'est même pas prononcé ! Quand on sait la place des seins dans l'imaginaire des adolescents...

La dérive actuelle est spectaculaire : les recherches sur le lait humain démontrent chaque jour un peu plus ses qualités et son adaptation parfaite aux besoins de l'enfant. Les pédiatres, les services de soins aux prématurés cherchent désespérément du lait humain pour sauver des nouveau-nés gravement malades ou prématurés. Les lactariums ne savent plus comment recueillir quelques litres de ce médicament inestimable... Et de moins en moins de femmes arrivent à « avoir du lait, assez de lait », ce qu'elles attribuent immédiatement à une anomalie définitive chez elles. Pour chacune, l'absence de lait devient une sorte de fatalité : ma mère n'en a pas eu, je n'en ai pas... Nulle ne songe à mettre en cause un défaut du démarrage de cette fonction à laquelle leur corps s'était longuement préparé. Il est admis que les seins des femmes de France ne marchent plus ou marchent mal. Chacun conseillera de s'en faire une raison. Combien de parents ou de médecins se demandent seulement pourquoi. Que s'est-il passé dans nos corps, dans nos têtes depuis moins de cinquante ans pour que cet organe ne fonctionne plus ? La castration symbolique est évidente, mais qui s'en soucie ?

Tout le personnel soignant se fait – plus ou moins innocemment – complice de cette désinformation. On donne d'emblée aux nouveau-nés des « compléments », ce qui signifie que ni le bébé ni sa mère n'ont de chance de réussir à temps l'adaptation de l'un à l'autre qui fait couler le lait. Il convient de les compléter, ils sont « insuffisants ». Tous les pédiatres, les psychiatres s'occupant d'enfants et de jeunes femmes parlent haut et fort des conséquences graves pour la mère de se voir, dans le regard des autres, insuffisante pour son bébé dès les premiers instants de leur relation, mais qui s'en soucie ?

Il est temps de retrouver les bases, de les raconter simplement pour donner à chaque femme le choix vrai de nourrir ou non son bébé. **Les seins fonctionnent si on les met en route. Ils végètent si on les fait végéter. Ils s'arrêtent s'ils fonctionnent peu.** Les bases, les voilà.

Chaque femme le vit dans son corps, avec ses émotions et ses rêves, ses rejets ou son épanouissement, son histoire de petite fille et sa liberté. Tout comme la naissance, l'allaitement la confronte à l'inconnu, aux sensations nouvelles, aux intensités de l'instant. Il y aura de la joie et de la peur, des seins lourds et des émotions de vide, les commentaires pesants de l'entourage et la bouche active du bébé, le regard inquisiteur ou heureux du père, l'impression que la vie s'arrête et que tout cela va durer... Il y aura la « vie », ses chahuts et ses bonheurs.

Choisir l'allaitement et le réussir, choisir le biberon et être en paix : c'est cela le véritable enjeu. Cela implique de connaître son corps et ses possibles. Et d'avoir le courage de faire réellement un choix. Sortons enfin de ces discours pervers où les femmes qui préfèrent nourrir leur bébé au biberon devraient obligatoirement se sentir culpabilisées si on parle d'allaitement devant elles. Le choix existe. La liberté d'en parler aussi.

Dans ce livre, volontairement, je ne vais parler que d'allaitement. Comprenez bien que je ne cherche pas à promouvoir une nouvelle mystique de l'allaitement au sein.

Je n'écris pas un plaidoyer pour que les mères « rentrent à la maison » et s'occupent de leurs enfants. Je ne cherche pas à renvoyer les femmes à leur physiologie de femelles mammifères. Je ne voudrais pas participer à la rédaction d'un nouveau manuel de recettes infantilisantes ou intellectuelles sur les mille et un détails techniques nécessaires pour être une bonne « mère-nourrice », et encore moins participer à créer une nouvelle norme.

Je voudrais juste raconter, avec des mots de tous les jours, ce que fait le bébé avec sa bouche, ce qui se passe dans le corps de la mère, comment coule le lait, ce qui peut le bloquer, les moyens de sortir des petits problèmes de mise en route.

Toutes les notions sur ce sujet, dans les revues tant médiatiques que scientifiques courantes, ont des dizaines d'années de retard sur les découvertes des chercheurs. Ce type d'informations n'apparaît jamais aux informations télévisées du soir. On parle régulièrement de sida, de cholestérol, de régimes et d'infarctus, mais jamais de ce sujet qui, si l'on y réfléchit bien, n'intéresse que... 700 000 jeunes couples en France chaque année. Pour eux, au moins, il est temps de faire le point.

Je l'ai fait il y a vingt ans, au moment où nous avions commencé à comprendre l'inadéquation profonde des besoins des mères et des bébés avec les réponses habituelles des soignants. Le fossé a continué à se creuser entre ce qui est recherche scientifique récente et ce qui est culture locale ou régionale, ou même ce qui nous vient tout droit d'une idéologie « importée ». Et il faut refaire le point.

D'abord parce que les découvertes scientifiques de ces dernières années ont permis de confirmer et d'approfondir des hypothèses indispensables à la compréhension de cet « échange des corps » au cours duquel le lait se met à couler.

Ensuite parce que la situation des bébés et de leurs mères ne s'est guère améliorée depuis vingt ans. L'accueil des hôpitaux s'est fait plus humain, mais les techniques médicales pèsent plus lourd. Les programmes des écoles de sages-femmes, de puéricultrices et d'auxiliaires puéricultrices ont gardé longtemps tous leurs archaïsmes. En particulier celui des « protocoles alimentaires » de nouveau-nés, qui ne font aucune différence entre le bébé que sa mère veut allaiter – et qui doit, avec elle, mettre au point sa technique – et celui qui boira un biberon.

Il y a aussi l'évolution des connaissances sur la composition des laits, le lait de mère et les substituts artificiels. Connaissances sur l'équipement enzymatique du bébé, et donc sur ce qu'il peut digérer, utiliser, pour construire sa matière vivante, et ce qui va l'encombrer, lui apporter inutilement du travail métabolique digestif, hépatique ou rénal.

Il y a également, dans les pays en voie de développement, l'épouvantable mortalité des bébés que leurs mères – croyant « bien » faire en faisant « comme nous » – décident de ne pas nourrir au sein. Les conditions tant nutritionnelles qu'infectieuses sont radicalement différentes. Pour nous, le choix existe ; dans ces pays, les conséquences sont dramatiques.

Il y a encore, même en France en ce troisième millénaire, des jeunes couples, des mères, pour lesquels l'achat d'un lait artificiel pour nourrisson a un coût exorbitant. Chômage, emploi précaire, licenciement compromettent le budget familial, amenant trop souvent au passage précoce à des laits inadaptés et dangereux alors que les seins de la mère auraient pu fournir – gratuitement – un aliment idéal. Il y a enfin, et c'est un sujet complexe, la multiplication de problèmes autrefois rares et qui handicapent le quotidien de nos petits : allergies, infections ORL chroniques, diarrhées virales multiples. Beaucoup d'éléments ont transformé la vie de nos bébés depuis le début du siècle : l'urbanisation, la vie en crèche, la pollution de l'environnement... Le choix du mode d'alimentation interfère-t-il – et si oui dans quel sens – dans l'évolution de nos enfants ? Les recherches scientifiques sur ce sujet sont rarissimes en France, mais la littérature mondiale permet de poser les premières hypothèses sérieuses. Là encore, il nous faut faire le point. Les recherches scientifiques avancent. Nous savons maintenant qu'un contact intense entre la mère et son bébé est l'une des clés de la réussite. Nous savons aussi que toutes les mères peuvent fabriquer assez de lait pour leur bébé et même pour des jumeaux ou des triplés à la condition de maintenir la « juste » fréquence de tétées nécessaire au fonctionnement de leurs seins. Et cette fréquence est très variable d'une mère à l'autre. Certaines mères produisent un volume idéal de lait en 4 ou 5 tétées par jour. D'autres auront besoin de le faire deux ou trois fois plus souvent pour obtenir le même volume de lait. Dans ces cas, la présence presque constante du bébé près de sa mère est une condition essentielle du maintien de la lactation. À partir de ces données scientifiquement irréfutables, chaque mère, chaque couple établira ce qu'il peut et veut vivre. Un modèle culturel qui nous vient en force des États-Unis voudrait qu'au nom de cette biologie et de « preuves » anthropologiques, toutes les mères se consacrent entièrement à leur bébé. Qu'elles le portent contre elle en permanence, dorment avec lui, le fassent téter sans restriction aucune, le jour comme la nuit, ne retournent pas au travail et ce, pendant des années. Ce modèle me paraît pernicieux car très loin de la réalité de la plupart des jeunes femmes. Notre puériculture traditionnelle, modèle tout à fait contestable de séparation imposée précoce, ne peut du jour au lendemain se transformer de façon radicale. Comme toujours, vouloir généraliser et figer des comportements au nom d'une norme, biologique ou culturelle, est très risqué. Couper les jeunes mères de leur environnement traditionnel et de leurs habitudes amènerait plus d'échecs et de malaise qu'il aiderait d'allaitements. Soyons prudents. Au-delà de toutes les connaissances théoriques, je voudrais parler de rencontre, de corps et d'émotions. Parler de la tendresse, parler de la peur et de la souffrance, parler du désir et de tout ce qui le bloque, parler du non-désir et du corps qui préfère le silence, parler des jours joyeux à « bébé rond » et des moments de découragement, du sourire et des larmes, de la puissance et du vide, parler de nous, hommes, femmes, enfants dans nos trajectoires d'humains vulnérables et rieurs. Et parler du lait qui gicle quand la joie fleurit.

CHAPITRE I

S'il te plaît,
dessine-moi un sein...

Il est temps de réaliser que nous n'avons pas à perpétuer les peurs et les règles de nos ancêtres.
Il est temps pour chaque individu de se laisser aller totalement, dans la plénitude de la vie, telle qu'il la ressent.

C. Milinaire, *Naissance*,
Albin Michel, 1977

Alors elle laissa voir le sein le plus charmant que la nature eût jamais formé. Un bouton de rose sur une pomme d'ivoire n'eût paru auprès que de la garance sur du bois, et les agneaux sortant du lavoir auraient semblé d'un jaune-brun...

Voltaire, *Zadig*

Qu'y a-t-il à l'intérieur d'un sein ?
Que contient-il ?
Quel tissu le remplit ?
De quoi est-il fait ?
Quand fonctionne-t-il ?
Comment pourrait-on le dessiner ?
Toutes ces questions, apparemment très anodines, vous pourriez vous les poser, tenter d'y répondre avec un papier et un crayon. Il est facile de prévoir les réponses, car le manque d'information est très fort et les stéréotypes toujours les mêmes. Tout le monde sait que c'est une « glande », mais, derrière ce mot, que se cache-t-il ?

Dans un bel emballage que l'on dessine triangulaire, trop triangulaire et pointu pour être réaliste, se cachent surtout nos « gros fantasmes », et bien peu une fonction normale du corps. Pour tenter de les démythifier, je vais vous décrire les fausses visions qui traînent dans nos têtes et donc aussi dans celles des professionnels de santé qui n'ont guère eu le loisir d'affiner leurs connaissances.

Nous ne le savons pas, mais elles imprègnent profondément nos modes de pensée, donc nos conduites, et contribuent largement aux échecs ou aux difficultés de l'allaitement.

Des fantasmes bien loin de la réalité

Première vision fausse : le sac

Ce drôle d'objet ne serait qu'un récipient, une besace, un vague biberon mal gradué qui se vide et se remplit au gré du temps et des humeurs, directement en fonction de ce que mange la mère. Après une tétée, il faudrait laisser à la besace le temps de se remplir...

◆ **Trop ou pas assez rempli**

Alors le lait « monte », mais la « première » montée de lait est une sensation terrible qui peut donner de la fièvre. Ce sac peut être vide, ou trop plein, jamais « juste comme il faut ». À l'intérieur, le lait peut stagner et s'infecter. Plus il est tendu, plus il y a de lait. La preuve, c'est qu'avant la tétée il est tendu ; après, il est tout mou.

Savez-vous qu'en pays bigouden un joli soutien-gorge se nomme « porte-brenou à dentelle » ce qui signifie très exactement « porte-sac » ?

Et savez-vous que les « roberts », nom courant des seins dans les conversations de bistrot, étaient les premiers biberons commercialisés, sortes de sacs suspendus au-dessus du berceau avec un tuyau qui descendait dans la bouche du bébé.

Le dessin illustre bien cette fausse image si fortement ancrée : le bébé boit sur un récipient à moitié vide, va avaler de l'air, et sera sans doute gêné pour son rot. Pourtant ce sein trop bombé, rond, rassurant, a la superbe forme d'un sein... gravement engorgé. Quant au volume, la graduation ne nous dit rien, mais il est évident qu'on croit que la mère devrait compter, et que le bébé ne sera satisfait que lorsque son estomac sera plein...

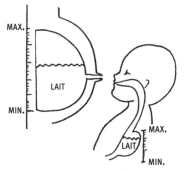

Des représentations imaginaires

Méfions-nous de ces visions simplistes. La vie n'est pas faite de matériel de laboratoire. Qui pourrait croire que l'allaitement serait plus simple si les seins et l'estomac étaient en verre... et gradués !

◆ **Avec une tétine non conforme**

Continuons nos visions mythiques. Pour être fonctionnel, ce sac devrait avoir une tétine correcte : bien longue, ni trop aplatie, ni trop ronde, ni trop carrée, pas trop large, pas trop étroite et, bien sûr, stérilisable, c'est le moins que l'on puisse faire. Le modèle choisi comme idéal, tout le monde le connaît : ce sont ces merveilleuses tétines en caoutchouc ou en silicone que l'on peut acquérir pour quelques euros dans n'importe quelle pharmacie ou dans les supermarchés, et qui rentrent si bien dans la bouche de nos bébés.

Quand une femme quitte son soutien-gorge et regarde ses seins, l'horreur est immédiate : ce n'est pas ça du tout – tout plat, tout mou, tout rentré. L'entourage ne lui fera grâce d'aucun commentaire : elle n'a « pas de bouts », des « bouts mal formés », des seins « ombiliqués » et j'en passe. A-t-elle eu seulement l'occasion d'observer ses mamelons lorsqu'ils sont en érection, donc plus durs, plus longs. Cela peut survenir dans un bain froid ou un peu trop chaud, au cours de certaines émotions et, bien sûr, dans la jouissance amoureuse. Mais qui le sait, qui en joue...? La mutilation mentale semble extrêmement violente.

Il existe des protège-mamelons en silicone, vendus dans toutes les pharmacies, censés servir de prothèse-tétons à ces pauvres jeunes femmes mal formées. Tout le monde les appelle en toute impunité « bouts de seins », ce qui laisse bien croire qu'à l'endroit où on les applique, il n'y a « rien », et qu'il faut appareiller ce handicap. Que se passerait-il dans la tête de nos adolescents si les préservatifs s'appelaient, dans le langage courant, verge ou pénis ?

Il existe même – l'imagination humaine n'a aucune limite – des appareils d'« orthopédie du mamelon » vendus dans toutes les pharmacies sous le nom de niplettes. Il s'agit d'un petit capuchon en plastique, de la taille d'un dé à coudre, dans lequel on peut faire le vide (donc un « suçon ») avec une seringue. Et le fabricant de nous expliquer que toute femme qui garderait de telles « pompes » sur ses mamelons pendant les trois derniers mois de sa grossesse se verrait dotée de super-mamelons longs, actifs. C'est confondre une forme passagère passive avec une fonction... et c'est aberrant. S'il suffisait de faire le vide pendant quelques semaines autour d'un organe érectile pour qu'il ait, à tout jamais, une forme éblouissante, ne croyez-vous pas que cela se saurait déjà ?

Il serait peut-être temps de se rappeler que les tétines des pharmacies ne datent que du début du siècle, qu'elles ont suivi les premières importations de caoutchouc (pour la fabrication des pneus de voiture...) et que les premières ont été inventées par les vétérinaires pour des petits animaux, sur le modèle des pis de vache ou de chèvre. Les médecins n'ont fait qu'imiter leurs confrères animaliers. Voilà comment se crée un modèle.

Dans certaines régions de France sévit encore le mythe que le mamelon, cette tétine mal faite, doit être « percé » avant le premier allaitement. Ce curieux obscurantisme entretient chez des jeunes femmes une angoisse diffuse sur ce qu'il va leur falloir subir. Nous ne sommes pas loin du fantasme d'une « autre virginité » à déflorer de gré ou de force et, bien sûr, douloureusement. Quel gâchis !

Deuxième vision mythique : la source

Le sein est une richesse de la nature, un lieu qui coule « tout seul », mais que l'on ne contrôle pas.

Si par chance la source est « vive », le bébé pourra boire à satiété ce qui lui est passivement donné. Mais comment le savoir ? Les questions qui viennent obscurément à l'esprit sont innombrables : d'où vient-elle ? N'y a-t-il pas sécheresse, triste temps pour les sources ? Comment mesurer le débit, comment jauger la qualité du flux ?

Coulera-t-il encore demain, ou dans deux heures ? Comme ma mère ne coulait pas, peut-être ne pourrai-je pas non plus ! Ce qui coule est-il pur ou a-t-il été « pollué » par notre monde moderne ? Cette « eau de mère » (comme j'ai entendu nommer le lait de femme en Normandie) peut-elle être vraiment nourrissante ? Et puis, vous le savez, tout le monde le sait, **les sources sont mystérieuses, capricieuses, les femmes aussi** ! Mieux vaut ne pas compter sur elles. Écoutons les mots populaires : les eaux peuvent inonder, se tarir, déborder, s'engorger, s'assécher, disparaître, resurgir... Le lait aussi.

En France, dans toutes les régions de fort ensoleillement, la sécurité du foyer a été de creuser un puits près de la maison, de ne pas compter sur la source. Quant aux femmes, impossible de leur faire confiance, « complétons-les » avec nos beaux biberons... Les professionnels de santé s'y emploient dès les premières heures après la naissance. Les dieux familiers des sources et des fontaines sont bien morts !

Troisième fausse vision : la mère nourricière

Pour allaiter, il faut des gros seins, des grosses fesses, des gros bras pour « caler le bébé », et une peau bien blanche pour que le lait soit bien blanc. Ce sont les critères sur lesquels se choisissaient les nourrices, nous ne les avons pas tout à fait oubliés.

Là encore, écoutez le langage populaire : les seins sont des nids, des nichons, des nibards, des nénés, des doudous, des roudoudous, des coussins, tout ce sur quoi on peut se lover, se blottir. Ils se doivent d'être plantureux, « généreux », et de « remplir la main d'un honnête homme ». Sinon ils sont qualifiés de façon méprisante de gants de toilette, œufs sur le plat, oreilles de cocker et autres gentillesses. Les « mamans-tétons », nourrices en Périgord au XVIIe siècle, étaient « maintenues au diamètre » par une alimentation incroyablement riche, pour que « le petit » ne manque de rien. Obésité, symbole de fertilité et de richesse, qui existe dans de nombreux pays de la planète. On engraisse encore quelques fillettes au Moyen-Orient pour qu'elles soient nubiles et fertiles très tôt...

Bref, dans nos souvenirs inconscients, plus une femme ressemble aux déesses antiques, aux Vénus girondes, plus elle peut être socialement considérée comme mère au lait fertile et fertilisant, garantie de tendresse et de nutrition abondantes. La « vraie » mère est donc une déesse obèse.

Dans notre civilisation imprégnée de christianisme latin, l'image a logiquement évolué vers celle de la jeune madone pure, au lait pur, asexuée. Elle n'est plus vierge, modèle mystique inaccessible, mais devrait fuir la sexualité et ses « impuretés », au moins jusqu'au sevrage de l'enfant, sous peine de nuire à la santé de son petit.

Nous pourrions longuement décrire cette ambivalence permanente entre la mère et l'amante, la maman et la putain. Elle imprègne nos mentalités. Les interdits rituels ont été majeurs, et le restent. Nous en retrouvons de lourdes traces dans le langage populaire et dans la pratique quotidienne de certains médecins. Ne dit-on pas que :

• La reprise « trop précoce » de la sexualité des parents « coupe » le lait.

• Le retour de couches impose un sevrage rapide car le lait devient moins bon, ne peut plus convenir, n'est plus nourrissant.

Nous sommes là en plein fantasme sur l'« impureté des femmes » et leurs écoulements. Ah, l'impureté des règles des femmes et du sang qui coule hors de tout contrôle ! N'a-t-il pas toujours été dit que ça faisait tourner le lait dans les laiteries, et empêchait la mayonnaise de prendre...

• Si une mère est à nouveau enceinte, elle doit sevrer immédiatement l'enfant encore allaité, car le risque pour le suivant serait terrible.

• Allaiter en public, c'est indécent.

• Allaiter un enfant qui commence à marcher ou à parler, c'est carrément obscène. Avez-vous entendu les commentaires qui pleuvent sur cette impudique qui va « nous » faire un malade mental ou un homosexuel à ne pas « le laisser se décrocher » du sein ?

Dans les pays nordiques, le mouvement féministe des années 1970 a conduit toute une génération de femmes à redécouvrir leur corps dans une mouvance de plaisir et d'équilibre. L'allaitement est redevenu une évidence heureuse pour la plupart d'entre elles. Pour des raisons sur lesquelles, à ma connaissance, personne ne s'est encore penché, le féminisme chez nous a eu un effet inverse. Les mères allaitantes des années 1970 ont davantage donné l'image des « babas » à longues jupes et sabots... Comment une jeune femme actuelle, qui se veut libre, svelte, élégante, amoureuse, bronzée, sportive, dynamique, professionnelle au-dehors, amante tonique chez elle, peut-elle supporter au long cours de telles images savamment distillées par son entourage ? Qui peut se voir en mère-madone ou en grosse baba dans le regard de son homme ? Qui en parlera librement et joyeusement avec lui ?

Quatrième vision d'horreur : la vache laitière

Qui produit du lait en quantité satisfaisante ? La vache. Pas de doute : si le paysan fait sa traite, il en récolte vingt-cinq ou trente litres à tout coup. Et quelles mamelles ! Volumineuses, lourdes, pendantes, « pleines », d'où le lait jaillit en grands jets puissants qui résonnent au fond du seau. Voilà le modèle de la production « normale », satisfaisante puisque visible par tous.

Et quel lait ! Épais, crémeux, mousseux, abondant, nourrissant, prototype de l'aliment indispensable. De l'alimentation de l'enfant à celle du sportif, de celle de la femme enceinte à celle du vieillard, il est toujours prescrit. Quand arrivent une sécheresse, un tremblement de terre, une guerre ou un drame économique sur la planète, les appels à la générosité publique font toujours référence à nos clichés les plus profonds : du pain pour les adultes, du lait (de vache) pour les enfants.

Seulement voilà, une vache c'est lourd, mou, peu réactif. Le regard « bovin », ça vous dit quoi ?

Et puis les étables, c'est sale et ça sent mauvais. Il y a des bouses partout, de l'urine qui vous ruisselle sur les pieds, le purin dans la cour, l'odeur tenace des agriculteurs après la traite, le chiffon que le paysan passe sur les pis avant de traire, les mouches qui tournent... Toute une série d'images rurales ancestrales qui fascinent les citadins en vacances.

Des traces de tout cela reviennent dans les têtes des jeunes mères quand leur entourage ou les soignants leur répètent que **leur lait est vachement bon**, que le lait doit bouillir car il s'infecte rapidement, que des microbes peuvent être transmis dans le lait au bébé, que les laits en poudre sont stériles, qu'elles n'ont pas assez de lait, qu'il faut être calme et bien manger pour bien allaiter, et avoir l'indispensable « air doux » des femmes enceintes, tous ces mots prononcés sans savoir, en se croyant neutre... « Celle-là n'arrivera pas aux quotas... », ai-je entendu dire en maternité au sujet d'une jeune femme qui venait de tirer un peu de lait pour son bébé prématuré. Une phrase qui tue...

Les images sont tenaces, et les comparaisons difficiles à assumer pour une jeune mère qui ne les avait pas vues venir.

Rappelons-nous aussi que dans les zones rurales de France, il y a quelques siècles, lorsqu'un paysan perdait sa vache, c'est toute sa richesse qui disparaissait d'un coup, mettant en péril la survie alimentaire de toute la famille. Il avait fort peu de chances de pouvoir un jour en racheter une. Par contre, si sa femme mourait, il pouvait en trouver une autre, qui, en plus, lui apporterait un trousseau et une dot... Ne serait-ce pas là l'une des explications de l'incroyable valeur accordée à tort au lait de vache comme aliment idéal pour nos petits ?

Cinquième vision fausse : la vision tiers-mondiste !

Cadeau direct des journaux télévisés et des documentaires filmés, les seules images de bébés allaités qui nous sont proposées sont toujours des images de drames planétaires. Mères décharnées tenant contre elles un enfant immobile et sans larmes, seins plats dont plus rien ne coule, indifférence des regards, celui de cette femme au-delà du désespoir, le nôtre au-delà du repas du soir. Biafra, Somalie, Kurdistan, Colombie, Afrique, Afghanistan... toutes les misères du monde s'illustrent par des allaitements aux portes de la mort.

Il serait intéressant de calculer combien de minutes, en dix ou vingt ans, nos chaînes de télévision ont consacrées à ces images et combien à de ravissantes jeunes femmes aux seins gonflés et bronzés, allaitant en riant un bambin rond et hilare, devant un compagnon épanoui... Combien aux seins nus, vides et jolis sur les plages ? Combien à un sein dont le lait gicle à trois mètres dans l'allégresse générale ? Ces quelques chiffres seraient plus éloquents que tous les sondages directs pour comprendre les messages que nous faisons passer à nos enfants. **Le non-dit est à la mesure du tabou.**

Lorsqu'une jeune femme enceinte s'interroge sur son désir de nourrir son bébé quand il sera né, elle a toutes ces images à gérer, en plus de son histoire personnelle de petite fille, fille de son père, de sa mère... Les émotions n'oublieront pas d'être au rendez-vous.

La réalité de la nature

Effaçons vite toutes ces images fausses de sac, de citerne, d'animal, de source. Parlons cette fois-ci du sein, du sein réel, du sein fonctionnel allaitant. Parlons des corps de femme. Quelques phrases pourraient résumer toutes nos connaissances.

- Le sein est une glande, une usine de production.
- Le sein est une éponge de matières premières.
- Le sein stocke du lait dans des unités microscopiques.
- Le sein est une usine à fonctionnement intermittent. Il ne marche qu'après une grossesse, et avant le sevrage. De la puberté à la mort, tout le reste n'est que temps de latence, temps passif de dormance.
- Le sein ne coule que s'il est mis en route. C'est l'activation du « démarreur » qui fait, instantanément ou en quelques minutes, jaillir le lait.
- Le sein dont la fonction est bien entretenue, comme une voiture, peut « servir » longtemps.
- Mais les humains ne sont pas des mécaniques. La vie, les émotions transforment nos fonctionnements au gré de nos peurs ou de nos joies. Le fonctionnement des seins est un reflet de notre capacité à affronter la vie et à en jouir...

Pour comprendre ce qu'est un allaitement, il est nécessaire de se familiariser longuement avec tous ces paramètres.

◆ **Le sein est un organe conçu pour produire**

Chaque glande a sa production spécifique ; les ovaires produisent des ovocytes, les testicules produisent des spermatozoïdes, le pancréas sécrète l'insuline et des enzymes pour la digestion, le rein sécrète l'urine... les seins fabriquent le lait.

Il n'existe pas, dans l'histoire biologique des individus, des organes qui se tromperaient de production ou dont la production serait spontanément (hors pathologie) notoirement insuffisante. La survie de l'espèce humaine au cours des millénaires est indissociablement liée au fait que les mères nourrissaient les bébés, qu'elles avaient assez de lait. Elles en avaient les organes, ils fonctionnaient. C'est toujours biologiquement vrai en ce début de xxie siècle : les femmes ont toutes des seins « en état de marche », mais en ont en grande partie perdu le mode d'emploi.

◆ **Le sein est un organe plein**

Le sein est un tissu compact, sans réserve ni citerne visibles à l'œil nu, un tissu prêt à fabriquer du lait dès le milieu de la grossesse. Il se compose de quatre zones étroitement imbriquées permettant de fabriquer en un temps record le « produit fini », c'est-à-dire le lait, suivant l'exacte recette du programme génétique. Ces quatre zones sont :
• les unités de fabrication ;
• la pompe interne qui le fait jaillir ;
• l'éponge sanguine de matières premières ;
• le silo conjonctivo-adipeux.
Décrivons longuement ces différents éléments.

Le tissu qui produit le lait

C'est le tissu glandulaire proprement dit, celui qui est capable de fabriquer le lait. Il travaille en continu, pendant les tétées et entre les tétées.

Il a l'étonnante particularité de n'exister que par et pour l'enfant. Avant la grossesse, il est atrophique, presque inexistant ; mais les cellules se mettent à germer, à se multiplier, dès la nidation de l'embryon, avant tout retard de règles. Combien de femmes ont su qu'elles étaient enceintes à la tension nouvelle de leurs seins, témoin de cette multiplication cellulaire rapide sous l'influence de toute une série d'hormones. Parmi ces hormones de la grossesse, plusieurs sont sécrétées par le placenta, donc par l'enfant, qui induit ainsi lui-même dans le corps de sa mère la transformation des organes dont il aura besoin pour se nourrir. Aucun embryon n'a jamais oublié de le faire, ou alors c'est au prix de sa propre existence, puisque ces mêmes hormones sont celles de l'équilibre de la grossesse...

Cela signifie aussi qu'à chaque grossesse les seins sont « refaits à neuf », avec une fonction toute neuve à mettre en route. Les expériences antérieures négatives ne préjugent en rien de la réussite possible d'un allaitement.

Cette préparation se déroule dans les quatre premiers mois de la grossesse. Chacun des minuscules bourgeons glandulaires apparus dès la vie intra-utérine va entrer en maturation, se développer, multiplier son nombre de cellules, augmenter la taille de chaque cellule, pour former petit à petit une large surface fonctionnelle. Pour chacun des innombrables bourgeons, les cellules s'organisent en une petite structure arrondie, nommée alvéole (ou acinus), débouchant directement dans un canal qui conduira le lait vers la bouche du bébé.

Toute femme dont la grossesse est commencée a des seins qui se préparent.

Chaque alvéole est ainsi constituée d'une unique couche de cellules reposant sur une fine membrane basale. Il n'y a pas de muscle extérieur pour le soutenir, ce qui a deux conséquences :

• Ce tissu extrêmement fin, un des plus fins de l'organisme, ne peut en aucun cas résister à l'étirement ou à la pression, ce qui interdit tout stockage excessif de lait dans les petites alvéoles. Si le lait se fabrique, il doit être extrait. S'il n'est pas extrait, la fabrication s'arrête. La glande qui fabrique le lait et le canal qui le conduit au mamelon ne sont jamais gravement étirés.

L'unité glandulaire

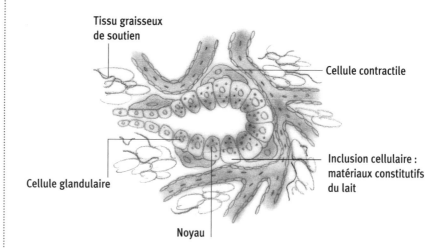

Tissu graisseux de soutien

Cellule contractile

Cellule glandulaire

Inclusion cellulaire : matériaux constitutifs du lait

Noyau

• En revanche, la finesse de ce tissu monocouche est un gage de la rapidité et de l'intensité des échanges entre l'amont et l'aval des cellules, entre le côté maternel et le côté enfant. Grâce à ce mince filtre cellulaire, des quantités importantes d'eau et de constituants du sérum sanguin maternel vont traverser les cellules pour constituer une fraction prépondérante du volume de lait. Chaque cellule fabrique aussi les constituants spécifiques qui seront entraînés par le flux filtré. Nous y reviendrons au chapitre 3.

Au moment des tétées, tout le lait est transféré vers les canaux terminaux par un moyen actif d'éjection du lait.

La pompe d'éjection

Il existe, autour de chaque unité glandulaire, des cellules contractiles nommées cellules myoépithéliales. Elles ressemblent à des « pieuvres » enserrant dans leurs tentacules l'ensemble de l'alvéole. Quand ces cellules se contractent, l'alvéole est comprimée et, dans le même temps, les minuscules canalicules centraux s'élargissent et se raccourcissent pour laisser passer le lait. Celui-ci est dont activement expulsé.

La dynamique de cette pompe mammaire n'est guère différente de celle de la pompe cardiaque, avec une alternance de contractions et de dilatations à un rythme rapide, véritables systoles et diastoles du sein.

La cellule myoépithéliale de la pompe (vue externe)

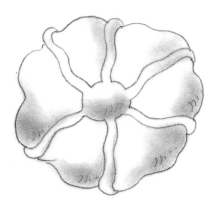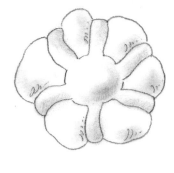

Cellule myoépithéliale relâchée
= unité glandulaire ouverte

Cellule myoépithéliale contractée
= unité glandulaire comprimée

Autour de chaque unité fonctionnelle glandulaire sont réparties de curieuses cellules en forme de pieuvre, avec de longs bras qui enserrent l'alvéole. Lorsque le sein est mis en route par une stimulation adéquate, la cellule se met à se contracter rythmiquement, effectuant un véritable mouvement de pompage.

Si vous imaginez qu'il existe des milliers d'alvéoles, que chacune possède sa propre pompe et que toutes ne fonctionnent pas exactement à la même seconde, il est aisé de comprendre que le flux de lait qui en résulte est presque continu, mais semble provenir tantôt d'un pore cutané, tantôt d'un autre.

La dynamique du flux

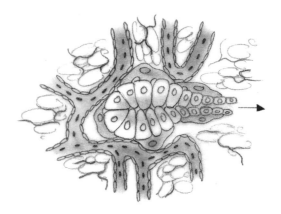

Systole alvéolaire

La pompe myoépithéliale comprime l'unité glandulaire et pousse le lait vers les canaux et l'extérieur.

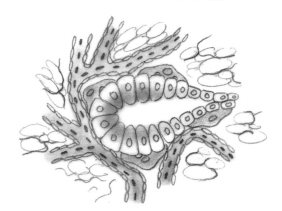

Diastole alvéolaire

Le relâchement de cette pompe mobilise les cellules sanguines et glandulaires. Le lait est sécrété dans l'alvéole.

Cette pompe est mise en route au moment de chaque tétée par une hormone, nommée ocytocine, qui arrive de l'hypophyse maternelle lorsque le cerveau a « reconnu » la stimulation adaptée effectuée par le bébé sur l'aréole du sein. Nous en reparlerons longuement.

L'éponge sanguine

Le troisième tissu au niveau du sein est le plus méconnu de tous. En volume, c'est lui qui prend presque toute la place dans l'augmentation des seins en fin de grossesse. Ses variations de remplissage expliquent toutes les modifications de volume dans les premières semaines d'un allaitement.

En effet, autour de chaque alvéole s'organise, dès le début de la grossesse, un intense réseau de vaisseaux sanguins et lymphatiques. Il s'agit de capillaires, donc des plus petits vaisseaux de l'organisme, et leur paroi très fine, aussi fine que celle des alvéoles, permet des échanges rapides et intenses.

Dans ces vaisseaux, le débit sanguin ou lymphatique triple après la naissance, au moment où les hormones du placenta ne sont plus présentes dans le sang de la mère, donc un peu après quarante-huit heures. Ce que tout le monde appelle montée laiteuse est, pour beaucoup, la dilatation assez brutale de ces réseaux vasculaires par un débit trois fois plus important qu'auparavant, ce qui explique qu'elle puisse être douloureuse. Le sein est « en crue ». S'il fonctionne bien, si le bébé provoque la stimulation hormonale de l'ocytocine, il y aura du lait.

Coupe du sein

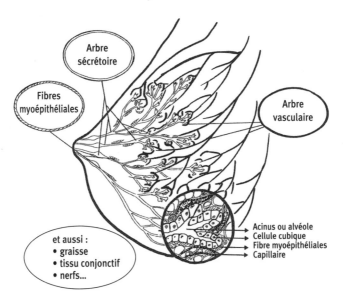

Arbre
sécrétoire

Fibres
myoépithéliales

Arbre
vasculaire

et aussi :
• graisse
• tissu conjonctif
• nerfs...

Acinus ou alvéole
Cellule cubique
Fibre myoépithéliales
Capillaire

Si la tétée n'enclenche pas le mécanisme de lactation, le sang et la lymphe distendent les vaisseaux, le sérum traverse la paroi et infiltre les tissus avoisinants. Il se produit un engorgement, c'est-à-dire une distension des vaisseaux

Ce que nous appelons communément engorgement n'a rien à voir avec une accumulation de lait dans le sein.

et des tissus environnants par cet excès de liquide, en amont des cellules glandulaires. En fait, il s'agit d'une congestion sanguine avec œdème, exactement identique à ce que l'on voit dans une entorse ou sur les chevilles après une station debout trop prolongée... Si l'on veut traiter cet engorgement, il est évident qu'il ne sert à rien d'exercer des pressions sur le sein pour « faire sortir le lait ».

> *Pour traiter un engorgement, seuls deux traitements sont utiles :*
> - *Traiter l'œdème et la congestion, comme on traite une entorse.*
> - *Actionner régulièrement le démarreur pour que le sein fabrique et éjecte du lait, ce qui diminuera la tension liquidienne dans les vaisseaux.*
> *Il ne sert à rien de presser le sein.*

Le silo

Qui dit silo dit réserve. Le sein est un grenier de graisses, riches en éléments directement utilisables dans la fabrication du lait.

De la puberté à la ménopause, les graisses donnent au sein sa forme, son volume et sa consistance. Le tissu glandulaire a grossièrement le même volume chez toutes les femmes au même stade de grossesse. Les graisses, elles, peuvent varier dans de très grandes proportions. Ces cellules adipeuses entourent les alvéoles et l'éponge vasculaire. Entre elles, le tissu de soutien n'est guère solide :

Ce n'est pas l'allaitement qui abîme les seins, ce sont les variations brutales de volume.

quelques fibres conjonctives bien peu capables de résister à des distensions importantes. Donc les variations brutales de volume des seins, au cours d'une prise de poids rapide ou d'un régime, au cours d'un engorgement, au cours de certains traitements hormonaux, sont préjudiciables pour l'avenir esthétique du sein.

Au moment de la grossesse, ce tissu évolue peu. Les modifications ressenties par la mère sont plutôt dues à la maturation des alvéoles glandulaires et des réseaux vasculaires, maturation qui existe toujours, chez toutes les mères.

La possibilité de fabriquer du lait n'a donc rigoureusement rien à voir avec le volume des seins, ni avant la grossesse, ni au moment de l'allaitement. De tout petits seins peuvent nourrir allègrement de magnifiques jumeaux dodus. Mal mis en route, des seins apparemment « généreux » tardent à enclencher une lactation satisfaisante. Tout est dans le démarreur...

Le démarreur mamelon-aréole

Dans notre société, le tabou le plus total règne sur les « bouts de seins », sauf dans quelques chansons de Pierre Perret célébrant avec tendresse cette peau brune ou rosée, en large ou courte « auréole » pointant sous le chemisier. Même les fillettes de cinq ans sur les plages portent des maillots deux-pièces ou montants pour cacher ces « taches ». Est-ce notre fierté d'une peau blanche que nous avons voulue « supérieure » qui induit de tels comportements de non-dit, de non-montré de nos zones plus... pigmentées ?

Dans un carnaval au Brésil, j'ai vu une fillette de dix-huit mois arborer pour tout déguisement deux fleurs que sa maman avait dessinées au rouge à lèvres autour de ses mamelons. Riant aux éclats, elle cambrait les reins et dansait, fière de ses deux attributs colorés avec lesquels elle provoquait les passants. Dans la liesse générale, ce minuscule bout de fille, dans les bras de son père, se savait femme... jusqu'au bout des seins ! Qui d'entre nous a eu cette chance ?

Loin d'être une vague zone de peau sombre un peu plus solide, l'aréole est une région passionnante.

♦ Une région sensible

C'est une des régions du corps les plus sensibles à certaines excitations, une région vivante qui réagit et manifeste si la stimulation lui plaît. Elle gonfle alors, se durcit, fait pointer son mamelon, véritable érection active qui n'ose dire son nom. Toutes les femmes ont eu l'occasion de l'observer, certains compagnons amoureux en jouent. Le chaud, le froid, les émotions, la sexualité sont de bons excitants. En dehors de ces moments d'excitation, l'aréole est plate, molle, le mamelon plus ou moins visible, voire carrément rentré. Même chez les petites filles, les petits garçons ou les hommes, ces différences entre une aréole au repos et une aréole stimulée sont évidentes. Pourquoi nous le cachons-nous ? L'analogie sexuelle n'est pas gênante... C'est si petit !

♦ Un repère visuel

Les nouveau-nés ont une vision très immature, mais sont attirés par un contraste coloré à moins de 30 cm de leur visage. Au moment de la tétée, la différence d'aspect entre le sein et l'aréole est un des moyens dont il dispose pour repérer où téter.

♦ Un messager odorant

Pendant la grossesse, l'aréole s'organise en messager odorant pour le bébé. Très tôt apparaissent tout autour du mamelon de petites glandes sébacées, nommées tubercules de Montgomery, qui contiennent un produit blanchâtre, épais, crémeux. Très longtemps, dans le discours populaire, on a cru que cette crème servait à lubrifier le sein au cours de l'allaitement. Cela n'a jamais été démontré, pas plus d'ailleurs que l'utilité de cette lubrification. Ce que nous avons découvert depuis quelques années est beaucoup plus fascinant : ces glandes, spécifiques de la grossesse et de l'allaitement, fabriquent un concentré d'odeur de la mère, un fil conducteur sensoriel qui va guider l'enfant dans sa recherche.

Tous les êtres vivants ont une odeur qui leur est propre, indispensable à la reconnaissance entre individus. Même les humains, dont l'odorat est complètement atrophié, sont capables de repérer les yeux bandés l'odeur d'un chien, d'un chat ou d'un cheval à proximité, ou la différence entre une rose et un brin de muguet. Dans notre vie quotidienne, l'odeur de « l'autre » joue un rôle réel dans l'attraction ou le rejet, la facilité de création d'une relation et, bien sûr, dans l'attirance sexuelle. L'odeur d'un individu, homme, femme ou enfant, est sécrétée par des glandes, proches de celles de la sueur, réparties un peu partout sur le corps, mais concentrées à trois niveaux :
– à la base du cou, à la racine des épaules, lieu de prédilection pour nicher son visage, son nez, lors d'un câlin ;
– sous les aisselles, lieu de forte émission d'odeur lors de l'activité physique ;
– près des organes génitaux... pour favoriser l'attirance sexuelle.
Pendant la grossesse et l'allaitement, ces trois sites restent actifs, mais les bouts de seins se mettent de la partie et émettent un fort message chimique odorant. Quand l'aréole se met en érection, ce que je viens de décrire, les tissus sous-jacents se gonflent de sang. Cet afflux sanguin provoque une augmentation de la chaleur locale, qui va diffuser au loin les particules parfumées. Le sein réalise donc une véritable « chaufferette à odeur » qui ne laissera pas le bébé insensible. Cette odeur le calme lorsqu'il est perdu ou fatigué, lui sert de stimulant quand il a faim. Vous avez sûrement tous vu des nouveau-nés cherchant fébrilement le sein, narines bien ouvertes, humant l'air pour mieux se diriger, même à travers les vêtements, et même s'ils sont nourris au biberon. **L'odeur est le premier repère du bébé, son signe d'appel prioritaire.** L'intensité des échanges entre une mère et son bébé dans les premières semaines de vie n'a rien d'étonnant. Elle porte intensément l'odeur de la nutrition, elle porte l'odeur de la tendresse ; son enfant les reconnaît... Peu à peu, il apprendra d'autres odeurs, d'autres tendresses, celles du père, des frères et sœurs, des adultes qui le prendront en charge, celles de l'environnement. Mais il reconnaîtra longtemps sa mère, entre toutes, grâce à l'odeur de ses aréoles.

◆ Le démarreur de la lactation

Les bouts de seins recèlent le démarreur de la lactation. Sous la peau pigmentée solide de l'aréole se trouve toute une série de récepteurs sensitifs :

des récepteurs sensibles à la température, d'autres au toucher et à la douleur, d'autres encore à certains mouvements. Ce que j'appelle le démarreur, ce sont des récepteurs sensibles à un mouvement très précis, celui que va faire le bébé avec sa langue quand il tète : ce sont des récepteurs sensibles à un étirement longitudinal oscillant.

◆ On pourrait imaginer ces récepteurs comme des petits ressorts placés sous la peau, dans l'axe des canaux, donc tournés du thorax vers le mamelon. Si l'aréole est étirée dans ce sens, les ressorts sollicités et allongés vont transmettre au cerveau l'information qu'il est temps de fabriquer du lait, et le cerveau réagira en envoyant les hormones nécessaires, l'une pour mettre en route l'usine de production, l'autre pour activer la pompe. Le lait jaillira alors. Il n'est donc pas excessif de dire que c'est le bébé qui fait le lait.

◆ Ces récepteurs sensitifs sont localisés sur tout le pourtour de l'aréole, et d'autant plus nombreux que l'on s'éloigne vers l'arrière, loin du mamelon, et plus en profondeur. Téter seulement le mamelon, extrême bout du sein, n'est pas efficace : d'abord, ça fait très mal à la maman et, surtout, rien ne peut fonctionner : les récepteurs ne sont pas stimulés, les canaux à leur sortie sont comprimés, ce qui gêne l'écoulement. Pour être efficace, une bonne tétée se fait bouche grande ouverte, lèvres et langue collées loin sur l'aréole pour que le maximum de récepteurs soient stimulés. Le bébé doit en avoir « plein la bouche ».

Le mamelon lui-même n'est que la terminaison des canaux. Ils débouchent à sa surface en une vingtaine de pores larges, facilement visibles à l'œil nu.

Longs ou courts, ronds ou plats, durs ou mous, quelle importance puisque le bébé active le sein plus en amont, sous la peau pigmentée de l'aréole ? Si l'aréole, pas trop gonflée, est assez souple pour que le bébé puisse la saisir à pleine bouche, il activera le démarreur.

La forme des mamelons n'a qu'une très faible, voire aucune incidence sur la réussite de l'allaitement.

L'emballage cutané

Pour être plus au frais, les seins, comme les testicules, sont des organes externes mais bien mal soutenus. Ils reposent sur la cage thoracique, directement sur un muscle puissant, le grand pectoral, mais ne sont pas liés à lui. Les mécanismes de suspension ne sont guère solides : aucun muscle vrai de contention, une peau fine et peu élastique, peu de tissu conjonctif élastique de soutènement, de larges coussins graisseux qui n'ont eux-mêmes qu'une très relative résistance à l'étirement... Pas toujours de quoi éviter les déchirures si les tissus sont étirés ou comprimés.

Il n'y a aucune égalité devant ce phénomène. Certaines femmes gardent un corps et des seins magnifiques après plusieurs grossesses et allaitements, d'autres ont un corps qui raconte leurs histoires d'enfantement. La grossesse modifie les seins et peut les faire évoluer. **Un allaitement bien conduit, sans surtension, laisse au sein toutes ses qualités.** Seul un allaitement mal conduit risque d'aggraver les symptômes. Le blocage de la lactation juste après l'accouchement, avec les gros chahuts hormonaux qu'il implique, ne garantit en aucun cas une esthétique satisfaisante...

Les saisons du sein

Particularité exceptionnelle, le sein est un organe qui a des saisons, un organe qui peut croître, se développer puis régresser à nouveau. Vous pouvez imaginer la glande mammaire comme un arbre, un arbre qui fonctionnerait à l'envers : dans un arbre, la sève monte vers les feuilles ; dans un sein, le lait descend vers les canaux excréteurs et la bouche du bébé. Les ramifications sont un peu identiques : un tronc rassemblant des canaux, des branches se divisant et s'entremêlant, des feuilles ou alvéoles parfois en bourgeons, parfois en plein développement.

Cette architecture existe déjà en miniature chez l'enfant bien avant la naissance, tant chez les garçons que les filles. Il a été prouvé que les pores, émergences des canaux, sont ouverts vers le quatrième mois de vie intra-utérine.

◆ **Les premiers jours de vie, première saison active**
Dans les semaines qui précèdent la naissance, une certaine quantité d'hormones sexuelles de la mère traverse le placenta et imprègne les organes sexuels du bébé. Ce phénomène se traduit chez un bon nombre de nouveau-nés (30 % environ) par ce que l'on appelle la « crise génitale ». Les organes sexuels sont gonflés, colorés, légèrement sécrétants. Une petite fille a souvent des glaires vaginales et peut même, vers le cinquième jour, présenter un petit écoulement de sang ayant valeur de premières règles. Son utérus, déjà complet, réagit à la disparition des hormones maternelles et saigne comme celui des femmes lorsqu'elles arrêtent leur pilule, par privation. En même temps, les seins gonflent, durcissent, s'engorgent légèrement, et peuvent présenter, aussi bien chez le nouveau-né garçon que chez la fille, un écoulement lactescent. Ce « lait de sorcière » avait au Moyen Âge grande réputation pour la fabrication de philtres magiques... Nous comprenons maintenant ce que ces manifestations signifient : dès la naissance, les seins sont virtuellement prêts à fonctionner. Il suffit d'un apport hormonal pour les « éveiller ».

◆ **La puberté, poussée de croissance**

Entre onze et quatorze ans, sous l'influence de la toute nouvelle activité hormonale ovarienne, les seins et les organes sexuels mûrissent. Les premiers signes d'une puberté sont des signes mammaires : augmentation de diamètre et de pigmentation de l'aréole, grande sensibilité, puis, petit à petit, augmentation de volume. Ce n'est que plusieurs mois après que surviendront les modifications de la vulve et la pilosité pubienne permettant à la jeune fille une sexualité normale. D'ailleurs, au même moment, les seins des jeunes garçons, sollicités eux aussi par leurs nouvelles hormones, hésitent à se développer. Un adolescent sur cinq présente pendant quelques mois une gynécomastie, une augmentation de volume des glandes mammaires ; puis, la pression hormonale se renforçant, tout s'arrête et la puberté mâle évolue.

Pour la jeune fille, ces premiers signes signifient que les seins s'organisent : développement des canaux et des branches, constitution du silo graisseux, multiplication des alvéoles qui chaque mois, à chaque cycle, maturent un peu.. Mais elles resteront atrophiques, en bourgeons... jusqu'au début d'une grossesse.

◆ **Les trois premiers mois de la grossesse**

Le premier vrai printemps survient alors. Parallèlement à un allongement et à une prolifération du tronc et des branches, les feuilles vont « s'ouvrir ». Les cellules glandulaires se multiplient, augmentent de volume, préparent leur « chaîne de montage » intracellulaire. La base de ces cellules rencontre les ramifications des vaisseaux sanguins et lymphatiques et crée d'étroites interconnexions avec eux pour puiser les éléments indispensables à la fabrication du lait. Ces vaisseaux eux aussi se multiplient, se dilatent. Certaines veines deviennent apparentes sous la peau. Au même moment, l'aréole s'épaissit, devient plus solide, plus résistante, et s'orne des tubercules de Montgomery sécrétant l'odeur. Dès le quatrième mois, tout est prêt, l'arbre est mature, l'usine commence lentement à fabriquer. C'est ce que l'on appelle la lactogenèse de type 1.

Il est passionnant de comprendre que les hormones responsables de cette maturation sont essentiellement des hormones placentaires, donc des hormones fabriquées par l'enfant. Il se charge donc, au début de la grossesse, d'induire sa future alimentation, puis, du quatrième mois à la naissance, d'en freiner le fonctionnement : « Inutile de commencer sans moi, semble-t-il dire. Attendez-moi ! »

◆ **L'allaitement**

Le sein est en plein épanouissement et fonctionne. Nous détaillerons longuement cette période dans les chapitres suivants.

Vie génitale féminine et évolution de la glande mammaire

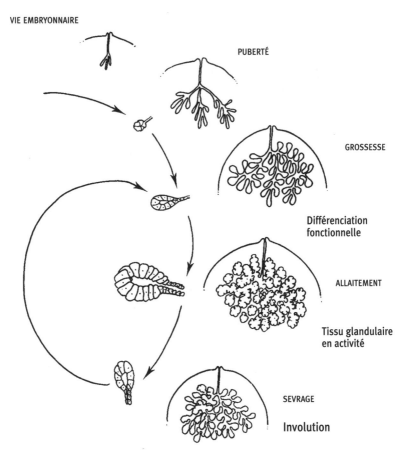

VIE EMBRYONNAIRE

PUBERTÉ

GROSSESSE

Différenciation
fonctionnelle

ALLAITEMENT

Tissu glandulaire
en activité

SEVRAGE

Involution

◆ Le sevrage

Au moment du sevrage, ou s'il n'y a pas d'allaitement, le sein involue. Les alvéoles se « ratatinent », les cellules réduisent leur taille, l'usine se démonte. Les feuilles alvéolaires et une partie des branches disparaissent, laissant la place à de très petits bourgeons involutifs qui ne peuvent plus rien fabriquer. Les seins sont en « hiver ». Un nouveau printemps ne surviendra qu'avec une nouvelle grossesse.

Une chose étonnante, c'est que l'hiver est moins rigoureux, l'involution moins totale, si l'allaitement a duré longtemps. Si le sevrage est très tardif, au-delà de cinq à six mois, une partie des feuilles restent fonctionnelles malgré l'arrêt des tétées. Certaines mamans peuvent encore avoir du lait pendant des semaines ou des mois par ce mécanisme. Des couples savent que certaines stimulations amoureuses provoquent pendant des années un écoulement, peu abondant mais très sucré. En Afrique, quand une jeune femme ne pouvait allaiter son bébé, c'était sa mère qui s'en chargeait, retrouvant une potentialité de son corps de femme qui n'était qu'endormie. La plupart des scientifiques qui ont raconté ces épisodes ont été bien en peine de comprendre ce qui se passait ; nous avions tellement occulté que les seins pouvaient produire bien au-delà des courtes semaines qui suivent la naissance. Il est vrai que les seins non stimulés, s'il n'y a pas d'allaitement ou si celui-ci ne dure qu'un ou deux mois, involueront en « plein hiver », et que toute fonction disparaîtra puisque toutes les feuilles seront redevenues bourgeons. Les seins ne fonctionnent en plein été, et pour longtemps, que s'ils sont abondamment et longuement stimulés. Sinon ils s'endorment... Il n'y a pas d'autre exemple d'une telle rythmicité dans le corps humain.

Un peu d'ethnologie :
Chez les Touaregs de la vallée de l'Azawagh, les fillettes dès la puberté et les femmes ménopausées stimulent leurs mamelons et leurs aréoles de façon intensive pour obtenir un écoulement appelé « lait de la compassion ».
Le but n'est pas de nourrir un enfant, mais d'avoir les moyens de consoler, en le mettant au sein, un bébé qui pleure.

* Voir Saskia Walentowitz, in Allaitements en marge *(ouvrage collectif), L'Harmattan, 2002, p. 111-139.*

CHAPITRE II

Le lait jaillira
ou la physiologie
du lien mère-enfant

Problème ethnologique au demeurant classique : comment comprendre que ce qui fut l'évidence d'un monde devienne aussi parfaitement hermétique à un autre ?

Luc Ferry, *Le Nouvel Ordre écologique*,
Grasset, 1992

Si vous vous promenez dans différents musées d'Europe, vous pourrez parfois repérer des tableaux du xvᵉ ou du xvɪᵉ siècle montrant un sein dont le lait gicle à plusieurs dizaines de centimètres. Ces peintures anciennes nous racontent clairement que les générations qui nous ont précédés connaissaient bien mieux que nous le fonctionnement des seins et n'avaient pas de fausse pudeur à le mettre en image : un sein qui marche est un sein qui gicle !

Au Rijksmuseum à Amsterdam, vous pouvez admirer une magnifique statue en bois du début du xvᵉ siècle représentant une jeune femme en train d'allaiter, son bébé étroitement serré contre elle, en position parfaite.

Au Louvre, à Paris, vous pouvez voir un tableau intitulé *Jupiter et Antiope*. Antiope est une belle femme plantureuse, à la mode du xvɪᵉ siècle, étendue nue et lascive dans un jardin. Jupiter, caché derrière un buisson, envoie un diablotin enfant qui, avec ses doigts, « titille » le bout des seins de sa belle. Les jets de lait ainsi provoqués arrosent les fleurs du voisinage.

Ces illustrations ne sont pas rares jusqu'au milieu du xvɪɪɪᵉ siècle. Peu à peu apparaissent des peintures plus « réservées », des caricatures au fusain sur les allaitements de misère et des statues où le bébé qui tète n'a que bien peu de chances de réussir puisqu'il est installé complètement de travers...

Que nous reste-t-il de notre ancestrale connaissance du corps, qu'avons-nous oublié, que redécouvrons-nous ?

Depuis les débuts de la médecine, les humains ont essayé de comprendre ce qui régit le corps, d'où viennent la vie et la mort, la santé et la souffrance. On a étudié le corps des hommes et des femmes, les besoins des enfants et leur fonctionnement particulier. Pourtant, la médecine traditionnelle oublie souvent un point capital : pour vivre, pour fonctionner dans son corps et dans son cerveau, l'humain ne peut être isolé, comme une graine semée dans la nature qui pousse seule, au hasard du vent et du terrain. Pour exister, le petit d'homme a besoin de vivre en relations, relation avec sa mère, relation avec le groupe social qui l'entoure. Pendant de longs mois, son fonctionnement est intimement lié à celui de sa mère. Son développement en dépend. Et le corps de la mère est programmé pour cette relation. Il existe entre eux des interactions physiologiques profondes, essentielles. Il est impossible de parler de physiologie de la lactation et de fonctionnement des seins de la femme sans parler de la bouche du bébé qui tète, de sa langue et de sa déglutition. Pas possible de parler de développement du cerveau et de croissance harmonieuse sans parler des mains de sa mère, de sa voix, du lait et de la tendresse. Pas possible de parler du lait qui coule sans parler d'émotions et de désir. On ne peut parler de l'un sans l'autre. C'est cela qu'il nous faut avoir sans cesse à l'esprit pour comprendre le fonctionnement de la lactation.

Et se rappeler aussi que cette relation peut être, peut devenir, au fil des jours, une grande source de plaisir. « Jusqu'à l'apparition du biberon, la survivance de la race humaine reposait sur deux actes sexuels bien définis : le coït et l'allaitement. Si ces fonctions n'avaient pas été agréables, l'être humain aurait rejoint, depuis bon nombre de siècles, le rang des espèces disparues[1]. »

Pour illustrer simplement cette interaction des corps dans l'allaitement, il nous faudra approfondir quatre notions :

- Avec sa bouche, le bébé effectue un signal sur l'aréole du sein.
- Le cerveau de la mère traite l'information et répond.
- L'arrivée des hormones cérébrales fait fonctionner les seins.
- Le lait jaillit et le bébé manifeste qu'il le reçoit.

Le signal bébé de la tétée

Il s'agit du mouvement tout à fait spécial effectué par un bébé qui tète lorsqu'il veut obtenir du lait. Attiré et motivé par l'odeur diffusée par l'aréole, le bébé s'approche du sein, fouine avec son nez, secoue sa tête, cherche à repérer la région la plus précise pour « s'installer ». Quand il l'a trouvée, il ouvre grand la bouche, sort sa langue une ou deux fois pour lécher, « goûter », puis saisit l'aréole à pleine bouche, place sa langue en gouttière sous le mamelon qu'elle amène jusqu'au milieu du palais, et se met à téter : longs moments d'activité, entrecoupés de pauses.

Téter est une activité unique, un « jeu de bouche » qui n'a de sens que sur l'aréole des seins pour provoquer un signal-lait. Tous les petits mammifères en possèdent le mode d'emploi, inscrit dans leur programme génétique. *In utero*, les fœtus s'y entraînent déjà. Les échographies les montrent bien tétant leur pouce, mobilisant leur langue et avalant.

Téter est une activité des premiers mois de la vie. Prête à la naissance à terme, elle peut se révéler un peu complexe pour un bébé né avant terme, et momentanément impossible pour un bébé franchement prématuré. Cette technique alimentaire va disparaître progressivement au cours des deux premières années, au fur et à mesure que l'alimentation devient solide et se diversifie.

Téter est une activité buccale très complexe

Pour bien téter, le bébé ouvre très grand la bouche, happe largement l'aréole et non le seul mamelon. Ses lèvres, largement déroulées sur le sein adhèrent sur l'aréole de toute leur surface. Il place sa langue loin en avant, dépassant la gen-

---

1. Colette Clark, *Le Livre de l'allaitement maternel*, Éd. Intrinsèque, Québec, 1977, p. 155.

cive inférieure, et l'enroule en gouttière sous le bout de sein. Celui-ci s'allonge dans le tube formé par le palais au-dessus et la langue au-dessous, l'emmenant loin dans la bouche, jusqu'à la jonction entre le palais dur, osseux et le palais mou postérieur (voile du palais). De chaque côté, des renflements graisseux des joues appelés « boules de Bichat » permettent un maintien latéral du contenu buccal. L'axe du bout de sein dans la bouche est oblique vers le haut, en direction du palais, Tous les récepteurs sensitifs de l'aréole en contact avec ce « tube » sont ainsi largement stimulés.

La langue effectue un véritable **mouvement de va-et-vient, horizontal et ondulant**, complexe et peu facile à décrire. La langue avance et recule dans la cavité buccale et, en même temps, effectue un mouvement de « vagues », une ondulation haut/bas. Très difficile à repérer chez le nouveau-né, ce mouvement est par contre très visible chez un enfant de plus de six mois qui tète sa sucette, ou... chez un petit veau en train de téter !

Dans le même temps la mâchoire inférieure s'abaisse rythmiquement. Le nouveau-né a une particularité anatomique : la paroi postérieure de sa bouche est presque étanche, car la position haute du larynx amène l'épiglotte au contact du voile du palais. Quand il abaisse sa mâchoire, alors que ses lèvres sont collées au sein, il crée une puissante dépression intra-buccale (jusqu'à 250 mm de Hg) qui aspire le lait des sinus lactifères et des canaux terminaux jusque dans la bouche.

Ce mouvement, très complexe, est impossible à filmer avec les techniques radiologiques classiques, car le lait maternel n'est pas un produit radio-opaque et qu'un tel produit devrait être apporté par une tétine, ce qui fausse radicalement la technique. Pour le visualiser, les échographies non plus ne sont pas très performantes, car l'air dans la cavité buccale et l'absence de repères échogènes gênent la compréhension des images. Il est par contre facile d'en analyser chaque paramètre en faisant sucer un doigt par un nourrisson nourri au sein et âgé de quelques semaines, c'est-à-dire ayant bien mis au point sa technique.

Ce mouvement de tétée est un mouvement puissant. Lorsque nous tentons de l'imaginer, le modèle le plus proche dans nos expériences d'adulte est celui de lécher, lécher une glace par exemple, langue sortie s'appuyant sur la boule glacée au maximum de sa surface, en attrapant la glace par-dessus pour que la lèvre supérieure participe à la prise et que les lèvres adhèrent de tous côtés sur la boule glacée. En faisant ce geste, la glace s'étire dans notre bouche et nous en prenons beaucoup plus qu'avec un simple léchage.

En tétant, le bébé prend ainsi tout le bout du sein (aréole plus mamelon) en bouche, et le soumet à une stimulation forte, prolongée, répétitive. Les jeunes mamans sont souvent étonnées de cette force qui les inquiète et peut, au début, déclencher une hypersensibilité locale désagréable. Il est évident que plus le bébé prend en bouche une large portion de l'aréole, plus les efforts mécaniques se répar-

La dynamique de la bouche du bébé

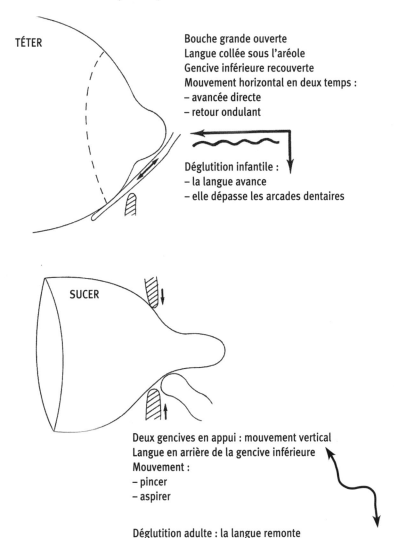

TÉTER

Bouche grande ouverte
Langue collée sous l'aréole
Gencive inférieure recouverte
Mouvement horizontal en deux temps :
– avancée directe
– retour ondulant

Déglutition infantile :
– la langue avance
– elle dépasse les arcades dentaires

SUCER

Deux gencives en appui : mouvement vertical
Langue en arrière de la gencive inférieure
Mouvement :
– pincer
– aspirer

Déglutition adulte : la langue remonte

tissent sur une large surface, et plus la tétée est confortable. Et moins le bout de sein risque d'être étiré, déchiré, « crevassé ». Par contre, si le bébé tient en bouche le seul mamelon et tire dessus pour tenter de le happer davantage, la douleur va être franche car les récepteurs sensitifs à la douleur sont tous regroupés dans cette zone... justement pour signaler que « ce n'est pas là ».

Les premiers jours d'un allaitement, il existe une très forte sensibilité locale, majorée par deux paramètres :

- La chute des hormones placentaires après la naissance. Comme à d'autres moments de sa vie génitale (puberté, préménopause, syndrome prémenstruel), la mère vit alors un moment d'hyperœstrogénie relative. L'hypersensibilité qui en résulte est maximale quarante-huit heures après la naissance, franche jusque vers quatre-cinq jours et s'apaise vers le huitième jour. Un cap à passer !
- Une technique du bébé pas vraiment au point. Il tète très fort, mais « du bout des lèvres ». Et cela fait très mal. Parfois aussi, le bébé a un « frein de langue », petit filet qui retient la langue en arrière dans la bouche. Il ne peut l'avancer sous le sein et risque de frotter le bout de sein, créant des lésions douloureuses sur la surface plane du mamelon.

Téter, c'est prendre un rythme régulier de succion

Quand un bébé tète efficacement, qu'il a provoqué l'éjection active du lait, cela se voit :

- Comme le lait arrive en grands jets, le bébé se concentre sur ce qu'il fait. Il est réveillé, très attentif, regardant sa mère.
- Il tète en longues salves de plusieurs dizaines de mouvements de succion, sans s'arrêter, sans ralentir le rythme.
- Le rythme est régulier, d'environ un mouvement par seconde (40 à 60 par minutes).
- Les pauses sont rares et brèves et le bébé ne lâche pas le sein.
- Il déglutit à chaque mouvement de succion.

Dans les premiers jours de la vie, favoriser une bonne technique, c'est-à-dire bien positionner l'enfant et éviter les « fausses » expériences, devrait être une règle absolue.

Regarder attentivement une tétée permet donc de faire clairement la différence entre la succion nutritive que je viens de décrire et les épisodes de succion « non nutritive ». Ces derniers peuvent facilement s'observer en fin de tétée, au moment où le bébé se laisse aller et s'endort. On les voit aussi chez certains nouveau-nés qui n'ont pas encore « trouvé le rythme » ou chez certains bébés prématurés ou fragiles.

> *Compter les mouvements de succion, leur rythme et la fréquence des déglutitions, est le meilleur signe d'un bon transfert de lait. Quand les parents ont découvert ce rythme, ils n'ont plus de doute sur ce que fait leur bébé au sein.*

Téter, c'est aussi une technique spéciale de déglutition

Pour avaler le liquide qui va jaillir dans sa bouche, en jets directs sur son palais, le bébé adopte une technique proche de celle que nous prenons pour boire à la régalade les jets d'une gargoulette. Lorsqu'une certaine quantité de lait atteint le fond de sa bouche, la déglutition se déclenche. La langue avance sous le sein, le larynx remonte et ces deux mouvements synchrones dégagent latéralement deux replis (les sinus piriformes) par lesquels le lait s'écoule directement vers l'œsophage, en contournant le larynx. S'il le désire, le bébé peut continuer à respirer, tout en avalant. Cette déglutition, que tous les dentistes appellent « déglutition infantile », est strictement coordonnée au rythme de la langue. Le bébé n'avale qu'aux instants où sa langue est en avant, très à l'extérieur, en fin du premier temps du mouvement de va-et-vient. Ce faisant, il réalise l'exploit, qu'aucun d'entre nous ne saurait reproduire à l'âge adulte, de téter, avaler et respirer sans avoir à lâcher le sein. Il a été génétiquement programmé pour cette technique.

Dans la déglutition que nous appelons « de type adulte », très différente, la pointe de la langue remonte contre le palais, puis le corps de la langue fait progressivement « le gros dos » en se collant d'avant en arrière sur le palais. C'est une technique prévue pour les aliments solides. Préalablement mâchés, ils sont happés par la langue qui les conduit vers l'arrière, à la verticale de l'œsophage. Normalement, cette déglutition ne survient chez les enfants allaités qu'avec les premières cuillères de purée ou de compote, donc vers six mois.

La déglutition de type adulte, prévue pour les aliments solides et nécessaire pour téter au biberon, est incompatible avec la tétée au sein.

Malheureusement, de trop nombreux nouveau-nés vont perturber leur apprentissage en faisant excessivement tôt connaissance avec ce deuxième type de déglutition qu'ils doivent mettre en place pour avaler un liquide présenté au biberon avec une tétine. Au biberon, pour faire ouvrir les trous de la tétine, le bébé doit pincer le caoutchouc entre ses deux gencives, et, comme il n'aime pas se mordre la langue, il la laisse à l'intérieur de sa gencive inférieure. Au moment d'avaler, la langue ne peut pas sortir loin vers les lèvres et doit donc remonter vers le palais... ce qui est le début de la déglutition adulte, incompatible avec la tétée au sein.

Si ces notions vous paraissent difficiles à cerner, essayez-les avec votre bouche : tentez d'avaler normalement, comme vous en avez l'habitude, analysez le mouvement de votre langue. Tentez ensuite d'avaler en tournant fortement la tête sur le côté, puis en regardant au plafond, puis en tirant la langue. Si vous le faites bouche vide, c'est inconfortable. Si vous le faites en buvant, ayez quelqu'un près de vous pour vous taper dans le dos car vous avalerez de travers...

Ce qu'il faut bien comprendre, c'est que notre déglutition est un réflexe d'une précision absolue, tant dans le rythme que dans les rapports anatomiques de la bouche et du pharynx au moment d'avaler. Ce réflexe inconscient, involontaire, peu maîtrisable, tend à empêcher les fausses routes. Notre survie à court terme dépend à chaque repas du fait que nos aliments descendent bien dans l'œsophage et non dans la trachée. Pour cela, notre cerveau déclenche le mouvement à des instants extrêmement précis, coordonnés avec la respiration.

Chez le nouveau-né, on appelle « confusion sein/tétine » le résultat, négatif sur la qualité de la succion, d'expériences qui font perdre au bébé la goût ou la technique de la tétée au sein.

- Soit le contact sensoriel de la tétine est trop différent de celui du sein et le bébé ne sait plus qu'il doit téter quand il a le sein en bouche.
- Soit la tétine rigide crée une hyperstimulation dans sa bouche et le bébé ne déclenche sa succion que lorsqu'il retrouve cette intensité causée **par** la tétine.
- Soit il perturbe sa déglutition : un nouveau-né doit avaler au moment où sa langue est en avant. Une expérience de tétine peut l'obliger à déglutir langue en haut. Pour certains d'entre eux, cette technique se fixera précocement, rendant le bébé inapte à déglutir les jets de lait maternel, empêchant donc toute tétée efficace. Il pourra prendre passivement les quelques gouttes de pré-lait rétro-aréolaire, mais ne se risquera pas à provoquer de flux de lait. Le risque d'avaler de travers serait trop grand.

Pour réussir à bien téter, le bébé doit être en éveil calme

L'apprentissage de la succion est partiellement inné : le bébé s'était entraîné dans le ventre de sa mère. Mais la réalité après la naissance est beaucoup plus complexe. Prendre des repères, de couleur, de forme, d'odeur pour reconnaître l'aréole, apprendre à bien positionner sa langue et sa bouche, lancer le rythme de succion, tout cela demande le plus souvent quelques journées d'apprentissage. Cet apprentissage, il ne le fait bien que s'il est calme, attentif, concentré sur ce qu'il fait.

◆ Ne pas attendre qu'il pleure

Cela signifie qu'il convient de l'approcher du sein, dès qu'il se réveille, dès qu'il en manifeste le désir. S'il pleure, il n'a presque aucune chance de pouvoir se calmer tout seul, il prend mal ses repères, il risque de serrer les mâchoires et de pincer le sein. Et la mère qui l'entend pleurer, qui le voit chercher sans trouver va se décourager, bloquer son ocytocine. Le bébé se découragera à son tour puisque le lait ne coule pas. Il criera plus fort... Je décris là l'une des causes fréquentes d'abandon par les mères pendant les premiers jours.

D'ailleurs, comment pouvons-nous justifier que, dès les premiers jours de vie, pour être nourri, un bébé doit pleurer très fort, être visiblement très mal. Ce n'est sûrement pas la meilleure façon de lui donner une sécurité dans la satifaction de ses besoins. Peut-être lui apprend-on plutôt l'angoisse du manque et l'insécurité.

Il est mille fois mieux pour le bébé, comme pour sa mère et l'entourage, que l'on apprenne à décoder, dès la maternité, les signes qu'il est prêt à téter. Il se réveille, s'étire un peu, tire la langue et ouvre la bouche, fait mine de sucer... L'approcher du sein à ce moment-là et lui proposer de téter a deux avantages :

• Il est dans les meilleurs conditions pour réussir son apprentissage.

• Il n'associe pas l'apport alimentaire à une sensation de mal-être.

Cela vaut vraiment la peine.

Pour réussir à téter, le bébé doit être en bonne position

Tous les manuels de puériculture ont insisté longuement sur la position de la mère, disant qu'un inconfort ou des douleurs du dos pouvaient à court terme rendre un allaitement extrêmement pénible. C'est absolument exact. Pour la mère, toutes les positions sont possibles : assise, couchée sur le côté, penchée en tailleur et même debout si le bébé repose sur une hanche ou dans un sac kangourou. Une seule règle, mais impérative : **le confort absolu**.

Mieux vaut l'asseoir sur les cuisses, le coucher sur un coussin reposant sur les genoux, l'allonger contre soi, ou même s'enrouler tendrement au-dessus de lui.

Le poids du bébé ne doit pas reposer sur les bras ou faire tendre les épaules et le dos.

Mieux vaut un dos rond et un bébé posé qu'un dos bien droit et un bébé dont tout le poids tire sur les épaules de sa mère. Soyons clairs : une tétée en position instable ou pesante n'a aucune importance, mais six ou sept tétées par jour pendant des semaines, et un bébé qui double son poids de naissance en quatre ou cinq mois, cela retentit vite sur les douleurs de la maman si elle n'a pas pris soin de préserver systématiquement son dos.

Pour le bébé également, la bonne position est une règle simple mais impérieuse : son ventre, son nombril doivent être au contact du corps de la mère, et sa bouche

Mauvaises positions du bébé
gênant la déglutition, donc la tétée

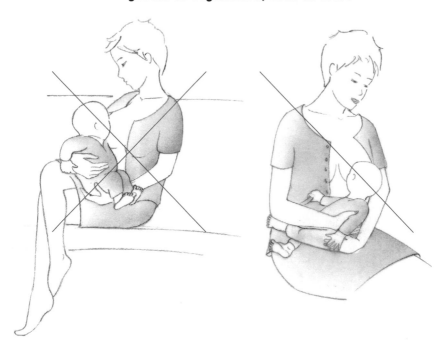

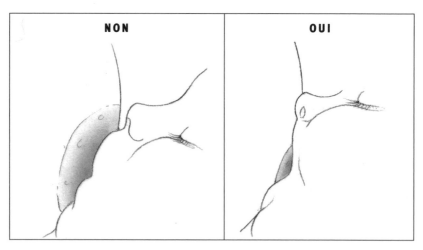

NON	OUI
Bébé qui suce façon tétine	**Bébé qui tète bien façon sein**
Le bébé a les gencives serrées. Éloigné de l'aréole, il prend « du bout des lèvres ».	Bouche grande ouverte, langue sous l'aréole, le menton collé au sein, il prend à pleine bouche.

doit être exactement dans le prolongement du sein, juste au niveau de l'aréole. Pas question de lever trop la tête, pas question de la tourner non plus. Ni sa mère ni lui n'auraient une tétée satisfaisante.

◆ **Veiller à la position de la bouche**

Pour que le mamelon prenne le bon axe dans sa bouche, la prise du sein est asymétrique. Le bébé touche d'abord le sein avec son menton et renverse légèrement la tête en arrière. Du coup, son nez est spontanément dégagé. Il prend plus d'aréole inférieure dans sa bouche que d'aréole supérieure et attire le sein de sa mère le plus loin possible dans sa bouche.

S'il n'est pas juste dans l'axe, le mamelon tend à glisser hors de la bouche. Le bébé fait tous ses efforts pour le garder en bouche, donc augmente la pression de ses gencives et tire de façon asymétrique. Voilà la cause numéro un, pour ne pas dire presque la seule, des crevasses du sein.

Le même mécanisme se voit lorsque le bébé tète bien dans l'axe, mais que la maman appuie sur le bord de l'aréole avec ses doigts pour – dit-elle – lui dégager le nez. Le doigt créant une zone d'étirement vers l'arrière, le bébé va tirer plus vers l'avant... et voilà une nouvelle crevasse en route. Quand une maman a une crevasse sur la partie supérieure du mamelon, inutile de demander où elle place ses doigts pendant la tétée : au-dessus. Ou alors, regardez téter le bébé, et vous verrez qu'il est placé beaucoup trop bas et qu'il lève la tête pour tirer sur le sein. Si la crevasse est placée sur le bord interne du mamelon, le bébé est sûrement placé dans le creux du bras, beaucoup trop latéralement vers l'extérieur. Si enfin la crevasse est sous le mamelon, il y a fort à parier que le bébé a été placé trop haut... Toutes ces notions de « mécanique interactive » ne sont jamais décrites aux mamans, auxquelles on laisse croire que les crevasses sont une fatalité, ou que leur peau est trop fragile, ou que la salive prétendument corrosive du bébé les ronge... et autres fantaisies ! Nous y reviendrons au chapitre 6.

Si le bébé n'arrive pas à trouver l'axe du sein malgré tous ses efforts, ou si son cou trop tourné provoque une gêne douloureuse lors de la déglutition, il y a de grandes chances pour qu'il arrête tout effort et attende, plus ou moins patiemment, un autre type de repas qui ne saurait tarder... Pas plus que nous, les bébés ne se complaisent dans une situation inconfortable. Ils préfèrent démissionner. Avez-vous réalisé que les biberons sont, eux, toujours proposés dans l'axe, droit dans la bouche ? Les positions pour donner le sein et pour donner le biberon ne peuvent être identiques, puisque le sein est perpendiculaire au thorax alors que le biberon est présenté en parallèle. Ce simple bon sens nous avait échappé...

◆ **Ne pas dégager le nez ni pincer l'aréole**

Essayer de « faire sortir » l'aréole pour la rendre plus facilement saisissable par le bébé ne sert à rien. Cela provoque des crevasses, comme je viens de le décrire, et le bébé n'en a nul besoin. L'idée qu'il pourrait enfouir son nez dans le sein et s'y étouffer n'est qu'un fantasme de plus dans nos cervelles d'Européens. Aucun bébé, jamais, dans aucun recoin de la planète, n'est mort ainsi, ni même a pu en être vraiment gêné. Aucun médecin, ni écrivain, ni historien ne l'a jamais raconté. L'explication en est très simple : les narines ne sont pas situées « face à la route » devant le visage, mais sous le nez, donc sous un promontoire qui dégage naturellement sous elles un sillon d'air. Comme, en plus, le sein est un organe rond, convexe, ce sillon débouche tout normalement en zone libre. Pour peu que le bébé soit juste au bon niveau, que son menton soit collé contre l'aréole et sa tête à peine relevée, il ne sera pas gêné. Par contre, si l'appui des doigts aplatit le sein ou, plus grave, le creuse en concavité, la respiration pourrait être entravée.

L'attitude raisonnable (et efficace) lorsque le sein est très gros, un peu mou, et que le bébé paraît gêné, est de placer la paume de la main en corolle sous le sein, bien toute la main en arrondi, pour soulever le sein et recréer la convexité. Il suffisait d'y penser !

◆ Ne pas masquer l'odeur de l'aréole

Dernier point de détail trop souvent oublié, ce qui motive le bébé dans sa recherche, qui l'excite et lui fait réussir son mouvement de langue et la coordination de sa déglutition, c'est d'abord et avant tout l'odeur de l'aréole, celle que diffusent les tubercules de Montgomery. S'il n'est pas très sûr de son repérage olfactif, il n'ouvrira pas grand la bouche. Vouloir à tout prix désinfecter cette région, la nettoyer, est une aberration. Le lait maternel est l'un des plus puissants antiseptiques du monde. Pourquoi gêner le bébé au nom de principes d'hygiène retardataires quand on sait que son alimentation est un vrai jus d'anticorps contre les infections...

Si la maman a une hygiène corporelle globalement correcte (une douche par jour et quelques savonnages par semaine), il n'est besoin d'aucun soin spécifique pour les seins.

Quand un bébé semble trop endormi ou peu motivé par la tétée, il est logique de renforcer cette odeur par celle du lait. En pinçant doucement l'aréole, en arrière du mamelon, la mère amène facilement à la peau quelques gouttes de lait. Promener cette tentation odorante à proximité du nez du bébé est l'un des moyens de le décider.

Même si la tétée est génétiquement programmée, les bébés vont avoir besoin d'un temps de découverte. Avant la naissance, ils se sont entraînés à sucer et déglutir. Une fois nés, il leur faut apprendre à chercher le sein et trouver comment s'y prendre. Tous les scénarios sont possibles.

• Il y a le bébé super-rapide qui, dès la naissance, se rue sur le sein et franchit en

Les positions de l'allaitement

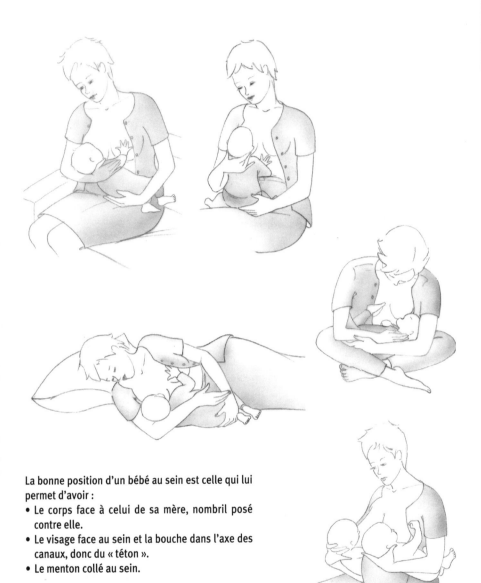

La bonne position d'un bébé au sein est celle qui lui permet d'avoir :
- Le corps face à celui de sa mère, nombril posé contre elle.
- Le visage face au sein et la bouche dans l'axe des canaux, donc du « téton ».
- Le menton collé au sein.

En y réfléchissant, de multiples positions (sur 360° !) correspondent à ces critères, selon les positions de la mère. À nous d'être inventives.

accéléré toutes les étapes, bien avant que les parents et les soignants, ébahis, aient eu le temps d'analyser sa technique.

- Il y a le bébé qui dort, qui ne se motive pas, qui lèche le mamelon d'un air étonné et se rendort ou tourne la tête.
- Il y a celui qui s'approche du sein, semble très intéressé mais qui, soudainement, se met à hurler, créant la panique chez sa mère et de curieuses interprétations chez les soignants.
- Il y a celui qui paraît très éveillé et participant mais qui se contente d'attraper le bout du mamelon et de le pincer fort entre ses gencives, faisant un mal de chien à sa mère, qui ne va pas le supporter longtemps.
- Il y a celui qui prend bien le sein en bouche, après avoir calmement franchi les étapes de reconnaissance, mais qui s'endort avant même d'avoir commencé à se nourrir.
- Il y a celui qui dort beaucoup.
- Et celui qui crie tout le temps.

Dans cet apprentissage, il n'y a pas de justice. Certains parents n'auront jamais le moindre souci et raconteront un allaitement idyllique, d'autres lutteront, plus ou moins longtemps, avec plus ou moins d'angoisse, pour enseigner à leur bambin cette technique nouvelle pour tous.

Dans les premiers jours de vie, certains bébés réalisent cet apprentissage de la tétée en quelques minutes, d'autres ont besoin de plusieurs jours, voire de près d'une semaine. Pendant ce temps, d'autant plus délicat à passer que le bébé est très petit ou prématuré, **la plus mauvaise solution consiste à donner des biberons de complément avec une tétine classique.** Pour respecter le désir de la maman d'allaiter ce bébé, il convient d'éviter toute confusion, donc d'alimenter l'enfant en lui permettant de sortir sa langue en avalant. Le choix est large : cuillère, tasse, compte-gouttes, petit bol avec un bec verseur... Ces solutions paraissent curieuses à qui ne les a pas essayées, nous sommes tellement obnubilés par l'image dominante du biberon. Mais n'hésitez pas, vous verrez, c'est très facile.

Le temps
de réaction cérébrale

Quand le bébé réussit efficacement sa technique buccale de tétée, prenant en bouche une large part de l'aréole et activant sa langue, il excite un grand nombre de récepteurs. De là partent des nerfs sensitifs, qui vont amener, en quelques fractions de seconde, l'information au cerveau de sa mère.

Ces nerfs n'arrivent pas n'importe où. Ils vont à la base du cerveau, dans la région des « rythmes automatiques » du corps, juste au-dessus de l'hypophyse, glande qui fabrique la plupart des hormones de notre fonctionnement et commande la fabrication à distance des autres... Donc point central de notre vie et de son équilibre. La région des rythmes s'appelle l'hypothalamus. Là (ou aux proches environs) se règle, à notre insu, toute notre vie : les heures d'éveil et de sommeil, le réglage de la température, les variations des sécrétions hormonales au long de la journée, celles du rythme cardiaque et respiratoire, la faim et la satiété, l'équilibre du poids corporel, la masse sanguine circulante et le pourcentage d'eau du corps, la date des règles et celle des ovulations, etc. On pourrait l'imaginer comme une vaste horloge reliée à un centre de contrôle général, recevant des informations de tout le corps et répondant : O.K., c'est l'heure, mettez en route l'appétit... envoyez la sérotonine du sommeil, ou prévoyez des règles pour après-demain matin !

Une région où la volonté n'a pas de prise

Ce qu'il faut bien comprendre, c'est que cette région située dans le cerveau profond, très loin du cortex cérébral, est une **zone de réaction inconsciente et involontaire**. Nous sommes tout à fait incapables en y pensant, même en nous concentrant très fort, de modifier notre température corporelle ou notre rythme cardiaque, ni de programmer une ovulation, ni de modifier le volume sanguin circulant, ni... Malgré de gros efforts de volonté, la plupart des régimes amaigrissants se heurtent à l'« immobilisme » de l'hypothalamus, au refus de modifier le réglage du « pondérostat ». Malgré notre rêve de maîtrise, nous ne sommes guère maîtres de nos cycles profonds. Ce n'est pas une décision volontaire qui permet la fabrication du lait. La seule façon de déclencher la fabrication du lait, c'est la stimulation de l'aréole pour que l'information remonte au centre de commande. Le cerveau supérieur conscient et volontaire n'y est pour rien. D'ailleurs, si le bébé contre elle se met à téter, la maman fabrique très facilement du lait... en dormant.

Le largage des hormones

Si la stimulation de l'aréole est adéquate, et si d'autres régions du cerveau ne parasitent pas la commande, l'hypothalamus va déclencher la lactation. Pour cela, il lève une « interdiction d'agir » qu'il maintenait sur l'hypophyse et la laisse libérer deux hormones :
• La prolactine, issue d'un groupe de cellules de l'hypophyse antérieure, chargée de mettre en route les cellules glandulaires du sein pour qu'elles fabriquent, selon une recette ultraprécise, les éléments spécifiques du lait. Il n'y a pas de

lien direct entre le taux sanguin de prolactine et le volume de lait produit, mais en l'absence de prolactine, il n'y a pas de lait.

• L'ocytocine, issue de la zone postérieure de l'hypophyse, qui, elle, va mettre en route la pompe autour des alvéoles et permettre l'éjection du lait.

Ces deux hormones quittent l'hypophyse – toute petite glande, grosse comme un noyau de cerise, pendue à la base du cerveau – par voie sanguine, passent dans la circulation générale et, en quelques battements cardiaques, arrivent aux seins. Aux deux seins puisqu'ils sont tous les deux remplis de vaisseaux sanguins et que la circulation sanguine n'est pas sélective. Mais elles ne le font pas à la même vitesse et n'agissent pas le même temps.

• La prolactine va monter progressivement dans le sang de la mère en une heure, puis rester élevée pendant deux heures environ.

• L'ocytocine, au contraire, agit instantanément, pour de brèves minutes, mais la poursuite de la succion entretient de nouvelles sécrétions d'ocytocine, et ce, aussi longtemps que le bébé tète.

Comme l'ocytocine arrive par voie sanguine dans les deux seins, il est logique de comprendre pourquoi, dans les premiers temps d'un allaitement, lorsqu'une maman allaite son bébé d'un côté, l'autre sein se met souvent à couler.

Les blocages du mécanisme

Si la physiologie de l'allaitement se résumait à ce que je viens de décrire, il n'y aurait rien de plus simple et l'allaitement marcherait toujours du premier coup. Mais le corps humain n'est pas une mécanique. La vie est source d'émotions, de stress, de joies, de peines, de fatigues et d'inconforts qui vont fausser, empêcher la libre réaction de l'hypothalamus.

Il existe, en effet, juste au-dessus de la « boîte noire » de contrôle, une autre structure cérébrale plus ou moins inconsciente qui va littéralement parasiter l'hypothalamus. Cette deuxième région du cerveau profond, nommée système limbique par les neurophysiologistes, est le siège de l'affectivité et des émotions. Toute forte réaction de ce système limbique perturbe les réponses de l'hypothalamus. Au paragraphe précédent, vous avez vu, par exemple, qu'il est impossible par la simple volonté d'élever la température corporelle ou le rythme cardiaque. Il suffit, en revanche, d'une émotion modérée, une peur ou une joie, pour faire rougir, transpirer et battre le cœur...

◆ Les grandes émotions

Toute grande émotion peut perturber notre équilibre, qu'elle soit bonne (tomber amoureux par exemple) ou mauvaise (deuil, chagrin, divorce...). Une émotion peut couper l'appétit pendant plusieurs jours ou faire dévorer quatre fois

Tout l'environnement est concerné

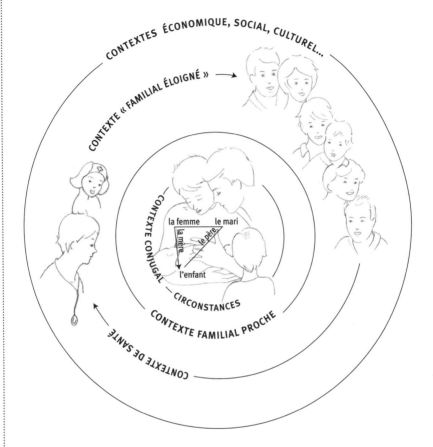

plus. Une grande émotion amène des nuits blanches ou fait dormir comme un loir. Une grande émotion peut bousculer les cycles menstruels. Une grande émotion donne envie d'uriner à contretemps, ou donne soif, ou... dérègle tout. Il en est de même pour l'allaitement. Plus la mère est calme, rassurée, heureuse, détendue, flottant dans une douce euphorie, plus l'hypothalamus a de chances de démarrer au quart de tour. Au contraire, la douleur, la peur, le souvenir puissant des chahuts de l'accouchement, la gêne de « sortir ses seins » devant les soignants ou les visiteurs, la peur de mal faire, les maladresses des premières découvertes, la déception aussi devant un bébé réel si différent du bébé imaginaire tant attendu, les discours angoissés du personnel des maternités sur les risques encourus par le bébé, tout cela peut fausser les premières journées entre un nouveau-né et sa mère, et retarder la lactation.

Beaucoup de mamans ne supportent même pas que « ça » ne fonctionne pas à fond dès les premières minutes, et entrent de plein fouet dans nos fantasmes émotionnels les plus archaïques : peur de manquer, peur de la famine, peur de la faim que pourrait ressentir ce bébé et dont elles n'hésitent pas à croire qu'il pourrait mourir. En dépit de tout ce que l'on sait sur la richesse exceptionnelle du colostrum, toujours présent dès avant la naissance, soignants et parents s'ingénient à attendre comme rassurante une tardive montée laiteuse, premier signe en réalité que la lactation... passe à la vitesse supérieure !

◆ La réalité des bébés

Pendant les premiers jours de vie, la réalité des bébés est mille fois plus complexe que ce que l'on a coutume d'imaginer. Écoutez les commentaires des visiteurs d'une jeune accouchée. Si le bébé pleure, c'est qu'il a faim. S'il ne pleure pas, il a peut-être faim sans le savoir. Peu de mères échappent à cette simplification culpabilisante. Le personnel des maternités lui-même participe au scénario, regardant les courbes de poids et demandant l'heure du dernier repas à chaque passage dans la chambre. Or, pendant les deux ou trois premiers jours de vie, l'adaptation du bébé à son nouveau milieu provoque une série complexe de transformations intérieures : régulation de la température à 37 °C, diminution du pourcentage d'eau contenu dans l'organisme, mise en route du transit intestinal et des métabolismes hépatiques, régulation de la sécrétion de certaines hormones indépendamment de celles de la mère. Ce sont ces transformations que nous raconte la courbe de poids, et nullement une « perte de matière vivante » liée à une sous-alimentation. Cela, tous les parents devraient le savoir au plus profond d'eux-mêmes pour résister au délire de famine devant le moindre pleur de leur bébé.

Les bébés ont tellement d'autres raisons de pleurer. Il y a, plus ou moins désagréables, les sensations nouvelles : la pesanteur du corps sur les draps, le plat du berceau et son silence après des mois d'arrondi utérin bruissant de battements aortiques, l'immobilité des journées, les bruits extérieurs perçus « en direct », l'air frais sur la peau, les plis des vêtements, la texture plus ou moins rêche de tel ou tel tissu, la lourdeur de la tête impossible à soulever ou si dure à retenir, les manipulations intempestives par des visiteurs indélicats. La sensibilité du bébé est mise à rude épreuve par toutes ces nouveautés. Certains d'entre eux vont hurler haut et fort qu'ils n'apprécient guère tous ces changements. D'autres, plus calmes, trouveront refuge dans un apaisant sommeil. Aucun de ces deux comportements n'a valeur de repère sur un état nutritionnel ou un besoin énergétique. Au fin fond de son hypothalamus, le bébé mettra des semaines pour créer un rythme alimentaire et savoir la différence entre avoir faim et ne plus avoir faim. Arrêtons de lui prêter une seule raison de pleurer.

Si le bébé stimule correctement les aréoles et si la maman flotte dans une douce sérénité, l'hypothalamus enverra l'ordre hormonal de fabrication du lait.

◆ La sensibilité hypothalamique

La sensibilité hypothalamique aux émotions ne dure pas. Au bout de quelques semaines d'allaitement, le corps s'habitue, au sens fort du terme, se crée des habitudes. Les gestes qui précèdent l'allaitement proprement dit : prendre le bébé dans les bras, déboutonner le chemisier ou installer l'enfant prennent eux aussi valeur de signal. Les flux peuvent alors démarrer à l'instant même où le bébé s'approche de l'aréole. Plus ces gestes sont répétitifs, peu perturbés, plus la mère les vit sereinement et plus vite viendra le conditionnement.

◆ En résumé

La commande de lactation survient d'autant plus vite, d'autant plus efficacement que la jeune maman est tranquille et sereine. Il conviendrait donc :

- *De créer autour d'elle une atmosphère paisible et douce, sans commentaire inopportun sur ses compétences à nourrir son bébé.*
- *De respecter l'intimité absolue nécessaire à ces premières rencontres de « corps à corps ». Les visiteurs devraient avoir la correction de sortir de la chambre. La pudeur qui ne peut se dire est l'une des premières causes de retard de lactation.*
- *Pour le personnel soignant, de vérifier que le bébé n'a pas une mauvaise position, pouvant gêner sa technique de bouche, puis, calmement, positivement, d'aider la jeune maman à traduire en son corps les signaux disant « ça marche ».*
- *D'éviter tout commentaire défavorable sur le volume des seins, la forme du « bout », et toute tentative d'aider le bébé en tentant de lui faire pénétrer de force le mamelon dans la bouche.*
- *Pour les accompagnants, lorsque l'adaptation du bébé à son alimentation n'est pas immédiate (c'est très fréquent, je le répète, près d'un bébé sur cinq met trois à huit jours pour affiner sa technique), de rassurer, être positif, pallier si nécessaire les conséquences de ce retard sur la congestion des seins de la mère, et de compenser astucieusement pour le bébé son retard à déclencher une lactation efficace sans perturber son apprentissage (voir p. 50)... Tout un art de patience positive et vigilante.*

L'arrivée des hormones hypophysaires

Reprenons plus en détail le largage des hormones hypophysaires et les conditions de ce largage. Le sein est un organe à fonctionnement intermittent. Il se prépare pendant une grossesse, marche tant que le bébé tète, s'arrête si la succion de l'aréole cesse. Pendant toute la période d'activité, la fabrication du lait est continue. Mais l'écoulement du lait ne se produit qu'en lien direct et immédiat avec la stimulation de l'aréole. Il existe donc un double mécanisme de contrôle, soumettant la lactation à ces deux rythmes.

Pendant toute la grossesse

Malgré le taux progressivement croissant de la prolactine sanguine circulante, la lactation est bloquée par... le bébé ! Ce sont en effet les taux élevés de progestérone fabriquée par le placenta, donc par l'enfant, qui empêchent le démarrage alors que la glande mammaire est virtuellement fonctionnelle depuis le quatrième mois. Cette période très spéciale est appelée période colostrale (et plus scientifiquement lactogenèse de type 1). Les seins sont prêts, mais bloqués, bridés par la grossesse. Ils produisent un liquide jaune orangé, épais, peu abondant. La production est continue, mais le lait colostral est en permanence réabsorbé dans le sang maternel par les interstices entre les cellules glandulaires mammaires. Un signe biologique prouve cette réabsorption : il y a du lactose (sucre spécifique du lait) dans le sang et les urines de la mère. Pendant la grossesse, certaines mamans voient perler ce premier lait ; d'autres ignorent totalement que leurs seins produisent déjà cet aliment de l'adaptation, absolument irremplaçable. Au moment de la naissance, le colostrum est donc déjà en place, prêt pour le bébé. Nous y reviendrons longuement au chapitre 4.

À la sortie du placenta

Dans les minutes qui suivent la naissance, le placenta se décolle, l'apport d'hormones placentaires cesse définitivement. Le taux de progestérone avait, pour sa part, commencé à baisser un ou deux jours avant. Le taux dans le sang de la mère va donc baisser très vite, surtout celui de la progestérone, qui « s'écroule » dès quarante-huit heures après l'accouchement, devenant même plus bas qu'au moment de la puberté. Pendant ce délai, le bébé reçoit du colostrum quand il tète, mais le lait ne jaillit pas. Ce colostrum est exactement ce dont il a besoin et lui donne le temps de « fignoler sa technique de succion » en attendant les flux de lait. N'est-ce pas un temps essentiel ? Cette chute brutale des hormones qui rythment toute la vie génitale menstruelle des femmes et le décalage des taux entre progestérone et œstrogènes sont souvent ressentis comme fatigants, stressants (vous savez, le coup de blues du troisième jour !). Ils entraînent aussi une hypersensibilité transitoire des mamelons et des aréoles (à ne pas confondre avec une douleur de crevasse !) déjà connue des jeunes femmes lors des débuts de leur puberté (comme nous l'avons déjà dit). Ces mêmes signes se retrouveront un jour comme signes de préménopause, quand ces hormones diminueront définitivement… La baisse brutale des hormones placentaires alors que la prolactine de la grossesse est à son maximum entraîne pour la jeune mère deux conséquences :

◆ **Un curieux état hormonal,** responsable de rétention d'eau et d'électrolytes. Tout son corps est saturé de liquide, son visage, ses mains paraissent gonflés, son poids sur la balance est trop élevé si l'on tient compte du poids au moment de l'accouchement et de celui du bébé et de ses annexes. Cette rétention d'eau va se manifester à son maximum dans les organes où le débit sanguin vient de tripler : les seins. Ils deviennent lourds, chauds, tendus. Certaines femmes ressentent ces variations de façon intense, d'autres, moins sensibles aux taux d'hormones, ne les remarquent qu'à peine. Question de constitution !

◆ **La mise en route de l'hypothalamus,** qui peut enfin, libéré des hormones placentaires, rythmer la commande de lait lors des tétées.

Les modifications hormonales du post-partum immédiat

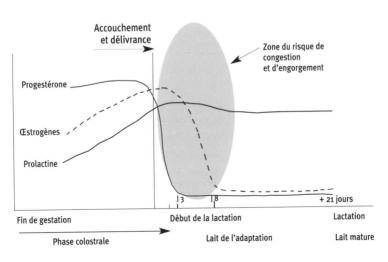

Au cours d'une tétée et dans les heures qui suivent

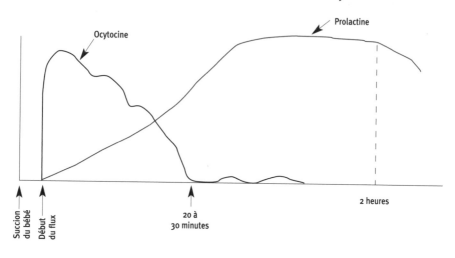

Au bout de trente à soixante-douze heures après la naissance

Tout change radicalement. La commande hypothalamique de fabrication du lait devient liée à la stimulation de l'aréole. Cette période est marquée par l'augmentation rapide du volume de lait produit : 10 à 30 g le premier jour, 30 à 60 g le deuxième, près de 600 g par jour à la fin de la première semaine. Si le bébé tète efficacement et prélève bien le lait produit, plus il le fait tôt, plus la lactation débutante est confortable pour la mère. Plus il tarde, et plus le risque de douleurs et d'engorgement augmente. On comprendra bien que les trois éléments précédemment décrits entrent en jeu pour déclencher le mécanisme : la chute des hormones placentaires, la qualité de la stimulation par le bébé et les émotions maternelles. Devant tout retard ou toute difficulté, seuls les deux derniers points peuvent être améliorés.

Quand le bébé tète efficacement, prenant en bouche une large part de l'aréole et stimulant les récepteurs spécifiques, l'hypothalamus va donner l'ordre à l'hypophyse de « lâcher » dans la circulation sanguine maternelle la prolactine et l'ocytocine.

♦ **Pour la prolactine,** il s'agit en réalité d'une « levée d'interdit ». En permanence (par le biais de neuromédiateurs dont les plus connus sont la dopamine et l'acide gamma-amino-butyrique), les cellules de l'hypophyse antérieure,

Hormonologie de la lactation

NOM DE L'HORMONE	CONDITION D'APPARITION	STRUCTURE CIBLE	EFFETS	
Ocytocine	émotions et/ou tétée la post-hypophyse libère une ou plusieurs fois de l'ocytocine	fibre myo-épithéliale	contraction des fibres myo-épithéliales ⟷ Mouvement	
			dans l'arbre sécrétoire	dans l'arbre vasculaire
			progression et éjection du lait	augmentation de la circulation
Prolactine	l'anté-hypophyse libère la prolactine pic de la promactinémie	dans l'arbre sécrétoire, les acini	sécrétion du lait, c'est-à-dire synthèse intracellulaire des différents éléments constitutifs du lait maternel : – lactoses – protéines – lipides	
Taux de base de la prolactine		arbre vasculaire	« fait l'éponge vasculaire »	

fabriquant cette hormone, sont l'objet d'une « interdiction de sécréter ». Quand le bébé stimule l'aréole, cet interdit est levé, entraînant la libération dans le sang de la mère d'une dose de prolactine qui rejoint les cellules glandulaires. La production de lait est stimulée. Cette « levée d'interdit » est de courte durée. Le facteur inhibiteur dopaminergique se remet en place immédiatement après la libération de la prolactine et le restera jusqu'à la prochaine stimulation. La prolactine dans le sang réalise un pic de grande amplitude et de longue durée (2 heures en moyenne). L'amplitude de ce pic (taux sanguin de prolactine) est corrélée à la durée et à l'intensité de la stimulation des aréoles. Lorsque les deux aréoles sont stimulées en même temps, – par des jumeaux par exemple, ou par un double tire-lait –, le taux sanguin est doublé.

◆ **Pour l'ocytocine,** le mécanisme est plus direct : la succion de l'aréole stimule directement, par voie nerveuse, la région postérieure de l'hypophyse où est stockée l'ocytocine. Celle-ci a été fabriquée plus haut au niveau des noyaux paraventriculaires et supra-optiques de l'hypothalamus, et a migré le long des fibres nerveuses jusqu'à la post-hypophyse. Lorsque le bébé tète, l'ocytocine est sécrétée. Cette sécrétion réalise des pics de très courtes durées (4 à 10 par

10 minutes), chacun d'eux entraînant des contractions des cellules myoépithéliales de 1 minute environ. Cette sécrétion peut aussi se produire sous l'influence d'autres stimulations (visuelles, auditives, odorantes, émotives...). C'est la raison pour laquelle une mère peut voir son lait jaillir lorsqu'elle entend son bébé pleurer, lorsqu'elle pense à lui, lorsqu'une odeur lui rappelle inconsciemment son bébé...

Il est difficile de décrire exactement quand et comment se fabrique le lait au niveau cellulaire de la glande. Schématiquement, on peut dire :
– que la fabrication du lait est continue ;
– que la présence prolongée de la prolactine dans le sang maternel stimule la fabrication des éléments spécifiques du lait : sucres, graisses, protéines ;
– que le lait est éjecté, sous l'influence de l'ocytocine, pendant que la bouche du bébé stimule les récepteurs aréolaires, et uniquement à ce moment-là.

Les signes de l'arrivée des hormones

Un certain nombre de signes, souvent décrits par la mère, traduisent l'arrivée des hormones dans le sang et les seins.

Le taux sanguin élevé de prolactine est peu perceptible. La prolactine modifie les cycles de sommeil de la mère. Elle s'endort plus vite, se réveille plus rapidement, passe plus de temps en sommeil lent profond et beaucoup moins en sommeil lent léger. Toutes ces modifications ont le même but : favoriser, en un temps court, le maximum de récupération.

Les signes liés à l'ocytocine surviennent au moment des tétées et dans les minutes qui suivent. Les taux élevés de cette hormone ont tendance à entraîner une douce somnolence, une euphorie tranquille, un bien-être global en détente, probablement du fait d'interactions entre cette hormone et les morphines endogènes. Comme la détente qui suit l'amour, il ne s'agit en rien d'une fatigue anormale (mot utilisé trop souvent), mais d'un apaisement du corps. On devrait décrire ce phénomène aux mamans. C'est un facteur positif de mise en route de l'allaitement, de la relation avec le bébé et de récupération physique... Pourquoi ne pas en jouir calmement ? L'ocytocine a la propriété de faire contracter les fibres musculaires lisses un peu partout dans l'organisme. Ces contractions peuvent être perçues à différents niveaux et sont différentes les premiers jours où tout se met en place.

◆ **Au niveau des seins,** le signe le plus élémentaire, c'est que les mamelons, sous l'influence de l'ocytocine, se mettent en érection, s'allongent, durcissent, pour que les canaux s'ouvrent à plein diamètre à la peau. La contraction rythmique des cellules myoépithéliales sur les alvéoles est ressentie par certaines mères à l'intérieur du sein.

Autre signe, facile à repérer : un sein se met à perler ou carrément à couler pendant que le bébé tète de l'autre côté. Cela signifie que l'ocytocine, arrivée par voie sanguine dans les deux seins à la fois, agit même du côté non stimulé par la bouche du bébé. Au fil des semaines, les seins se rodent, s'assouplissent, ces signes vont évoluer. Le deuxième sein coule de plus en plus rarement, puis ne coule plus du tout, mais les mères perçoivent mieux une sensation diffuse de tension, de chaleur interne des deux seins. « Le lait monte », disent-elles souvent. Parfois elles parlent de picotements, de fourmillements, de brûlure intérieure, beaucoup plus rarement, mais cela peut se voir, d'une douleur intense et brève, en « coup de poignard », en début de tétée. Aucun de ces signes n'est inquiétant. Tous traduisent simplement, sur une tonalité plus ou moins agréable, la mise en route de la pompe ocytocique mammaire. Ces signes diminuent d'ailleurs avec le temps. Après quelques semaines d'allaitement ne reste que la sensation très agréable de chaude tension intérieure, reconnue par les mamans comme un signal de bon fonctionnement des tétées.

◆ **Au niveau de l'utérus,** l'arrivée d'ocytocine entraîne des contractions utérines, et ce d'autant plus que l'utérus est très réactif et qu'il est rempli de caillots sanguins. Les anciennes sages-femmes le savaient bien, qui mettaient le bébé au sein pour faciliter la délivrance ou arrêter une hémorragie. L'utérus ainsi stimulé reprend plus vite sa taille et sa place. Si l'inconfort de ces contractions est vraiment pénible, il sera toujours possible de calmer la douleur, sans utiliser toutefois – restons logiques – un antispasmodique qui contrerait l'ocytocine, donc un antalgique simple. En quelques jours, l'utérus reprend son volume d'avant la grossesse. Revenu à son volume initial, il se contracte encore, mais très doucement. Certaines mères parlent de contractions douces, proches de celles du plaisir sexuel, d'autres ne les sentent plus du tout... ou ne le disent pas ! D'autres encore ressentent des contractions vésicales ou intestinales qui ont exactement la même signification de signal ocytocique.

Il est intéressant de noter qu'en période d'allaitement il existe de véritables « bouffées d'ocytocine » provoquant ces mêmes sensations, en dehors de toute stimulation des aréoles. Le facteur déclenchant en est une émotion relative à l'enfant : l'entendre pleurer, entendre un autre bébé pleurer, penser brutalement qu'on est en retard et qu'il a peut-être faim peut faire inonder la robe de la mère en plein supermarché ou au milieu d'une réunion professionnelle. Petite fantaisie des premiers mois qui ne tardera pas à disparaître.

Un dernier point important : il existe de très grandes différences d'une mère à l'autre dans le ressenti de ces signes hormonaux. Lorsqu'ils existent, ils sont faciles à interpréter. Leur absence ne peut en aucun cas être un signe de fonctionnement anormal.

Les cinq temps du réflexe neuro-hormonal ou la mise en route de la lactation

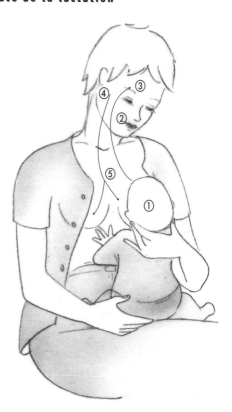

① Le bébé tète et crée un signal sur l'aréole.

② Des nerfs sensitifs conduisent l'information au cerveau profond, inconscient et involontaire.

③ Celui-ci « gère » l'information en fonction :
– de la qualité du signal fait par l'enfant ;
– des émotions de la mère au même moment.

④ L'inhibition sur l'hypophyse se relâche. L'ocytocine et la prolactine sont sécrétées.

⑤ La circulation sanguine apporte aux deux seins ces deux hormones, et les seins se mettent en fonction. Du côté stimulé par la succion, le lait jaillit.

Le jaillissement du lait

Le transfert de lait du sein vers le bébé dépend directement d'un enchaînement complexe :
• Le bébé étire avec sa langue les récepteurs de l'aréole.
• L'ocytocine, ainsi stimulée, agit sur les cellules myoépithéliales. Le lait quitte les alvéoles et avance dans les canaux lactifères.

• En tétant, le bébé crée une dépression intrabuccale qui permet le transfert du lait des canaux vers sa bouche.
• Le lait jaillit dans sa bouche, il déglutit, tout en réavançant sa langue sous l'aréole pour stimuler les récepteurs.
• Cet enchaînement se répète en boucle tout au long de la tétée pendant plusieurs dizaines de minutes.

Dans la bouche du bébé, le lait jaillit, sort en jets. D'un pore, puis d'un autre, puis encore d'un autre, le lait, propulsé de l'intérieur par les pompes alvéolaires, arrive à la peau sous pression. Celle-ci peut être modérée, avec un jet de quelques centimètres. Elle peut être très forte, le lait jaillissant à plus de cinquante centimètres des seins.
Savez-vous que la puissance et le débit de ce flux diffèrent profondément d'une femelle de mammifère à une autre ? L'espèce la plus rapide semble être la baleine, qui déverse à son baleineau de trente à cinquante litres de lait en moins d'une minute. Presque la puissance d'une lance à incendie. Il est vrai que la baleine et son petit flottent dans l'eau, mais n'ont aucun moyen de se retenir l'un à l'autre. Pas de bras, pas de pattes. La moindre vague, le moindre courant vont les séparer. La survie du petit dépend sûrement de la puissance du flux de sa mère. À l'inverse, les lionnes prennent tout leur temps. En dehors de quelques heures de chasse par jour, elles dorment sans cesse, protégées par les mâles et les autres femelles de la tribu. Les lionceaux vont et viennent, se servent tout à loisir. Parmi les espèces qui nous sont plus proches, il y a aussi des différences importantes. La traite des vaches et des chèvres dure de dix à vingt minutes. La brebis, la truie, la lapine, la femelle hamster, par contre, ont un flux bref de trois ou quatre minutes. Au moment des tétées, une truie fait savoir à ses cochonnets par un petit cri aigu qu'ils ont intérêt à se dépêcher de trouver une mamelle libre. Malheur au plus fragile d'une portée si ses frères et sœurs le repoussent, ou s'il y a plus de petits que de mamelles…
Pour les petits humains, le flux se produit dans la bouche du bébé, ce qui nous a permis… de le nier totalement. Nous l'avons tous observé pour d'autres femelles de mammifères, à la traite desquelles nous avons assisté, mais pour les femmes ! Qui d'entre nous parle d'allaitement en termes de puissance, de jaillissement, de flux d'éjection ? Le discours populaire auquel les jeunes mères sont confrontées ne dit-il pas l'inverse : « Tu es sûre que tu en as assez ? », « Pèse-le pour savoir ce qu'il prend », « S'il pleure, c'est qu'il a faim », et autres banalités qui toutes nient allègrement la réalité.

◆ **Comment repérer le jaillissement**
Pour connaître ce jaillissement du lait, le signe essentiel, fondamental, c'est celui que le bébé donne à sa mère. Lorsqu'il reçoit brutalement des jets de lait

sur son palais et que ce lait remplit son arrière-gorge, la déglutition se déclenche, s'organise après chaque mouvement de succion. Cela se voit, et parfois cela s'entend. La mère ou un observateur attentif percevront alors une sorte de « gloup », de bruit sonore répété à plusieurs reprises, puis une pause d'une à deux minutes, puis une nouvelle reprise, etc. Là encore, seule compte l'observation attentive. L'absence de bruit n'a aucune valeur négative. Certains bébés tètent remarquablement dans le plus grand silence.

◆ **Le rythme des tétées**

Il est possible, simplement en observant, de décrire l'exacte rythmicité des tétées. En moyenne, les premières salves de mouvements sont les plus amples, les plus puissantes, elles correspondent à un fort volume de lait, et les déglutitions se déclenchent à chaque mouvement de succion. Puis, après une courte pause, le bébé reprend son mouvement un peu moins puissant. Il est suivi d'une pause un peu plus longue... Et ainsi de suite. En moyenne, une tétée dure de quinze à vingt minutes, avec parfois, selon les tétées, des écarts importants.

Très vite, les bébés connaissent ce rythme et savent se nourrir. Pourtant, dans les premiers jours, certains nouveau-nés ont besoin de nombreuses tétées d'« apprentissage », d'essais répétés, avant d'arriver à un résultat optimal. La nature a prévu ce délai. Le bébé est équipé de peu de réserves énergétiques, mais il peut utiliser plusieurs « carburants alternatifs » pour ne pas se mettre en manque. Le premier lait, nommé colostrum, est l'aliment idéal pour passer ce cap. Il apporte beaucoup d'énergie sous un faible volume, il est un peu épais, donc facile à déglutir, et si le bébé avale un peu de travers, il protège les voies respiratoires contre l'infection. Le seul désagrément de cette période, c'est que certains bébés n'acceptent pas, au-delà du premier jour, le faible volume de lait. Il leur arrive de se rejeter en arrière en criant que plus rien ne vient. La plus mauvaise façon de faire est alors de leur proposer un biberon. Ils n'en ont pas besoin et peuvent rater leur apprentissage... Les aider à passer ce cap en douceur, leur suggérer de reprendre leur mouvement de bouche pour relancer la lactation, est la condition de réussite de l'allaitement. Quand toutes les femmes de France seront persuadées que leurs seins fonctionnent, que leur seul rôle est de rassurer leurs bébés pour qu'ils poursuivent leurs efforts, il n'y aura plus de problèmes de « mères qui manquent de lait ». Pour y parvenir, il nous faut mettre à jour et abolir toute une culture du tabou et du déni concernant les seins. Rude entreprise. Inutile de nous leurrer, ce ne sera pas simple.

◆ **Les écoulements de lait hors de la bouche du bébé**

Observer les flux de lait, ces jets puissants, est possible dans un certain nombre de situations – hélas habituelles en maternité ! – où l'on cherche à provoquer un écoulement de lait hors de la bouche du bébé. Les moyens en sont multiples : téterelle, protège-mamelons en silicone, tire-lait, massage aréolaire… Ils ont comme action commune de « leurrer l'hypothalamus », de lui faire croire qu'un bébé tète puisqu'il y a un étirement longitudinal de l'aréole, et de provoquer une dépression qui aspire le lait vers l'extérieur.

Deux raisons de les utiliser me paraissent valables :

• Initier et entretenir la lactation d'une maman dont le bébé, malade ou prématuré, a été transféré en service spécialisé ou se révèle momentanément incapable de réussir sa technique de tétée.

• Favoriser des écoulements fréquents et abondants pour prévenir ou traiter un engorgement.

Mais trop souvent les soignants tendent à utiliser ces techniques pour des raisons aberrantes : donner entre les tétées une meilleure forme à un mamelon dit anormal, recueillir un écoulement intempestif pour protéger un vêtement ou, pis encore, créer une « prothèse-téton » artificielle que le bébé saisirait mieux. Nous sommes là en plein « délire d'emboîtement anatomique » et non dans la physiologie de la lactation. Nous y reviendrons longuement au chapitre 6.

La régulation
de la production du lait

La production de lait suit un déroulement dans le temps assez similaire pour toutes les mères. Si le bébé découvre la bonne technique de succion en un à deux jours, les différentes phases vont s'enchaîner sans problèmes.

• 1re étape : pendant les deux premiers jours, la mère produit quelques millilitres de colostrum : 10 à 30 ml le premier jour, près du double le lendemain.

• 2e étape : au troisième jour survient la lactogenèse de type 2. Le volume de lait produit augmente brutalement, atteignant près de 500 cc par jour à la fin de la première semaine.

• 3e étape : pendant tout le premier mois, le volume de lait produit dépend du temps de succion de l'aréole et de la quantité de lait bue par l'enfant. Plus le bébé tète, plus les récepteurs aréolaires sont stimulés, plus les pics de prolactine sont fréquents et plus la lactation qui s'installe pourra être abondante. Il semble, en effet, exister une multiplication des récepteurs à prolactine sur la membrane basale des cellules glandulaires productrices, ce qui signerait une plus grande capacité à produire les éléments constitutifs du lait.

Ce que boit le bébé joue aussi un rôle fondamental. Si le lait produit est régulièrement extrait des alvéoles, la synthèse est maximale. À l'inverse, si le lait reste stocké dans la lumière des acini, des substances inhibant la fabrication s'accumulent dans les alvéoles et la synthèse ralentit ou s'arrête.

En d'autres termes, plus le bébé tète efficacement, plus il extrait le lait fabriqué, plus le volume que peut produire sa mère sera important. C'est la raison principale qui justifie d'éviter à tout prix les biberons de complément. Si le bébé est nourri partiellement au biberon, il prélève moins de lait dans les seins, donc la synthèse se régule sur une faible quantité. La mère risque de « manquer de lait ».

• 4e étape : à partir de la fin du premier mois, la capacité de production n'évolue plus beaucoup et le volume de lait est remarquablement stable, 750 à 800 cc par jour en moyenne, avec d'importants écarts d'une mère à l'autre allant de 600 à 1200 cc/jour. Que l'enfant ait un mois, six mois ou un an, ce volume est fixe. Ce qui changera au cours du temps, c'est la composition qualitative du lait, permettant une croissance optimale des enfants.

Il est bon de comprendre aussi que la quantité de lait n'est pas le facteur déterminant de la croissance de l'enfant. Il existe une adaptation fine pour chaque couple mère-bébé. Si le volume produit est grand, le lait est moins riche en graisses. Si le volume est plus faible, le lait est plus riche. Ainsi, à rations inégales, tous les bébés allaités peuvent avoir une croissance satisfaisante.

Dès la fin du premier mois, le volume de lait produit ne dépend plus du taux sanguin de prolactine. Il n'est plus corrélé qu'à la demande de l'enfant. S'il prélève beaucoup de lait, la synthèse est très active, si le lait stagne dans les alvéoles, la synthèse ralentit. C'est aussi simple que ça. L'appétit de l'enfant est le régulateur du volume à produire. On appelle ce phénomène la régulation autocrine.

Un peu d'horaire, pour ne plus compter

Bien qu'il soit ridicule dans la mise en route d'un allaitement de minuter quoi que ce soit, il est intéressant d'avoir une certaine idée de la durée des différentes étapes au cours d'une même tétée.

• Le bébé se met à téter et reçoit les quelques grammes de liquide rétroaréolaire : quelques secondes.

- Le cerveau gère l'information : de dix secondes dans les cas rapides à plusieurs minutes si le climat émotionnel est agité.
- L'ocytocine arrive. Le lait est éjecté. La mère peut en ressentir les effets.
- Le bébé déglutit bruyamment pour annoncer le début du flux.
- Le transfert de lait est efficace pendant plusieurs minutes.
- Suit un temps où les flux sont faibles ou inexistants, donc le volume de lait faible, mais où le bébé, dans ce qui est pour lui le plaisir total, dit au cerveau profond de sa mère qu'il veut du lait, beaucoup de lait et qu'il faut sécréter beaucoup de prolactine. Au début de la lactation, plus le bébé tète, plus il « lance la fonction ».
Il découle de ces quelques notions un certain nombre d'aspects pratiques utiles à connaître.
- ◆ **Le temps d'une tétée** – lorsque pour un bébé prématuré ou malade il est essentiel de le contrôler – **ne devrait être compté qu'à partir du flux**, surtout pas à partir du début de la succion. Après un quart d'heure au sein, la lactation peut n'avoir pas démarré et le bébé n'avoir rien pris. Il peut au contraire avoir terminé un repas parfait.

- ◆ **Passer d'un sein à l'autre n'est pas une garantie de plus de lait.** Un seul sein peut parfaitement produire une alimentation complète et suffisante. Ce qui compte, sur un sein ou sur les deux, c'est de toujours attendre que le lait ne coule plus d'un côté avant de proposer l'autre sein.

La réaction d'allaitement

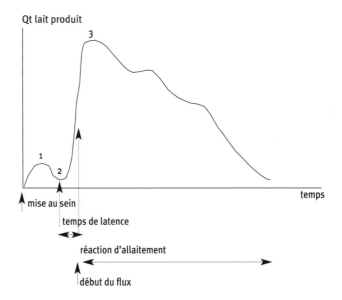

◆ L'intérêt de faire téter le bébé des deux côtés est important surtout dans les premières semaines d'un allaitement. D'une part, changer de côté réveille l'enfant qui avait tendance à s'endormir et le pousse à recommencer sa stimulation des mamelons. D'autre part, les seins congestionnés par les chahuts hormonaux sont plus confortables s'ils sont souvent l'objet d'un flux.

◆ Pour allaiter des jumeaux, il vaudrait mieux les nourrir ensemble. Lorsque les deux aréoles sont stimulées en même temps, il y a plus d'hormones et plus de lait en beaucoup moins de temps. La production est plus facile. La mère gagne du temps et de l'énergie... Il suffit d'apprendre à s'installer. De même, une mère qui doit tirer son lait au tire-lait pendant des semaines pour un bébé malade ou prématuré aura toujours intérêt à utiliser un appareil à double pompage, un sur chaque sein. La lactation sera plus facile et plus abondante qu'avec un tire-lait classique.

L'action bénéfique sur l'organisme maternel

Les modifications hormonales de la lactation interviennent sur tout l'équilibre glandulaire de la mère. De nombreuses interactions endocriniennes vont toutes dans le même sens : protéger le corps de la mère, augmenter son énergie, économiser sa fatigue pour la rendre plus disponible pour l'enfant.

Allaitement et tube digestif

Lors de la construction de la glande mammaire, dans les premiers mois de la grossesse, les taux élevés d'hormone lactogène placentaire et de prolactine favorisent dans le corps de la mère la multiplication cellulaire d'autres organes que les seins. C'est en particulier le cas du tube digestif : estomac et intestin. Leur surface d'absorption augmente de 30 à 50 %. Le foie également devient plus performant. Cela signifie que, avec la même ration alimentaire, les nutriments digérés et absorbés sont plus abondants et passent plus vite. Inutile de manger plus en allaitant, le tube digestif se « sert » plus largement dans les rations proposées.

Un allaitement de plusieurs mois sans augmenter ou très peu la ration calorique est la meilleure manière de redevenir toute fine, toute mince, sans régime et sans effort.

- Pour mincir après une grossesse, même sans allaiter, mieux vaudra attendre que le tube digestif ait repris son juste volume, c'est-à-dire plusieurs mois.

- Par contre, l'allaitement au long cours (six mois et plus) fait brûler au fil du temps des réserves de graisse. Celles que le corps avait constituées spécialement pour l'enfant, et les autres plus anciennes, qu'on pensait indélogeables.

Allaitement et utérus

Nous l'avons vu, l'ocytocine sécrétée à chaque tétée entraîne des contractions de l'utérus. Elle favorise ainsi un arrêt rapide des saignements et une bonne involution de l'utérus. Donc, chez les femmes qui allaitent, celui-ci reprend plus vite son volume et sa place d'avant la grossesse et les mères retrouvent un ventre plat : sur le plan esthétique, c'est important.

Allaitement et fécondité

La lactation s'accompagne d'une absence de règles pendant plusieurs mois, mais avec de fortes variations individuelles : deux à trois mois pour certaines, entre six et douze pour d'autres. Sans allaitement, le retour de couches survient généralement vers le cinquantième jour. En cas d'allaitement très court, le retour de couche survient vite, dans les quinze jours qui suivent le blocage de lactation.

◆ **L'absence de règles**
Absence de règles ne signifie pas infécondité, et l'allaitement ne protège pas à cent pour cent. Une ovulation peut se produire avant tout retour de couches. Depuis quelques années, de nombreux chercheurs se penchent sur l'effet contraceptif de l'allaitement. Dans les pays en voie de développement, cette protection, même imparfaite, même transitoire, reste le facteur essentiel de l'espacement des naissances.

◆ **L'évolution du taux de prolactine**
L'effet contraceptif est directement lié au taux sanguin circulant de prolactine, lui-même corrélé au nombre et à la fréquence des tétées quotidiennes. Plus le bébé tète, plus la prolactine est élevée, moins il y a d'ovulation. Or, pendant un allaitement, la prolactine peut évoluer de différentes façons :

◆ **Les flux sont faibles et rares.** Le taux sanguin de prolactine peut baisser dès la fin du premier mois, et la lactation se tarit d'elle-même.

◆ **Les flux sont réguliers,** de bonne qualité, mais l'enfant diminue petit à petit son nombre de tétées ou se met à dormir des nuits complètes : la prolactine se met à baisser lentement, pour reprendre son taux d'avant la grossesse. Si cette diminution se produit au-delà de deux-trois mois, la lactation continue normalement, mais la maman reprend une fécondité normale et des cycles ovariens. Une contraception s'impose pour celle qui ne désire pas une nouvelle grossesse rapide.

◆ **Les flux sont très nombreux,** très fréquents, prolongés, l'enfant dort avec sa mère et tète plusieurs fois par nuit. Il n'y a jamais d'intervalle de plus de six heures entre deux tétées. Cette situation, rare chez nous, est très banale dans la plupart des pays où les mères portent sans cesse leur enfant. Dans ce cas, le taux sanguin de prolactine reste très élevé, empêchant toute activité ovarienne. L'effet contraceptif peut être considéré comme efficace pendant six mois, à la condition bien sûr que la maman n'ait pas eu de retour de couches...

Allaitement et économie d'énergie

L'allaitement maternel est pour une jeune femme le meilleur moyen de se « simplifier la vie ». Pas de biberons à laver ni à stériliser, pas de lait ni d'eau minérale à transporter dans des cabas chargés. Aucune dépense. Rien à préparer pour partir en voyage. Inutile de se lever la nuit et d'aller en grelottant réchauffer un biberon pour le donner... Si le bébé dort contre elle, elle peut le nourrir sans se réveiller. Tous ces arguments peuvent paraître simplistes. Ils changent pourtant la vie d'une mère dans les premiers mois suivant une naissance. Pourquoi le nier ? Parmi les races animales, les mammifères sont les plus évolués. C'est une adaptation maximale au monde extérieur que d'avoir la nourriture d'un petit toujours prête, directement à portée de main. Cela évite tant de pas et de recherches inutiles.

L'allaitement maternel a un autre rôle, peu souvent signalé. L'absence prolongée de règles « économise » des pertes sanguines, donc des pertes de fer. Dans les pays où le niveau de santé et de nutrition des femmes reste faible et où l'anémie chronique est constante, ce rôle antianémique est très réel. Les discours alarmistes de certains médecins qui ordonnent un sevrage en cas d'anémie maternelle sont un contresens. Savez-vous que, depuis les problèmes posés par la transfusion sanguine et la crainte du sida, on traite les anémies des prématurés et des nouveau-nés allaités en donnant du fer... à la mère ! Elle reconstitue ses propres stocks, apporte dans son lait à son bébé non seulement le fer dont il a besoin mais les enzymes de son absorption intestinale. C'est un « plus » considérable...

Pour parler en termes énergétiques, les glandes mammaires sont de fantastiques « usines de transformation et d'enrichissement du matériau ». Une vache, qui ne mange que de l'herbe, donc essentiellement des fibres, des sels minéraux et quelques sucres, arrive à fabriquer son propre poids de protéines en un an, un litre de graisse par jour, sans nécessiter aucune installation ni branchement électrique !

Une femme nourrie de féculents, de légumes, de quelques protéines, donc de façon peu onéreuse, fournit à son enfant un aliment d'une qualité nutritive exceptionnelle, exactement adapté en qualité et en quantité à ses besoins, avec les enzymes nécessaires à sa digestion et à son assimilation, ce qui lui permet d'être totalement utilisé. Réaliser une telle synthèse en laboratoire (à supposer que cela puisse se faire, et nous en sommes encore très loin) coûterait une fortune. Les seins d'une femme le font tout simplement, gratuitement, sans aucun préjudice pour sa santé si elle est correctement nourrie. À l'échelon des famines mondiales, cet argument a une portée sociologique et économique très importante.

Le corps d'une mère est programmé pour fabriquer à l'usage de son petit ce qu'il y a de meilleur au monde pour lui. La nature a ses raisons en adaptant de façon si précise les réactions d'un corps de femme aux besoins de son petit. Pourquoi si souvent perturber cet équilibre dans notre civilisation ?

Allaitement et équilibre

Il est un domaine plus récent de la recherche, c'est ce que la lactation apporte à la mère comme équilibre hormonal global. Chaque flux d'éjection, chaque largage d'ocytocine s'accompagne d'une poussée d'autres hormones posthypophysaires : vasopressine et ACTH pour remonter sa tension artérielle et équilibrer ses métabolismes corticodépendants, hormones de croissance pour favoriser la multiplication cellulaire et la cicatrisation, TSH pour stimuler la thyroïde, cholécystokinine pour favoriser son équilibre digestif...

Ces phénomènes, et bien d'autres encore qui restent à découvrir sans doute, sont un nouveau paramètre de choix.

L'allaitement, ce n'est pas seulement pour que le bébé aille bien ou pour le plaisir réciproque de la mère et du bébé, ce peut être aussi pour que la mère aille bien...

CHAPITRE III

Le lait
du petit d'homme
ou la biologie du lien

La supériorité et, pour certains enfants, l'inéluctable nécessité de l'allaitement naturel nous ont été démontrées par l'observation. Mais la chimie et la biologie nous en révèlent la raison en nous montrant que la constitution du lait de femme en fait une combinaison spécifique pour l'espèce humaine.

A.B. Marfan, *Traité de l'allaitement*,
Masson, 1930 (4ᵉ édition)

Sa peau était rosâtre et si douce que tous les hommes rêvaient de la frôler ne fût-ce que du revers des doigts [...]
Les femmes en ce temps-là dévoilaient leur poitrine sans le moindre soupçon d'indécence, et Lamia laissait paraître une face entière de chaque sein. Sur ces collines-là j'aurais voulu poser ma tête chaque nuit [...]

Amin Maalouf, *Le Rocher de Tanios*,
Grasset, 1993

Dans toutes les civilisations antiques, agricoles et pastorales, le lait a toujours été le symbole de la richesse et du bien-être. La « terre promise » est dans de multiples chants « le pays où coulent le lait et le miel ». Miel, lait, seules nourritures qui ne se tarissaient pas d'emblée en temps de sécheresse ou de famine.

Le lait maternel est l'une des formes de cette richesse, le signe de la bénédiction des dieux. « Elle pleure, la femme aux seins desséchés ! », dit un chant hindou.

Dans l'histoire de l'humanité, donner le sein a toujours été considéré comme l'unique manière de nourrir les bébés. Les rares tentatives pour trouver un autre type d'alimentation se sont soldées par une mortalité infantile tellement effrayante que le lait de femme a vite repris sa juste place.

Dans l'Égypte ancienne, les enfants tétaient jusqu'à l'âge de trois ans ; dans l'Israël de la Bible, jusqu'à deux ans. Le Coran est catégorique : « Les mères allaiteront leurs enfants pendant deux années. » À Sparte, au IVe siècle avant J.-C., une loi obligeait les femmes à nourrir leurs enfants au sein. En Inde, on croyait qu'un adulte vivrait d'autant plus vieux qu'il aurait été allaité longtemps dans son enfance. En Finlande, on alla jusqu'à punir les femmes qui ne nourrissaient pas elles-mêmes leurs enfants si ceux-ci mouraient avant l'âge de six mois.

Au début du XXe siècle, les mères chinoises et japonaises allaitaient leurs enfants jusqu'à cinq ou six ans. Rappelez-vous le sevrage douloureux de Pu Yi, lié au départ imposé de sa nourrice, dans le film *Le Dernier Empereur*.

Les Esquimaux battaient tous les records, leurs enfants tétant jusqu'à la puberté... Ces chiffres paraissent exorbitants pour nos mentalités d'Européens modernes, mais ils traduisent une merveilleuse adaptation au milieu. Songez que l'alimentation esquimaude était à 100 % à base de poisson et de viande de renne (donc protéines et graisses seulement), sans légumes, ni fruits, ni céréales. Or, la construction cérébrale des premières années de vie nécessite un large apport de sucres. Les mères, spontanément, donnaient aux petits le complément indispensable.

La fabrication du lait

Le lait est un produit complexe, produit par les cellules glandulaires que nous avons décrites au chapitre 1.

Chaque cellule fabrique tous les constituants du lait

Chaque cellule est une usine à part entière. Toutes les cellules se ressemblent, dans toutes les espèces. Il ne semble exister chez aucun mammifère de cellules ou de régions mammaires spécialisées en caséine, ou en lactose…
Comme dans toute usine, il est possible de décrire :
• Le bureau du patron : le noyau.
• Des chaînes de montage : le réticulum endoplasmique.

La cellule, lieu de fabrication

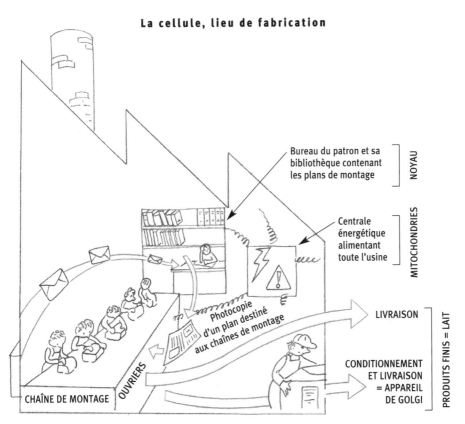

Bureau du patron et sa bibliothèque contenant les plans de montage — NOYAU

Centrale énergétique alimentant toute l'usine — MITOCHONDRIES

Photocopie d'un plan destiné aux chaînes de montage

LIVRAISON

CONDITIONNEMENT ET LIVRAISON = APPAREIL DE GOLGI

PRODUITS FINIS = LAIT

CHAÎNE DE MONTAGE

OUVRIERS

- Des ouvriers : les ribosomes.
- Un secteur de conditionnement : l'appareil de Golgi.
- Une installation électrique : les mitochondries.
- Des chefs d'atelier : l'ARN messager.
- Un sens de fonctionnement : les matières premières sont déchargées à la base et le produit fini est livré à l'autre extrémité.

Lorsque la cellule est prête à fonctionner, elle se polarise. Le noyau s'installe dans la région basale, près des vaisseaux sanguins et lymphatiques. Autour du noyau s'organisent les chaînes du réticulum endoplasmique. Les ribosomes, ouvriers de ce montage, s'alignent le long des chaînes. L'énergie de la cellule vient de la combustion du glucose, capté dans le sang maternel et brûlé par les mitochondries. L'appareil de Golgi sert à transformer et à conditionner pour leur éjection extra-cellulaire les composés produits.

Pendant l'allaitement, les cellules glandulaires sont reliées les unes aux autres par des jonctions étanches. Cela signifie que tous les composants du lait traversent la cellule, sont contrôlés par elle, assurant une composition imposée par le noyau, donc par le code génétique.

Au moment des tétées, la prolactine, arrivant par voie sanguine, se fixe sur la membrane basale dans des « récepteurs à prolactine », véritables serrures dont l'hormone est la clé. Averti de cette arrivée par un ARN messager, le noyau donne l'ordre à la cellule de fabriquer.

Les composants du lait

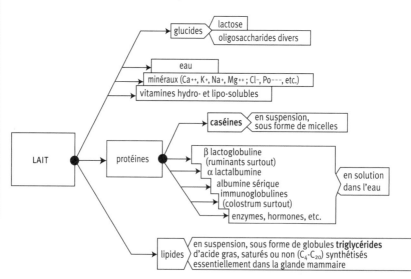

Les mécanismes de la fabrication

La fabrication va comporter deux grands mécanismes.

◆ **Une intense filtration active**
De l'eau et tous les éléments liés à l'eau, petites protéines, acides gras à chaîne longue, sels minéraux, vitamines, cellules de défense contre les infections, traversent les cellules et se retrouvent dans le lait, dont ils forment près de 90 % du volume. Ces produits, captés directement dans le sang maternel, arrivent donc non transformés à l'enfant. Leur qualité, leur quantité sont fonction de ce que la mère transporte dans son sang. L'absence de polluants dans son alimentation sont de haute importance pour donner au bébé un lait irréprochable. Ce passage de l'eau et des électrolytes se fait par deux voies :
– une voie directe transcellulaire, probablement peu active ;
– une voie « osmotique » : l'eau, les électrolytes et les caséines quittent la cellule dans des « micelles » qui accompagnent le lactose.

◆ **L'assemblage des constituants**
L'assemblage des constituants est continu. Le lait se fabrique 24 heures sur 24. les chaînes de montage intracellulaire assemblent les constituants spécifiques du lait, ceux qui n'existent ni dans l'alimentation de la mère ni dans son sang. Cette fabrication active concerne trois éléments : le sucre du lait (lactose), les protéines du lait (caséine) et les graisses du lait (lipides). Au niveau des « chaînes de montage », ces produits sont plus ou moins complexes à fabriquer.

◆ **Le lactose** est une molécule constituée à partir de deux molécules de glucose dont l'une est transformée en galactose avant que les deux soient assemblées. Une formule chimique aussi simple nécessite l'intervention de deux enzymes seulement : l'une pour inverser le glucose en galactose, l'autre pour réaliser le branchement. Tout cela ne prend que quelques fractions de seconde. Le lait est d'emblée sucré. Le lactose quitte la cellule, lié à l'eau de filtration. Une fois assemblé, le lactose est un produit hautement osmotique. Cela signifie qu'il attire de grandes quantités d'eau autour de lui. S'il restait stocké dans les cellules glandulaires, celles-ci ne tarderaient pas à gonfler, souffrir d'hydratation et cesser toute activité. Le bon fonctionnement nécessite donc que le lactose quitte la cellule dès qu'il est fabriqué. Il est donc rejeté dans les alvéoles, accompagné de l'eau, des caséines et des électrolytes qu'il a attirés autour de lui. Là, ces éléments sont stockés jusqu'à la prochaine tétée.

◆ **La caséine** est composée de molécules très complexes, réalisées par l'assemblage, dans un ordre rigoureux, de milliers d'acides aminés. Il y a vingt acides aminés différents, huit absolument indispensables et douze que le corps peut fabriquer à partir des précédents. Vous pouvez les imaginer comme vingt lettres de l'alphabet avec lesquelles s'écrit un long collier de mots et de phrases donnant un message précis, dans un ordre rigoureux. Le lait de chaque espèce de mammifère contient les vingt acides aminés, mais en proportion variable, sur des colliers plus ou moins longs et dans un assemblage radicalement différent. Le « langage » est différent, tant dans la structure des « phrases » que dans la longueur du texte.

La fabrication des caséines nécessite de multiples enzymes : pour sélectionner les acides aminés, pour transformer certains d'entre eux en leurs proches homologues non trouvés dans le « stock » apporté, pour les aligner dans le bon ordre, puis pour les assembler les uns aux autres. La recette est très précise, le message en un « langage » déterminé, imposé par l'ADN du noyau. La proportion de protéines, faible en début de tétée, augmente ensuite fortement.

◆ **La fabrication des lipides** est, elle aussi, complexe. Capter dans le sang des acides gras, longues chaînes de carbone saturées d'ions hydrogène, les allon-

La fabrication du lait

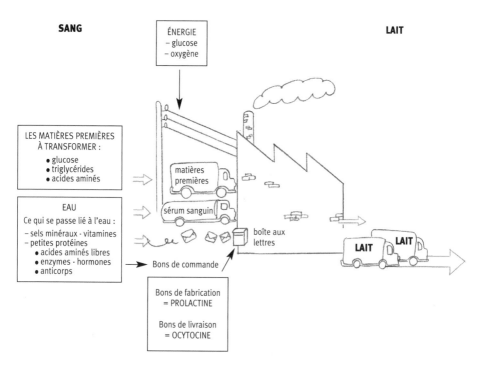

ger, les désaturer (enlever des hydrogènes sur certains sites définis), transformer un ou deux radicaux ; puis grouper ces acides gras en trois bandes parallèles, les attacher à une molécule de glycérol (triglycérides), ou les grouper par deux et les attacher à une molécule d'acide phosphorique (phospholipides), ou les nouer en trapèze (cholestérol)... tout cela prend du temps et nécessite là encore de nombreuses enzymes. De plus, pour se retrouver dans le lait, les lipides doivent être « emballés », livrés dans un « sac » de matière vivante. Cet emballage est le fait de deux structures : l'appareil de Golgi et la membrane cellulaire elle-même. Les lipides fabriqués sont captés par l'appareil de Golgi, qui les entoure d'une première « couche » et les amène au pôle apical de la cellule. Là, la membrane cellulaire elle-même les capte, s'enroule autour d'eux, formant une vésicule qui se détachera de la cellule et deviendra fraction constituante du « globule graisseux ». Ces globules sont volumineux et ont du mal à passer dans les canalicules reliant les alvéoles entre elles. Il faut un puissant « essorage » des alvéoles par les contractions des cellules myoépithéliales pour qu'il soient éjectés. C'est la raison pour laquelle les lipides se concentrent dans le lait en fin de tétée, dans la dernière partie du flux.

♦ **La composition du lait évolue en cours de tétée**
Cette caricature des processus de fabrication a pour intérêt d'illustrer l'évolution de la composition du lait au cours d'une même tétée : d'abord l'eau, les sels minéraux, les petites protéines maternelles sucrantes, anti-infectieuses et enzymatiques passées par filtration, les caséines fabriquées sur place, et le lactose. Puis les graisses, apportant, en plus d'une excellente ration énergétique, les matériaux de construction nécessaires à la croissance et à l'évolution.

♦ **Entre les tétées,** la fabrication continue sans cesse, et la quantité fabriquée se calque sur ce qu'a bu le bébé, donc sur le degré de remplissage du sein. Plus le transfert de lait a été important, plus la synthèse est active. Le lait stocké dans les alvéoles y est retenu par la finesse des canaux initiaux, qui freine l'écoulement. Une petite fraction de la phase aqueuse du lait peut néanmoins filtrer jusqu'à la peau. De l'eau, des sucres, des protéines, des sels minéraux, en petite quantité, quittent les alvéoles et glissent jusqu'au niveau de l'aréole. Ce pré-lait, aqueux, peu calorique puisque les graisses sont retenues dans les alvéoles, véritable tisane et non aliment, est le liquide (10 à 20 grammes, rappelez-vous) que trouve le bébé quand il commence à téter et qui le motive pour continuer. Un bébé qui tète mal et ne provoque pas de flux ne boit que cette tisane. Pour avoir plus calorique, plus gras, il lui faut déclencher l'ocytocine et le flux d'éjection.

♦ Pendant des dizaines d'années, les médecins ont prescrit des **analyses de lait** aux mères angoissées. Elles produisaient au tire-lait quelques grammes, donc le liquide présent dans les canaux terminaux, et les apportaient au laboratoire et celui-ci répondait invariablement : « Lait riche en eau et en sels minéraux, un peu de lactose et de protéines. Extrême pauvreté en graisses. » Vous comprenez maintenant pourquoi. Entre 1940 et 1970, au moins deux générations de femmes en France ont subi cette monumentale duperie. Il en reste, dans les mentalités populaires et les discours alarmistes des grands-mères, parfois aussi dans le comportement de certains médecins, l'idée qu'il peut exister des laits non nourrissants, des raisons de sevrer un bébé pour le faire mieux démarrer, ou pis encore des familles où « c'est comme ça, le lait n'est pas bon ». Quel contresens !

◆ **Il n'y a pas de complémentarité entre les seins.** Chacun fabrique un lait complet. Changer le bébé de sein au milieu d'un flux, c'est lui faire reprendre un peu de tisane au milieu de son repas. Il n'en a pas besoin, mais ce n'est pas très grave. Si les seins de la mère sont très gonflés, il peut bien lui rendre ce service. Un flux sur un sein peut apporter tous les éléments nutritionnels. À la mère et à l'enfant de décider si ce sera un ou deux...

Le lait,
spécificité de l'espèce

La composition du lait est directement imposée, nous l'avons vu, par les gènes du noyau des cellules. Les produits construits dans les chaînes de montage portent le même nom dans les laits des différents mammifères, mais les recettes diffèrent radicalement. Le lait du petit d'homme est conçu pour que le bébé double son poids de naissance en quatre à cinq mois, pèse une douzaine de kilos à deux ans, mais ait à cet âge, en proportion, le plus gros cerveau, près de 1 200 grammes (soit une croissance cérébrale de 2 grammes par jour pendant deux ans, ce qui est énorme). Celui qui en est biologiquement le plus proche est celui de son « cousin », le lait de guenon-gorille !

Les exemples donnés dans le tableau suivant prouvent bien que **les laits** sont spécifiques d'une espèce et **ne sont pas échangeables**. Malgré la jolie chanson de Georges Brassens, le chaton de Margot n'aurait pas survécu longtemps avec du lait de femme...

L'analyse biochimique précise est encore plus spectaculaire. Les caséines sont spécifiques aux espèces : ni la composition, ni le poids moléculaire, ni le nombre et le pourcentage d'acides aminés ne sont semblables. Pourquoi la bêta-lactoglobuline, protéine du lactosérum, est-elle très abondante chez les ruminants, présente chez la truie, la jument, l'ânesse, la chienne, le dauphin, le lamantin et le

À CHACUN SON LAIT					
Composition élémentaire du lait de différents mammifères					
Espèce	Poids de naissance doublé en x jours	Graisses (g/l)	Protéines (g/l)	Lactose (g/l)	Sels minéraux (g/l)
Homme	180	38	9	70	2
Cheval	60	19	25	62	5
Vache	47	37	34	48	7
Renne	30	169	115	28	–
Chèvre	19	45	29	41	8
Mouton	10	74	55	48	10
Rat	6	150	120	30	20

Il n'y a pas deux laits semblables d'une espèce de mammifère à l'autre :
• Le lait du petit veau, avec ses 34 g/l de protéines, sa relative pauvreté en lactose, ses 37 g/l de graisses saturées, est l'aliment d'un petit qui, à deux ans, pèse 300 kilos avec 350 grammes de cerveau.
• Le lait du rat, hyperconcentré en protéines (120 g/l) et en graisses (150 g/l), permet au raton de doubler son poids de naissance en six jours.
• Le lait de baleine permet à son petit de prendre, tenez-vous bien, 100 kilos par jour! Les graisses insaturées permettent un harmonieux développement cérébral.
• Le lait de renne, le plus riche de tous en graisses (169 g/l) et très riche en protéines, permet au petit, né dans les régions polaires, de se couvrir en quelques jours d'un épais manteau graisseux pour lutter contre le froid.
• Le lait de louve, à 90 g/l de protéines, soit dix fois plus que le lait de femme, est un produit hautement toxique pour un bébé humain. Si Remus et Romulus avaient réellement tété du lait de louve, ils seraient morts en quelques jours d'hyperammoniémie et d'insuffisance rénale. Rome n'aurait pas existé. D'ailleurs Tite-Live avait déjà des doutes et pensait qu'ils avaient tété une certaine Laurentia, femme généreuse et farouche, surnommé « la Louve » par les bergers de l'endroit.
• Le lait de lionne de mer est dépourvu de lactose. C'est le seul lait de mammifère qui n'en contienne pas. Mais le petit flotte dans l'eau et construit son cerveau, trouve son énergie dans les importantes réserves en galactose du plancton qu'il ingère dès sa naissance.

kangourou, mais absente chez les rongeurs et les primates ? Elle est la principale cause d'allergie aux protéines du lait de vache pour les bébés humains.

Pourquoi tous les laits contiennent-ils de l'alpha-lactalbumine, sauf celui de l'otarie de Californie ? Parce qu'elle ne fabrique pas de lactose ?

En allant encore plus loin dans l'analyse, on découvre que, d'une espèce à l'autre, toutes les protéines sont différentes, la caséine comme les protéines du lactosérum. Formules chimiques profondément variables, propriétés physiques différentes, pourcentages différents d'acides aminés... Ces différences se retrouvent, tout aussi fondamentales, pour les graisses. Seul le lactose est le même partout, mais en quantités variables.

Comme l'a démontré un expert mondial il y a une dizaine d'années, « le fait de nourrir les bébés humains avec du lait de vache est la plus grande **expérience biologique incontrôlée** jamais tentée » :
– elle se produit à l'échelon de la planète ou presque ;
– il n'y a pas de groupe témoin strict ;
– elle dure déjà depuis deux ou trois générations ;
– il n'y a pas eu d'expérimentations animales préalables pour en étudier les conséquences.Que deviendrait l'espèce lapin si tous les lapereaux étaient nourris au lait de chèvre, ou l'espèce mouton si les agneaux tétaient tous du lait de rat ? Mystère. Les conséquences à long terme sur plusieurs siècles nous échappent complètement. Les humains seront-ils plus costauds, plus fragiles, plus bêtes, plus intelligents, plus grands, plus vieux, plus calmes, plus irascibles, plus herbivores, plus carnivores, profondément modifiés ou strictement identiques ? Nul ne peut entrevoir ne serait-ce qu'une ébauche de réponse. En termes d'évolution, c'est une sacrée interrogation.

Le colostrum, lait de l'adaptation

Revenons au petit humain et au lait qui est le sien. Dans les premiers jours suivant la naissance, son alimentation n'a rien de commun avec celle qui suivra. Elle a deux intérêts majeurs : apporter à l'enfant, en quelques grammes, tous les éléments dont il a besoin, et lui éviter tout travail inutile, toute perte énergétique.

À la naissance, le bébé, tout en poursuivant sa croissance au rythme utérin des dernières semaines, va subir trois transformations brutales : il perd un certain pourcentage d'eau du corps, au risque de se refroidir ; il vit dans l'air et rencontre une foule de microbes (son œuf utérin était stérile) ; enfin, plus lentement, il doit mettre en place ses fonctions de nutrition et d'épuration autonome.

Le colostrum est un « concentré salé de protéines »

Le colostrum est le produit fabriqué par les seins lorsque les jonctions serrées intercellulaires sont ouvertes, donc pendant la grossesse, les deux premiers jours après la naissance, au moment du sevrage et au cours des épisodes de mastite ou d'engorgement majeur. Puisque les jonctions sont ouvertes, il y a plus d'éléments

venus du plasma sanguin maternel et donc, en proportion, moins de produits synthétisés par les cellules glandulaires. Le lactose, les graisses, la caséine ne sont qu'à la moitié de leur taux ultérieur. En revanche, le colostrum est deux fois plus salé que le lait ultérieur et dix fois plus riche en protéines (près de 100 g/l), qui sont :
- Des immunoglobulines de défense contre les infections (près de 90 g/l), faisant du premier lait un « médicament » sans concurrent.
- Des quantités d'enzymes pour assimiler les graisses ou les caséines alors que les métabolismes du foie « dorment » encore.
- D'autres enzymes pour absorber le fer, le calcium, les vitamines...
- Beaucoup d'acides aminés libres, donc du matériau de construction « prédigéré », prêt à l'emploi.
- Des hormones, comme l'EGF (*epidermal growth factor*) qui favorise la croissance de la muqueuse de l'estomac et de l'intestin du bébé.
- Des petits peptides, regroupés sous le nom de gynolactose, qui ont, en plus de leur pouvoir glucidique énergétique, des propriétés enzymatiques.

Il s'agit donc d'un concentré d'éléments majeurs.

Le colostrum évite la déshydratation

Mais ce n'est pas tout. Les petites protéines ont, entre autres propriétés, celle de se lier à l'eau : 100 g/l de protéines liées, cela forme une « gélatine », un produit

Variation des constituants
au cours de la maturation du lait de femme
(valeurs exprimées pour 100 ml)

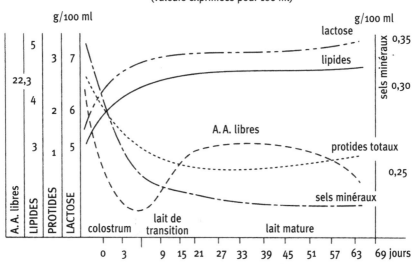

un peu visqueux, épais, orangé, dont l'eau ne s'échappe pas. En d'autres termes, c'est un aliment qui apporte de l'eau à l'organisme, mais ne fait pas uriner... Pour un bébé qui ne doit pas se déshydrater trop vite, c'est irremplaçable.

Une évolution constante

À chaque tétée, le colostrum évolue. Les chaînes de montage cellulaires deviennent plus performantes et fabriquent à plein rendement les constituants nutritionnels. L'intestin du bébé, son foie tournent à plein régime et se chargent de tout le travail « préparatoire » pour les réduire en matériau de construction. Cette évolution est progressive, sur une vingtaine de jours, le lait s'adaptant jour après jour aux capacités d'autonomie alimentaire du tout-petit. L'industrie fabriquant les laits artificiels pour bébés ne peut même pas imaginer se rapprocher du colostrum.

Le matériau de construction du tissu humain

Ce qui, dans les mentalités populaires, a probablement desservi le lait humain, c'est son aspect, dès le troisième ou quatrième jour après la naissance. Très liquide, aqueux, transparent, presque bleuté, il ressemble à certaines heures de la journée plus à de l'eau trouble qu'à un produit crémeux. Quels jeunes parents non avertis oseraient soutenir devant une telle vision qu'il est excellent et que le bébé n'a besoin de rien d'autre, surtout si ce bébé a la mauvaise idée de pleurer souvent ? Notre regard est complètement faussé par l'image beaucoup plus commune du lait de vache, assez épais et crémeux. Encore une image à reconstruire.

Passé les premiers jours, le lait de femme normal est transparent, bleuté, très liquide, et non blanc et épais comme on le croit trop souvent.

Le lait maternel est impossible à synthétiser

Il serait fastidieux et, pour beaucoup d'entre nous, totalement inintéressant d'énumérer la longue liste des constituants du lait de femme. Comparer ce lait avec celui des vaches à partir duquel sont fabriquées les poudres artificielles modernes pour biberon n'a de sens qu'*a contrario*, pour tenter d'illustrer à quel point nous sommes loin de savoir créer un lait proche du lait maternel. Des exemples concrets permettent d'aborder l'importance des problèmes rencontrés.

◆ **Premier exemple : les laits « diététiques premier âge »**
des années 1970
Les études biochimiques comparatives entre les différents laits avaient beaucoup avancé, et les chercheurs ont tenté de produire, à partir du lait de vache, des laits proches du lait humain qu'ils ont appelés (dénomination interdite depuis, car fallacieuse) laits maternisés ou humanisés. Il leur fallait :
• Diminuer la quantité de protéines de 35 g/l (lait de vache) à 9 g/l (lait de femme). En coupant le lait de moitié, on amenait les protéines au chiffre considéré comme « raisonnable » de 15 à 20 g/l suivant les marques. Le taux était volontairement plus élevé, puisqu'on savait que la proportion d'acides aminés n'était pas la même, que les enzymes d'utilisation n'étaient pas toutes présentes, et qu'il y aurait donc plus de « déchets » (donc plus de travail d'épuration du foie et du rein).
• Sucrer ce produit coupé pour ramener ce lait à 70 g/l. Le choix a été fait de sucrer uniquement en lactose.
• Éliminer une partie des graisses animales, donc écrémer partiellement le lait de vache, puis ajouter quelques huiles végétales insaturées.

On avait donc ainsi reconstitué quantitativement les trois grandes catégories nutritionnelles dans le lait humain.
Mais le taux de protéines obtenu sans transformation à partir du lait de vache comportait – comme dans le lait de vache – 80 % de grosses caséines. Les troubles intestinaux des bébés étaient très importants : ballonnements, constipation... Il a donc été décidé de modifier ce pourcentage de caséine en en remplaçant une partie par des protéines du « petit-lait » (lactosérum).

Selon les marques, il a donc été fabriqué des laits avec 50 % de caséine/50 % de protéines du lactosérum, ou 60/40, ou 40/60. Le raisonnement théorique semblait judicieux. Les troubles digestifs des bébés ont disparu, mais on s'est retrouvé devant trois difficultés inattendues :
• Le lactose à 70 g/l entraînait des selles acides multiples, irritant les fesses. Il a fallu revenir en arrière et apporter une fraction d'autres sucres plus « constipants ».
• Malgré les 15 à 20 g/l de protéines de leur lait, les bébés avaient toujours faim. Les doses prises étaient beaucoup plus importantes que celles prescrites par les médecins. Les bébés, très dodus, n'étaient jamais satisfaits. Ces laits déplaisaient donc aux mères et aux soignants.

- Complication beaucoup plus grave : augmenter les protéines du lactosérum, c'est augmenter la bêta-lactoglobuline, protéine extrêmement allergisante pour les petits humains. Beaucoup de bébés présentaient une anémie par hémorragies digestives microscopiques. En vingt ans, les pédiatres ont vu se multiplier les intolérances aux protéines du lait, tant les formes graves des premiers mois que les allergies secondaires à une allergie alimentaire. Ce problème-là n'est actuellement pas résolu.

◆ **Second exemple : les tentatives pour se rapprocher en qualité du lait humain**
Pour faciliter la compréhension, je vais résumer ces recherches sur deux constituants du lait, alors que le problème se pose pour plusieurs dizaines.

◆ Il y a eu des laits enrichis en taurine, acide aminé qui semble tenir une large part dans certains tissus du cerveau et du foie, et dont le lait de vache est pauvre. Nul ne peut dire si le bébé peut l'utiliser quand elle est apportée en supplément.

◆ Il y a eu, plus récemment, des laits enrichis en acide linoléique. Dans notre corps, plus un tissu est souple, résistant, performant dans les échanges ioniques, plus les chaînes d'acides gras qui composent les membranes cellulaires sont constituées d'éléments longs et insaturés. Longs signifie possédant plus de dix-huit atomes de carbone ; insaturés signifie possédant, sur des sites spécifiques, une ou plusieurs doubles liaisons. Les graisses animales du lait de vache comportent presque exclusivement de l'acide stéarique, chaîne à dix-huit atomes de carbone saturé (sans double liaison).
Les membranes cellulaires du cerveau humain et de la rétine sont constituées, à près de 70 %, à partir de DHA, chaîne à vingt-deux atomes de carbone et six insaturations, le plus souple et le plus long des acides gras connus. L'adulte humain, s'il mange des graisses végétales ou de poisson, riches en acides linoléique et linolénique (précurseurs indispensables dans notre alimentation des chaînes d'acides gras les plus longues et les plus insaturées), peut fabriquer du DHA et quelques autres dérivés tout aussi importants dans les différents métabolismes du corps. Les laits artificiels pour bébés ont donc été enrichis en graisses végétales dans un premier temps, en acide linoléique ensuite. Ce que l'on ignorait, c'est que **le nouveau-né ne possède pas l'équipement enzymatique** pour réaliser les transformations de ces différents produits. Il ne peut pas opérer l'allongement et la désaturation des acides linoléique et linolénique. Il ne peut rien en faire. Ce dont il a besoin dans les premières semaines de vie, c'est de DHA tout prêt et des enzymes pour transformer les autres acides gras apportés par son alimentation. Les recherches pour approcher de tout cela sont

encore embryonnaires, mais des laits enrichis en DHA sont déjà apparus sur le marché.

Il n'y a de DHA dans aucun lait animal. Le lait de guenon-gorille contient les deux précurseurs essentiels. Celui des mammifères marins aussi. Le lait des mammifères herbivores (donc celui de nos substituts pour les bébés) est presque totalement constitué d'acides gras courts et saturés...

Ces exemples illustrent fort bien à quel point les laits de substitution pour nouveau-nés ne sont encore que des laits de vache « mal transformés ». Les recherches continuent. Le produit industriel adapté à la construction du corps et du cerveau humain n'existe pas.

Le lait maternel est le meilleur matériau de construction

Par contre, le produit naturel adapté existe. C'est le lait humain. Tout naturellement, gratuitement, le bébé allaité reçoit tout ce dont il a besoin :
– tous les acides aminés nécessaires ;
– le juste taux de protéines ;
– des graisses à acides gras longs et insaturés ;
– du lactose mais aussi des oligosaccharides ;
– tous les sels minéraux et oligo-éléments en juste proportion ;
– la plupart des vitamines à doses biologiquement suffisantes.

◆ **Il apporte toute l'eau nécessaire pour les premiers mois**
Un bébé allaité n'a besoin d'aucun supplément en eau, même dans les pays les plus chauds de la planète. Plusieurs études concordantes ont prouvé que la croissance physique et cérébrale était optimale, et le risque infectieux minimal, lorsque le bébé ne reçoit strictement rien d'autre que du lait humain pendant quatre à six mois.

◆ **Il est riche en énergie (680 à 690 kcal/l)**
Contrairement à ce que croient la plupart des mères, il n'y en a pas plus dans les laits de substitution ou dans le lait de vache coupé, où l'on arrive exactement au même chiffre. Mais le lait humain a un « plus » certain : l'apport de l'équipement enzymatique (voir ci-dessous) économise au bébé un important travail métabolique au niveau de son foie, de son intestin et de ses reins. Apport équivalent, moindre consommation d'énergie, **la balance énergétique est meilleure avec le lait humain qu'avec tout autre lait.** C'est une aberration

nutritionnelle que de sevrer un bébé pour lui faire espacer ses repas ou espérer le faire dormir les nuits. Au-delà des tout premiers jours, s'il réclame trop souvent par rapport au souhait de la mère, la solution est dans la négociation mère-enfant d'un autre rythme, et non dans l'apport alimentaire…

◆ **Il apporte des éléments d'assimilation et de transformation des nutriments**
Alors que l'équipement enzymatique du bébé est immature, très incomplet, le lait de sa mère va lui apporter des éléments uniques, irremplaçables : hormones, enzymes, etc., toutes prêtes à fonctionner. Visiblement, chaque élément joue plusieurs rôles différents et les interactions sont complexes : facteur nutritionnel direct, facteur d'assimilation et facteurs anti-infectieux se coordonnent. Les plus importants sont :

◆ **La lactotransferrine,** qui permet l'assimilation du fer et a donc un rôle anti-anémique. Le lait humain contient du fer, pas en grande quantité, mais qui peut être complètement absorbé. Dans les laits de substitution qui apportent du fer, mais pas la lactotransferrine, le fer reste pour une grande part dans l'intestin et part dans les selles, qui deviennent verdâtres et gluantes. Que vaut-il mieux ?

◆ **L'alphalactalbumine,** jouant un rôle dans la glande mammaire sur la synthèse du lactose. Nous ne savons pas si les doses élevées qui passent dans le lait jouent un rôle direct ensuite chez le bébé.

◆ Des facteurs comme l'**hormone de croissance,** qui a une action trophique sur les muqueuses gastrique et intestinale du petit.

◆ Des facteurs de **transport d'ions minéraux** (calcium, phosphore…) à travers la muqueuse intestinale.

◆ **Des facteurs lipidiques** (acides gras à chaînes courtes ou moyennes) servant à l'absorption des vitamines A, D, E, K.

◆ **Des hormones** ou précurseurs d'hormones ; et bien d'autres à découvrir…

◆ **Le lait humain prévient les allergies alimentaires**
Plus un bébé est petit, plus son intestin est perméable aux protéines étrangères apportées par son alimentation. La muqueuse est fragile, très fine. Des particules peuvent la traverser. Pour un enfant né à terme, on estime généralement que **l'intestin n'est une barrière antiallergique efficace qu'au-delà de**

cent jours, soit près de trois mois et demi. Les jours qui suivent une diarrhée sévère avec érosion de la muqueuse posent également un problème sérieux de fragilité de la barrière. Dans le cas d'un bébé de moins de trois mois et au décours d'une infection intestinale, l'alimentation ne devrait apporter que des nutriments non allergisants, non antigéniques. Donc soit des protéines entièrement dégradées en acides aminés, molécules simples, sans risque, soit des protéines partiellement dégradées, mais en fragments que l'organisme reconnaîtra comme « conformes » à ses propres constituants. Le lait de femme répond à ces deux critères.

◆ **Les laits de substitution ne préviennent pas les allergies**
Ceux qui sont généralement proposés aux nouveau-nés ne répondent pas à ces critères du lait de femme, à savoir de n'apporter que des nutriments non allergisants et non antigéniques. Or les antigènes, susceptibles de déclencher une allergie, peuvent avoir plusieurs origines.

◆ Pour un bébé humain, la caséine d'une autre espèce (vache, chèvre...) est une langue étrangère à déchiffrer. Il lui manquera un certain nombre d'« outils de lecture », enzymes qui permettent de séparer les acides aminés les uns des autres pour pouvoir ensuite les réutiliser dans sa propre construction. Au moment de la digestion dans l'intestin du bébé, certains fragments resteront non scindés, trop longs, mal fragmentés. Ils sont inutilisables pour construire, irritent l'intestin et, s'ils passent dans le sang, peuvent se révéler allergisants au cas où le système immunitaire du bébé les reconnaît comme « étrangers ».

◆ La bêta-lactoglobuline est une petite protéine abondante dans le lactosérum de vache. Chez le nouveau-né, elle passe facilement la barrière intestinale. Nous avons vu p. 85 qu'elle avait été responsable de l'augmentation considérable des allergies au lait de vache depuis vingt ans, du fait de la modification du rapport caséine/protéines du lactosérum des laits premier âge.

◆ D'autres protéines du lait de vache (vingt-cinq au total dans les dernières publications !) peuvent entraîner des réactions.

◆ Dans de rares cas peuvent s'observer des allergies à d'autres composants du lait, par exemple le lactose, mais pour des raisons différentes : soit disparition d'une enzyme nécessaire à la dégradation du lactose – c'est ce que l'on voit dans certaines régions de la planète, l'Afrique en particulier, où, à partir de deux ou trois ans, les individus n'ont plus cette enzyme et deviennent tous intolérants au lait ; soit secondaire au premier mécanisme d'intolérance.

Dans tous les cas le mécanisme est analogue : ces petites particules traversent la muqueuse intestinale du bébé et se retrouvent dans le sang. Le système immunitaire les repère comme « non conformes » aux normes génétiques de l'individu, « antigéniques », donc à détruire. Il met alors en place des anticorps qui réagiront à une nouvelle pénétration. Les signes cliniques peuvent avoir tous les niveaux de gravité : selles molles chroniques sans retentissement sur l'état général, courbe de poids traînante, anémie par pertes microscopiques de sang dans les selles, vomissements graves avec malaises, diarrhée massive, et parfois mort brutale par choc anaphylactique... Des signes à distance peuvent également témoigner d'une allergie aux protéines du lait : eczéma, rhinites et otites chroniques, encombrement bronchique, asthme, irritabilité, troubles du sommeil. Enfin, deux études récentes tendent à montrer que certains diabètes insulinodépendants apparus dans l'enfance (chez des sujets porteurs d'antigène HLA classe 11) seraient directement liés à une allergie à la sérum-albumine bovine. Une énigme médicale urgente à infirmer ou confirmer.

Les accidents dus à ces allergies sont loin d'être rares. On estime qu'à l'heure actuelle **un enfant sur cinq présente des signes d'allergie,** et que l'intolérance aux protéines du lait de vache tue chaque année en France entre cinquante et soixante-dix nourrissons. C'est un chiffre énorme. Dans certains pays d'Europe, il existe une importante mobilisation des pouvoirs publics pour sensibiliser la population à ces problèmes. Jusqu'à maintenant, les médecins et décideurs français ont été remarquablement discrets... !

La seule manière d'éviter les problèmes dus aux laits de substitution est de nourrir les bébés de moins de quatre mois au lait maternel exclusivement, sans aucun complément ni jus de fruits, pour passer sans risque la période de perméabilité intestinale. Au-delà, la diversification alimentaire se fera lentement : légumes et fruits cuits jusqu'à six mois, céréales et aliments lactés après six mois, puis, dans l'ordre, viande vers sept-huit mois, poisson et œuf.

Ce retard de diversification alimentaire par rapport aux préceptes de puériculture des années 1950 a été adopté en consensus par de nombreux pédiatres européens. Il est temps de comprendre le sens de ces prescriptions pour améliorer de façon notable la santé de nos petits.

◆ Les laits hypoallergéniques sont-ils la solution ?

Il existe depuis 1985 sur le marché des laits de substitution, des laits dits HA, ce qui signifie hypoallergéniques ou hypoantigéniques. Ce sont bien sûr des laits de vache, mais ayant subi une série de traitements physico-chimiques dégradant les protéines en petits fragments plus faciles à attaquer par les enzymes du bébé. Mais est-ce suffisant ? En théorie, cette fragmentation est intéressante, mais il est encore trop tôt pour juger d'une réelle protection contre les allergies. Seules des enquêtes longitudinales approfondies sur une quinzaine d'années pourront juger de cet effet. À ma connaissance, ces enquêtes n'existent pas ou sont embryonnaires.

◆ **Le malentendu des laits dits « de régime »**
Il existe par ailleurs sur le marché un certain nombre de laits dits « de régime » pour diarrhées, vendus librement en pharmacie et souvent conseillés. En réalité, ce sont des laits pauvres en lactose, donc qui ralentissent le transit. Moins de selles, cela rassure la mère... Mais ils possèdent toutes les protéines allergisantes des laits de vache. En cas de diarrhée vraie, leur usage est dangereux.

◆ **En résumé**

Il convient en pratique :
- *d'estimer les risques allergiques : prématurité, un ou deux parents allergiques, suites d'une infection intestinale, autre enfant atteint dans la fratrie, autres antécédents familiaux...*
- *dans les cas sévères, de choisir un lait maternel exclusif ou un vrai lait de régime, à protéines totalement hydrolysées,*
- *en cas de risque modéré, de choisir un lait hypoallergénique s'il n'y a pas d'allaitement ou en complément éventuel.*
Là encore, le lait maternel a fait la preuve de son incomparable qualité.

Le lait humain apporte une large défense anti-infectieuse

Dans tout ce que nous venons de décrire, la supériorité du lait humain pour nourrir sans risque le petit d'homme est une évidence. Mais il s'agit bien de lait humain, c'est-à-dire que le lait de n'importe quelle femme apporte les mêmes propriétés, les mêmes avantages à n'importe quel bébé du même âge que le sien. Il existe une adaptation encore plus personnelle, encore plus intime, qui fait du lait d'une mère un aliment spécifique pour son enfant : ce sont les éléments de défense contre les infections. La mère va, en effet, transmettre des facteurs de défense contre tous les germes qui constituent son propre environnement, donc celui du bébé s'il vit contre elle. Avant la naissance, tous les bébés reçoivent largement, à travers le placenta, des immunoglobulines (Ig), mécanismes de défense contre tous les germes que la mère a rencontrés dans son existence et contre lesquels elle s'est immunisée. Anticorps qui apportent pour un temps à l'enfant l'« histoire du germe chez sa mère et la conduite à tenir s'il se présente à nouveau ».

◆ **Le bébé allaité reçoit des éléments de défense immédiate**

Les IgA (immunoglobulines sécrétoires de type A), ces anticorps apportés par le lait, tapissent la muqueuse digestive (peut-être aussi la trachée et les bronches), la rendant littéralement « imperméable » aux microbes et modulant dans l'intestin de l'enfant une flore microbienne équilibrée, bien contrôlée. Chaque jour, à chaque tétée, la mère envoie à son bébé, par le lait, des messages sur son environnement microbien et des « munitions ». Comme si elle lui disait : « J'ai rencontré des *Escherichia coli*, voici les anticorps que je t'ai préparés ; j'ai bu un peu d'entérocoques, voilà de quoi te protéger… » Cette peinture d'anticorps, renouvelée plusieurs fois par jour tout au long du tube digestif, rend presque impossibles les maladies à porte d'entrée digestive, en particulier les diarrhées graves. Dans toutes les régions où le niveau sanitaire est bas, les différences considérables des taux de diarrhée entre les bébés allaités et ceux qui sont nourris au biberon (entre dix et vingt fois plus) s'expliquent ainsi. **En permanence, la mère adapte le système de protection de son petit aux germes qu'elle rencontre.** Il en découle une remarquable protection du bébé, pour peu qu'il soit essentiellement porté par elle, manipulé par elle, gardé contre elle, à l'abri des microbes d'autres personnes contre lesquels il n'aurait aucune défense. Les bébés kangourous de Bogota, minuscules prématurés qui survivent et grandissent contre leur mère alors que, avant cette technique, ils mouraient tous en couveuse, relèvent eux aussi de ce merveilleux mécanisme.

Le premier colostrum est extrêmement riche en IgA (près de 90 g/l), ce qui en fait, autant qu'un aliment, l'unique « concentré buvable de gammaglobulines » connu au monde. Ensuite la concentration diminue. Mais, puisque le bébé boit jour après jour des volumes de lait plus importants, la quantité d'IgA qu'il ingère reste constamment élevée.

Savez-vous que, dans les élevages de porcs, les petits qui ne boivent pas le colostrum meurent presque tous de la « diarrhée du porcelet », et que, dans les élevages de vaches laitières, l'agriculteur trait la vache après le vêlage et donne le colostrum au petit pour le protéger des germes de l'étable et des prairies, alors même que ce veau sera nourri de farines et de substituts pendant que le lait de sa mère part à la crèmerie.

Ces pratiques ancestrales ont donc gardé toute leur actualité quand les conditions bactériologiques d'élevage sont un risque et que les intérêts économiques sont en jeu. On ne sait faire mieux. Comment expliquer que dans des continents entiers, depuis des siècles, le colostrum humain ait été jeté, donné aux cochons ou aux poules, quand il ne servait pas à quelque rituel magique ou religieux, pendant que les petits mouraient en grand nombre. Nos bébés seraient-ils les moins protégés de tous les petits des mammifères ?

◆ **Le lait contient de nombreux facteurs antibactériens non spécifiques**
Ceux-ci peuvent arrêter ou détruire les bactéries et les virus, et moduler un équilibre bactérien harmonieux : le lysozyme, la lactotransferrine, l'interféron, les interleukines, certaines fractions de complément...

◆ **Le lysozyme** est le plus abondant : 0,5 à 2 mg/ml, soit 3 000 à 12 000 fois le taux du lait de vache. Il a la propriété de détruire les bactéries, de faciliter l'action des immunoglobulines et de la lactotransferrine. Dans l'intestin du bébé, il interviendrait dans un système de régulation de l'équilibre entre les espèces (pathogènes ou non) de bactéries. Il a la propriété d'être de plus en plus abondant dans le lait au fur et à mesure que les mois passent.

◆ **La transferrine** est une protéine présente dans toutes les sécrétions : lait, larmes, salive, sperme, liquide séminal, mucus cervico-vaginal, et dans les granulations de certains leucocytes. Elle a la propriété de fixer le fer et de lui faire traverser la muqueuse intestinale (voir p. 88). Or, la croissance des bactéries nécessite la présence de fer libre. La fixation du fer par la lactotransferrine est donc bactériostatique. Sans fer libre, les bactéries ne peuvent plus ni croître ni se multiplier. De nombreux auteurs pensent qu'il n'est pas bon de donner du fer aux nourrissons qui n'ont pas d'anémie vraie. Si l'on sature la lactotransferrine, les bactéries trouveront du fer libre et pourront mieux se multiplier. L'enfant allaité qui reçoit beaucoup de lactotransferrine est là encore mieux protégé... et moins anémique.

◆ **Le complément** est un ensemble de protéines activables en cascade, par au moins deux voies immunologiques différentes. Il détruit les bactéries par cytolyse, et il déclenche et renforce l'inflammation, donc l'apport massif de polynucléaires phagocytants.

Toutes les fractions citées ci-dessus ont fait la preuve de leur remarquable efficacité dans la défense anti-infectieuse des prématurés, dans le traitement de certaines maladies néonatales gravissimes comme l'entérocolite ulcéronécrosante. Elles sont de plus en plus utilisées dans le traitement de certains cancers ou maladies auto-immunes. Là encore, les bébés allaités en bénéficient tout naturellement, gratuitement, sans que personne n'en prenne conscience.

Ce sont, semble-t-il, les prouesses récentes et futures du génie génétique qui permettront de synthétiser ces composants en grand nombre. En « bricolant » le noyau des cellules glandulaires des mamelles de vache, on sait déjà leur commander la fabrication intensive d'interféron. Les autres fractions ne devraient pas tarder. Peut-être un jour les vaches fabriqueront-elles ainsi du lait de femme ! Mais jamais les anticorps et les cellules immunitaires de la mère.

◆ Le lait maternel évite la fermentation

La défense anti-infectieuse des bébés allaités ne s'arrête pas là. La digestion du lait humain crée un complexe chimique très particulier, mélange d'oligosaccharides, de lactose en excès, de peptides et de cuivre résultant de la dégradation de la caséine, d'un taux très bas de phosphore... Ce « bouillon de lait » favorise dans le tube digestif un milieu acide qui empêche la fermentation, la multiplication de bactéries pathogènes, et au contraire stimule la croissance de certains saprophytes, en particulier le *Lactobacillus bifidus*. Les selles liquides, fréquentes, émises en jet, irritant parfois la peau des nouveau-nés, ne sont que le témoin de cette excellente protection.

Il a été démontré qu'à cinq jours les bébés nourris exclusivement au sein présentent une flore intestinale constituée de moins d'espèces de germes, des germes anaérobies stables, avec dominance du genre *Bifidobacterium*. Les bébés de cinq jours nourris au lait artificiel présentent une flore anaérobie plus fluctuante, très hétérogène, composée de genres bactériens plus nombreux, souvent plus pathogènes. Les études ont également montré que l'apport d'un seul biberon de lait de substitution dans les premiers jours de vie rend la flore des bébés allaités semblable à celle des bébés au biberon, et cela pour une dizaine de jours. Pour que cette protection existe, mieux vaut donc ne pas mélanger.

◆ Le bébé reçoit de sa mère des cellules vivantes de défense

Dernière caractéristique anti-infectieuse du lait humain : des lymphocytes, des macrophages traversent les cellules glandulaires du sein pour se retrouver vivants et actifs dans le lait. Ils sont près d'un million par millilitre dans le colostrum. Compte tenu de l'augmentation de volume de la sécrétion tout au long de la lactation, le bébé en reçoit chaque jour en bon nombre. Les lymphocytes (10 à 20 %) ont la capacité de fabriquer les IgA et sans doute aussi l'interféron. Les macrophages (80 à 90 %) ont la capacité de phagocyter (avaler) des levures et des bactéries et de les tuer. Ils synthétisent par ailleurs des facteurs biologiques de défense : fractions du complément (C_3-C_4-C_5), le lysozyme, la lactotransferrine et peut-être des facteurs de croissance du *Lactobacillus bifidus*.

Il est bien évident que tous ces éléments de défense contribuent très largement *in situ* à la protection de la glande mammaire contre les infections. Dans le lait, ils ne sont au complet que dans le lait humain frais, donné directement par la mère à son bébé. Le moindre intermédiaire, le recueil dans un flacon en verre, le passage derrière une paroi de silicone arrête les cellules et une bonne part des anticorps. Toutes les méthodes de conservation du lait les altèrent. La pasteurisation et autres méthodes de décontamination les détruisent en grande partie. Le lait est un aliment vivant, contenant des cellules vivantes. Il convient de le traiter comme tel. Le manipuler le moins possible, réchauffer sans excéder 50 °C, ce qui détruirait un certain nombre de protéines, éviter le micro-ondes qui détruit le lysozyme, diminue les IgA et altère les noyaux des lymphocytes.

Les risques du lait humain, et ses inconnues

Le lait maternel peut-il être dangereux pour un enfant ? C'est une question souvent posée, qui soulève des polémiques passionnées entre opposants et partisans de l'allaitement au sein.

En effet, il existe quelques risques, tout à fait exceptionnels, correspondant à une pathologie de la mère ou de l'enfant, facilement identifiable. Ce qu'il ne faut pas perdre de vue, d'emblée, c'est le caractère extrêmement rare de cette pathologie. Beaucoup de femmes ont la crainte viscérale d'avoir un « mauvais lait », n'arrivent pas à croire que leur corps peut fournir à leur enfant ce merveilleux aliment. Cette crainte est un problème psychologique complexe, un problème de société. Il faut retrouver la confiance profonde et la capacité des femmes à être de « bonnes mères » fabriquant du « bon lait ».

Bon nombre de médecins préconisent des arrêts d'allaitement à la moindre poussée de fièvre de la mère, pour la prise d'un médicament en réalité anodin, pour un minime symptôme de l'enfant. Dans bien des cas, ce n'est pas justifié. Connaître les risques réels est indispensable à une prescription médicale correcte. Je vais donc tenter d'en faire une synthèse détaillée.

Schématiquement, on peut classer ces dangers du lait maternel en cinq catégories : les dangers nutritionnels, les dangers métaboliques, les dangers immunologiques, les dangers toxiques, les dangers infectieux.

◆ **Les dangers nutritionnels**

Nous savons maintenant que le lait humain est toujours bon, de composition satisfaisante pour nourrir un ou plusieurs enfants, à la condition... qu'il soit fabriqué !

La recette est très précise, il n'y a pas de lait insuffisant ou excessif. En achetant un litre de lait à l'épicerie, personne ne se demande si l'élevage d'où il provient a des vaches plus performantes qu'ailleurs. La question ne devrait jamais non plus se poser pour le lait des mères. Il est toujours adapté, et le bébé adapte la quantité qu'il boit à la ration calorique trouvée. Tous les commentaires négatifs ou alarmistes sont à traiter par le mépris !

◆ Une seule insuffisance est actuellement reconnue par tous les pédiatres : celle de l'**apport de vitamine K1 en période néonatale**. Cette vitamine est à un taux faible dans le lait (5 microgrammes/l), inférieur aux besoins du bébé, même si la mère en prend de grandes quantités. La plus grande part de cette vitamine est fabriquée dans l'intestin du bébé par des bactéries de son tube digestif. Or, le milieu intestinal créé par la digestion du lait humain ne favorise pas la colonisation de bactéries très productrices. Les bébés au sein peuvent donc en manquer.

La vitamine K1, donnée en gouttes la première semaine de vie, puis une fois par semaine pendant les premiers mois d'allaitement, n'a aucune toxicité connue. Elle prévient par contre certaines hémorragies rares, mais graves, du nouveau-né : hémorragies digestives des huit premiers jours, hémorragie cérébrale gravissime de la fin du premier mois. Dans la balance risque de la maladie/risque du traitement, donner de la vitamine K1 est un geste positif.

◆ Le deuxième point sur lequel s'interrogent les chercheurs, c'est l'exceptionnelle **richesse du lait humain en cholestérol**. Le colostrum en est très riche, le lait pendant toute sa production aussi. L'apport journalier moyen des enfants allaités est en moyenne de 10 mg/l alors qu'il n'est que de 1 à 2 mg/l chez les enfants nourris au lait de substitution. Malgré ces différences d'apport, les taux sanguins, soit du cholestérol sérique, soit du rapport HDL/LDL (c'est-à-dire entre le « bon » et le « mauvais » cholestérol), ne sont modifiés que pendant les premières semaines entre les deux groupes d'enfants. Plusieurs chercheurs ont émis l'hypothèse que ces taux élevés « vaccinent » les bébés contre l'apport ultérieur de cholestérol, en mettant en place, dès le plus jeune âge, des mécanismes de dégradation et d'utilisation. Les bébés nourris au lait de substitution, pauvre en cholestérol et riche en acides gras polyinsaturés, ne pourraient bénéficier de cette protection. Quels seront les effets à long terme sur le métabolisme dans l'un et l'autre groupe ? Nul ne sait répondre.

◆ **Les dangers métaboliques**

◆ Une seule maladie métabolique du bébé est une contre-indication formelle à l'allaitement maternel, c'est la **galactosémie congénitale**. Il s'agit d'une affection tellement rare (environ vingt familles en France) que je pourrais presque ne pas en parler. Pourtant elle existe. C'est une maladie familiale, héréditaire, transmise à l'enfant à partir d'anomalies génétiques de ses deux parents. L'enfant ne possède pas une des enzymes nécessaires à l'utilisation du galactose dans l'organisme, donc tout apport de lactose dans du lait de n'importe quelle origine entraîne des désordres métaboliques sévères, rapidement irréversibles.

Un seul moyen pour sauver ces enfants : une alimentation absolument sans lait (ni lait de mère, ni lait de vache, ni lait d'aucun mammifère) pendant plusieurs années. Je le répète : c'est une maladie exceptionnelle, et les familles à risque sont identifiées...

◆ Certains médecins considèrent comme un des dangers du lait maternel une forme de « jaunisse » du nouveau-né appelée l'**ictère au lait de femme**. De quoi s'agit-il ?

Dans les premiers jours de vie, la plupart des nouveau-nés ont un ictère transitoire, lié à trois caractéristiques de cette période :

• Ils détruisent près de 20 % de leurs globules rouges, surplus qui n'avait de sens que pour lutter contre le manque d'oxygène lors de l'accouchement. Un des produits de cette dégradation est la bilirubine, pigment jaune qui s'accumule dans le sang.

• Normalement, ce pigment est épuré par le foie, en présence d'une enzyme appelée glycuronyltransférase. La bilirubine est « liée » à une molécule d'acide glycuronique, puis éliminée dans la bile, puis dans les selles. Dans les premiers jours après la naissance, ce processus normal est un peu lent à s'établir, le foie tarde à se mettre en route, et le pigment stagne un peu dans le sang.

• Arrivée dans l'intestin, la bilirubine liée (on dit « conjuguée ») devrait être éliminée dans les selles. Or, il existe dans l'intestin de l'enfant une enzyme qui « délie » cette molécule, recréant de la bilirubine libre qui est réabsorbée dans le sang. On appelle ce circuit de réabsorption le cycle entérohépatique. L'ictère s'entretient donc de lui-même. Il semble que le lait de femme favorise la réabsorption, car certains laits apporteraient, sur place, l'enzyme qui déconjugue la bilirubine et accélère ce processus.

L'ictère, appelé ictère physiologique, dure généralement de deux à quatre jours. Ce n'est pas une maladie, tout juste une jolie coloration de l'enfant, sans danger.

Lorsque le lait maternel contient l'enzyme (la bêta-glycuronidase) qui déconjugue la bilirubine, l'ictère va se prolonger. Pendant plusieurs semaines, les bébés restent superbement « orangés ». Passé le cap des premiers jours où tout ictère du nouveau-né est surveillé, les taux sanguins de bilirubine n'atteignent jamais un niveau pouvant poser problème. Même si l'ictère dure six

ou dix semaines, il n'y a aucune toxicité pour le cerveau, ni pour le foie, ni pour aucun autre organe. Le bébé est jaune… et c'est tout.
Il est très facile de faire le diagnostic entre cet ictère au lait de mère et un ictère prolongé des premières semaines lié à une pathologie grave. Car ni l'état de l'enfant ni les signes biologiques ne peuvent laisser le moindre doute. Arrêter l'allaitement pendant quelques jours ou faire chauffer le lait de la mère à 55 °C pendant quinze minutes pour détruire la substance inhibitrice ne sert à rien, sauf à rassurer le médecin qui avait pourtant d'autres éléments à sa portée…
S'il y a des antécédents dans la famille de la mère ou chez ses autres enfants, il est très probable qu'il s'agit d'un ictère au lait de mère.
Toutes les études scientifiques sont formelles. Le pronostic est toujours excellent, la santé de ces bébés parfaite. Il n'y a donc aucune raison de chercher à les faire « déjaunir » à tout prix, en les privant du lait de leur mère, le meilleur pour eux. De toute façon, l'activité de la glycuronyltransférase augmentera spontanément au fil du temps, la réabsorption entéro-hépatique diminuera et l'ictère disparaîtra de lui-même. Répétons-le, ces bébés peuvent rester au sein.

◆ **Les dangers immunologiques**
Ils sont très hypothétiques. La question ne se pose que dans l'incompatibilité sanguine sévère entre la mère et son enfant (maladie Rhésus), maladie elle-même devenue exceptionnelle depuis l'application systématique de la prévention. Il est vrai que les anticorps maternels provoquant chez le bébé hémolyse et anémie passent dans le lait, mais que deviennent-ils dans l'intestin ? Peuvent-ils passer dans le sang et aggraver les signes, ou sont-ils totalement dégradés en acides aminés et absorbés comme nutriments de base ? Aucune étude ne permet une conclusion formelle.

◆ **Les dangers toxiques**
Ils sont de mieux en mieux connus et les études fréquentes.

◆ Les risques liés aux médicaments pris par la mère. Certains peuvent présenter une véritable toxicité ou un risque allergique pour le bébé. Plusieurs ouvrages publiés récemment donnent de façon détaillée la pharmacocinétique du médicament, la durée de passage dans le sang et la conduite à tenir. En français, il n'y en a que deux : publiés par le Centre national d'information sur le médicament hospitalier[1] et par le Centre antipoison de Bruxelles[2]. Ils n'ont pas été remis à jour depuis plusieurs années. En anglais, deux publications

1. *Médicaments et allaitement*, Dossier du CNIME (Centre national d'information sur le médicament hospitalier), 1996, XVII, 5-6.2.
2. Bruno De Schuiteneer et Bart De Coninck, *Médicaments et Allaitement*, Centre antipoison de Bruxelles, commercialisé par la librairie Arnette, 2, rue Casimir-Delavigne, 75006 Paris (tél. 01 65 42 87 87).

sont des références mondiales : les documents de l'Académie américaine de pédiatrie et le livre de T. Hale : *Medications and the Mother's Milk*. Ce dernier, facilement disponible sur Internet, est remis à jour tous les ans ; il est très clair et très facile d'emploi. L'un de ces documents devrait absolument être à la disposition de toute personne ayant à conseiller des mères allaitantes.

En l'absence de ces documents, quelques règles simples permettent cependant de se repérer :

• Toutes les substances qui peuvent être prescrites directement au bébé n'ont pas plus de toxicité quand elles arrivent dans le lait.

• Les médicaments passent dans le lait en fonction du taux sanguin au moment de la tétée. Si on connaît la durée de passage dans le sang, il est aisé de choisir les heures de prise par rapport aux heures de tétées.

• Chaque fois que c'est possible, il faut choisir de faire téter le bébé avant la prise de médicament.

Pour près de 50 % des médicaments, la dose reçue par le bébé représente moins de 1 % de la dose prise par la mère. L'effet est donc négligeable.

• Les médicaments nécessitant un arrêt total et définitif de l'allaitement sont assez rares, et la plupart peuvent être remplacés par un analogue moins toxique pour le bébé.

Lorsque la mère reçoit un traitement médical, la vigilance s'impose. L'auto-médication est rigoureusement contre-indiquée, mais les raisons d'arrêter l'allaitement sont exceptionnelles.

◆ **Les risques provoqués par certains toxiques pris par la mère.** Ils sont beaucoup plus fréquents : l'alcool, les excitants, le tabac, la plupart des drogues passent dans le lait et peuvent provoquer chez le bébé excitation ou somnolence. C'est grave.

◆ **Les dangers du tabac**

◆ **Le bébé allaité par une mère fumeuse est exposé à la nicotine qui passe dans le lait.** La nicotine absorbée par l'organisme maternel est retrouvée dans le lait.

Sa concentration dépend :
– du nombre de cigarettes fumées ;
– de la manière de fumer ;
– du temps écoulé entre la dernière cigarette et la tétée.

Après inhalation, le pic sanguin de nicotine est rapide : 5 à 10 minutes. La demi-vie de la nicotine dans le lait est de 60 à 90 minutes. Ce qui veut dire qu'il faut près de 8h pour qu'elle soit totalement éliminée.

À doses faibles, la nicotine du lait est responsable d'un comportement plus agité du nourrisson. Le bébé de mère fumeuse a deux fois plus de coliques. À concentration élevée, la nicotine du lait peut entraîner l'apparition de véritables signes « d'intoxication » chez l'enfant :
– tachycardie, pâleur ;
– vomissements, diarrhée ;
– hyper-agitation ou somnolence.

◆ **Le bébé est aussi exposé aux effets nocifs du tabagisme passif.** La fumée du tabac inhalée passivement par le bébé augmente :
– le risque de maladies ORL et bronchopulmonaires, notamment d'infections, de bronchiolites et d'asthme ;
– le risque de mort subite !
La fumée de l'air ambiant est plus dangereuse pour le bébé que la nicotine qu'il absorbe avec le lait maternel.
On retrouve des taux élevés de métabolites de la nicotine dans les urines de bébés nourris au biberon dans un environnement de fumeurs.
Comme la mère, l'entourage devra faire attention. Il est utile de l'informer sur les conséquences du tabagisme passif pour le bébé et sur les principales mesures à respecter pour le protéger.

◆ **La consommation maternelle de tabac a un impact négatif sur la lactation.** La nicotine :
– entraîne une diminution du taux de base de la prolactine, sans modifications des pics au moment des tétées ;
– inhibe l'effet de l'ocytocine, par décharge d'adrénaline. Ceci diminue le réflexe d'éjection du lait au moment des tétées.
Le volume de lait produit est significativement plus faible

◆ **L'idéal est d'aider à l'arrêt du tabac.** L'allaitement crée un contexte favorable à cette démarche ; la mère bénéficie en effet :
– de l'effet apaisant des hormones de la lactation ;
– de l'épanouissement que lui procure la relation avec son enfant.

◆ **Pour l'arrêt du tabac, la mère doit être soutenue, et non pas culpabilisée.** Il convient pour cela :
– de l'informer sur les conséquences du tabagisme ;
– de reconnaître la difficulté du sevrage ;
– de valoriser ses capacités.

◆ **Si le sevrage n'est pas envisageable, mieux vaut quand même allaiter que de ne pas allaiter.** L'Académie américaine de pédiatrie considère que, probablement, « l'association tabagisme et allaitement est moins délétère que tabagisme et allaitement au lait artificiel ».

• Le bébé d'une mère fumeuse non allaité peut présenter très rapidement après la naissance des manifestations de sevrage (agitation et pleurs).

• Le bébé d'une mère fumeuse peut avoir souffert *in utero* d'une insuffisance placentaire : il a dans ce cas particulièrement besoin du lait maternel, pour ses qualités nutritionnelles et sa richesse en facteurs de croissance et de défense anti-infectieuse.

• Les coliques et les maladies respiratoires sont moins fréquentes chez les enfants de mères fumeuses allaités que chez ceux nourris au lait artificiel.

• Le lait maternel aide le bébé à combattre les risques infectieux liés à l'exposition tabagique.

• L'allaitement diminue le risque de mort subite induit par le tabac.

◆ **Conseils à suivre pour atténuer les effets nocifs du tabac**

• Fumer après les tétées ou attendre au moins une heure après avoir fumé pour mettre l'enfant au sein.

• Ne jamais fumer en présence de l'enfant.

• Fumer à l'extérieur de la maison.

• Aérer systématiquement les pièces dans lesquelles des personnes ont fumé.

• Ne pas fumer dans un espace confiné, notamment en voiture.

• Éviter d'inhaler profondément la fumée.

• Diminuer au maximum le nombre de cigarettes quotidiennes.

◆ **Les dangers de l'alcool**

◆ **L'alcool passe dans le lait maternel.** Le pic d'alcool est atteint dans le lait 30 minutes à 1 heure après l'ingestion.

La concentration diminue ensuite progressivement, parallèlement au taux sérique, et s'annule au bout d'environ 4 heures.

◆ **La consommation d'alcool rend l'allaitement moins efficace.** Selon la quantité absorbée, l'alcool diminue le réflexe d'éjection du lait.

Il modifie aussi la saveur du lait, qui reste « alcoolisé » pendant une durée de 4 heures après l'ingestion.

Pour ces raisons, le bébé tète moins de lait dans les 4 heures qui suivent une prise d'alcool par sa mère. Néanmoins, si elle ne reprend pas de boisson alcoolisée, il se rattrapera dans les 8 à 16 heures qui suivent, en augmentant spontanément sa ration.

◆ **La consommation d'alcool est néfaste pour le bébé.**
  - Elle peut altérer son sommeil : lorsque la tétée a lieu 1 heure après ingestion d'alcool par la mère, le temps de sommeil des bébés diminue.
  - Elle peut entraîner une intoxication alcoolique aiguë. Les signes d'une telle intoxication sont une somnolence, une hypotension et une dépression respiratoire.
  - Elle peut entraver le développement psychomoteur si l'enfant est soumis à une exposition chronique.

◆ **Pourquoi bébé est-il si sensible à l'alcool ?** Parce qu'il le métabolise mal ! Dans la 1re année de vie, l'activité de l'alcool déshydrogénase de son foie est en effet inférieure de 50 % à celle de l'adulte.

Pendant l'allaitement, le mieux est de s'abstenir de consommer de l'alcool. À défaut d'une abstinence complète, une consommation modérée, par exemple de un à deux verres lors d'activités sociales, n'est pas impossible ; il est alors souhaitable :
– de donner le sein avant consommation plutôt qu'après ;
– de laisser passer au moins 2 heures avant une nouvelle tétée ;
– et de ne pas transformer ce qui doit rester exceptionnel en habitude...

◆ **Les risques liés à la pollution**

Dans notre société moderne, le risque de passage dans le lait de polluants alimentaires ou atmosphériques n'est pas négligeable. Les études sont nombreuses et prouvent que ce passage a bien lieu. Des taux élevés au-dessus du seuil toxique de DDT, d'hexachlorobenzène, de méthylmercure, de dioxines ont été relevés dans certaines régions. Le lait des mammifères de ces régions est lui aussi très sérieusement contaminé. C'est un problème de santé publique grave, qui dépasse largement les questions d'allaitement maternel. À quoi servirait de sevrer un bébé parce que le lait de sa mère a montré un taux élevé d'un des toxiques si la suite de son alimentation doit lui apporter autant ou plus de ces différents polluants ? Les laits artificiels ne peuvent en être exempts, puisque toutes les régions du globe sont actuellement contaminées et qu'il n'existe pas, à ma connaissance, d'élevage bovin biologique libre de toute exposition à ces produits, où seraient recueillis les laits à l'origine des poudres lactées infantiles. Une triste illustration de ce problème a fait la une des médias au printemps 1998. Sous le titre accablant « Des dioxines dans le lait de femme », toute une presse à sensation a monté en épingle les résultats de douze tests effectués dans deux villes différentes, montrant il est vrai des taux inquiétants. Mais qui s'est soucié de la précision des résultats et de la fiabilité du laboratoire (un seul a effectué les douze dosages) ? Du taux de dioxine dans les aliments, l'eau, l'air de France au même moment ? Des méthodes de recyclage des déchets et des incinérateurs dans les régions incriminées ? Et encore plus grave : pourquoi un seul lait artificiel a-t-il des taux nettement inférieurs aux autres ? Enfin, derrière tout cela, qui a payé les tests ? N'avons-nous pas affaire à une campagne publicitaire, tout à fait réussie, d'un lait artificiel au détriment de ses concurrents industriels, et dont a fait les frais au premier chef le lait humain ? La pollution par la dioxine existe, c'est vrai, mais le problème est au niveau... de nos poubelles !

Pour diminuer les risques, il semble judicieux de prescrire dès la grossesse (si ce n'était pas déjà une habitude de vie familiale) une alimentation saine, le plus dépourvue possible de polluants alimentaires, sans trop de laitages et de viandes, qui en sont grands pourvoyeurs. Attention aussi aux travaux dans la maison, aux engrais et insecticides du voisinage, à certains produits de nettoyage et autres « chimies » de notre environnement. Dans certains cas, un régime avant de commencer une grossesse pour évacuer les polluants stockés dans les graisses corporelles peut être une bonne solution.

Au-delà, reste le problème politique des choix de rentabilité malgré les risques...

◆ **Les dangers infectieux**

Ils sont de deux types : les infections du sein et la transmission de virus pathogènes par le lait.

◆ **Les infections du sein.** Fréquentes les deux premiers mois (voir chapitre 7), ce sont à 99 % de banales lymphangites au cours desquelles le lait reste bactériologiquement normal et qui rentrent dans l'ordre spontanément ou après antibiothérapie. Seules les très rares mastites infectieuses et les abcès vrais du sein, où l'infection se propage massivement dans le lait, posent le problème d'un arrêt temporaire d'allaitement. Staphylocoques et streptocoques sont les germes les plus fréquents. Devant des tableaux infectieux modérés, il serait judicieux de se poser les bonnes questions : vaut-il mieux pour le bébé boire un certain nombre de germes, mais continuer à recevoir tous les éléments de défense et les antibiotiques pris par sa mère, ou boire un lait artificiel stérile alors que des germes pathogènes sont déjà présents dans son intestin et qu'il ne recevra plus aucun élément de défense... Si les médecins se posaient la question en ces termes, l'allaitement serait souvent poursuivi.

◆ **La transmission de virus.** Déjà discrètement posée par les médecins sur le virus de l'hépatite depuis une dizaine d'années, la question de la transmission virale par le lait est arrivée au grand jour médiatique avec le problème du sida. Nous sommes confrontés à de nouvelles et sérieuses interrogations. La recherche est encore balbutiante, bousculée à la moindre découverte par les

enjeux économiques. Les réactions sont très passionnelles depuis les dramatiques événements liés à la transfusion de sang contaminé. Il est encore beaucoup trop tôt pour avoir une idée globale de ce qui se passe vraiment, mais on
peut tenter de faire le point.

• **Ce que l'on sait :**
– Les virus sont intralymphocytaires.
– Les lymphocytes passent dans le lait.
– Plusieurs virus peuvent poser problème : ceux de l'hépatite B et probablement C, le HTLV découvert au Japon en 1981 et son homologue HTLC 2 plus
récent ; les HIV 1 et HIV 2 responsables actuellement connus du sida. La transmission de virus par le lait a été démontrée pour plusieurs d'entre eux. Il y a
fort à craindre que cette liste ne s'allonge considérablement dans les pro-
chaines années.
– Les laits pasteurisés ne contiennent plus de virus vivants.

• **Quelle conduite adopter ?**
– Pour le HIV, dans tous les pays développés, l'allaitement est strictement
contre-indiqué. Le problème n'est pas le même sur toute la planète. Lorsqu'un
enfant sur trois fait une diarrhée grave dans la première année, qu'un sur dix
en meurt, ce risque prime tous les autres. Si l'enfant ne peut être nourri autrement (conditions économiques catastrophiques de certains pays), on peut
tenter de diminuer les risques de contamination en évitant les périodes à
« jonctions ouvertes », donc la phase colostrale, les périodes de mastites.
Dans ce cas, l'allaitement ne devrait pas être poursuivi au-delà de six mois.
– Pour l'hépatite B, l'enfant peut être allaité quels que soient les résultats biologiques de la mère, mais à la condition de bénéficier d'une sérovaccination
immédiate et efficace dès la naissance.
– Pour l'hépatite C, les chercheurs ne sont pas encore d'accord. On n'a pas pu
prouver de contamination par le lait. Les plus pessimistes disent que si on ne
l'a pas démontrée, cela ne veut pas dire qu'elle n'existe pas et contre-indiquent
l'allaitement. D'autres pensent que le risque est minime ou nul, et qu'il n'y a
pas lieu d'appliquer une telle précaution. Affaire à suivre.

Depuis 1986, une circulaire ministérielle interdit formellement le don de lait
frais d'une mère au bébé d'une autre. Il n'est donc plus question dans les maternités de conserver le lait des femmes ayant provoqué des flux (pour traiter un
engorgement) et de le donner en complément à un bébé qui ne sait pas encore
provoquer une lactation suffisante chez sa mère. Tout le lait recueilli doit être
confié à un lactarium ou jeté.
Une circulaire en date du 24 novembre 1992 impose en outre dorénavant des

règles strictes pour tout don du lait : au moment du premier don, le devront subir un dépistage obligatoire pour HIV 1, HIV 2, HTLV 1, HTLV 2, et HCV à la recherche d'une séropositivité, même si les tests effectués pendant la grossesse étaient négatifs. Ces dépistages seront effectués ensuite tous les trois mois, pendant toute la durée du don. Le lait fourni par la mère ne pourra être utilisé ni regroupé dans le pool de lait de lactariums tant que les résultats de ces différents tests ne seront pas connus et négatifs. En cas de sérologie positive, les dons devront être détruits.

Ces tests, fort onéreux, doivent être gratuits pour les femmes. Ils seront pris en charge soit par les maternités où les mères ont accouché, soit par le service financier des lactariums.

Ces prescriptions sont valables même lorsqu'une mère donne son lait pour son propre bébé... et même si ce bébé a tété plusieurs jours directement avant d'être transféré en service de néonatalogie.

Toutes ces directives montrent à l'évidence le souci absolu du législateur de ne prendre aucun risque, si minime soit-il, de transmission par le lait. Elles sont partiellement en contradiction avec la certitude scientifique qu'un lait correctement pasteurisé ne peut plus être contaminant.

Il reste deux problèmes majeurs : les lactariums auront-ils les moyens financiers d'absorber ce surcoût ? Comment réagiront les mères à l'idée que leur don, geste de solidarité et d'entraide, geste de grande protection pour leur propre bébé malade, pourrait avoir des implications aussi négatives ? Les années à venir seront déterminantes.

Les alternatives au lait maternel

Comme ce chapitre l'a longuement démontré, aucun lait animal, aucune formule actuelle pour nourrisson ne peut logiquement être considérée comme une alternative valable. Si les bébés en bonne santé, omnivores précoces, s'adaptent généralement bien aux laits de substitution, il reste un lot non négligeable d'enfants pour lesquels le lait de femme est une nécessité vitale : les très grands prématurés, les enfants gravement malades après certaines allergies, certaines pathologies digestives sévères... Pour tous ceux-là, le lait de la mère est l'idéal. Mais, s'ils ne peuvent en disposer, c'est du lait d'une autre femme qu'ils auront besoin.

Malgré les problèmes que nous venons d'évoquer, il serait nécessaire de maintenir ce merveilleux geste qu'est le don de lait à un lactarium. Si chaque femme, allaitant sereinement son enfant, prenait le temps deux fois par semaine de provoquer un flux pour remplir un biberon à donner au lactarium le plus proche, les besoins en lait humain des services de soins intensifs pédiatriques seraient assurés. Deux fois par semaine pendant quelques mois, ce n'est pas fatigant, ça ne prend qu'un peu de temps... et cela sauverait des bébés.

N'hésitez pas à appeler le lactarium le plus proche de chez vous (voir liste en annexe), même avant la naissance d'un bébé, pour réfléchir aux modalités de ce don.

CHAPITRE IV
Choisir l'allaitement
et s'y préparer

En général, on se fait une affaire d'une trop grande importance de nourrir [...] À force de vouloir prendre trop de précautions, on se nuit.

Mme Le Rebours,
Avis aux mères qui veulent nourrir leurs enfants, Paris, 1767

Pour nos aïeules lointaines, le choix de l'allaitement se posait à peine. Un nouveau-né devait recevoir du lait de femme, celui de sa mère ou celui d'une nourrice. Mais nos aïeules connaissaient l'allaitement au sein depuis leur jeune enfance. Toutes les femmes allaitaient leur bébé ; les petites filles assistaient à ces mises au sein, participaient un jour ou l'autre aux soins d'un jeune frère, d'un cousin ou d'un enfant du voisinage. Arrivées à l'âge adulte, les nouvelles mères n'avaient qu'à reproduire les gestes et habitudes qu'elles avaient contemplés tout au long de leurs journées d'enfance. Elles retrouvaient alors spontanément, souvent sous le regard attendri de leur mère ou des autres femmes de leur entourage, comment s'installer, comment tenir leur nouveau-né, comment lui présenter le sein. Les difficultés des premiers jours se résolvaient entre femmes, il y avait toujours une vieille femme ou une matrone expérimentée pour apporter un conseil, une présence, une thérapeutique s'il en était besoin.

Actuellement, tout cela a bien changé. De nombreuses jeunes mères venant accoucher dans les maternités de France n'ont jamais vu une femme allaiter. Ni chez elles autrefois, puisque nos mères avaient découvert le biberon, et bien peu ont le souvenir de l'allaitement au sein de quelque jeune frère ou sœur. Ni dans leur entourage, car peu de femmes acceptent d'allaiter tout naturellement leur bébé en public. Ni au cinéma ni à la télévision – il n'existe presque pas d'émissions ou de films montrant un allaitement maternel réussi, montrant même un sein de femme dans un but autre qu'érotique. C'est tout un « conditionnement naturel » des petites filles qui a ainsi disparu.

Le personnel soignant des hôpitaux a beaucoup évolué ces vingt dernières années. L'accueil s'est fait plus... accueillant, l'écoute plus attentive, mais les connaissances théoriques n'ont pas suivi. La formation spécifique des sages-femmes, auxiliaires de puériculture et puéricultrices en matière d'alimentation des bébés n'a guère été modifiée, et la priorité est encore donnée, dans la plupart des écoles, aux notions de rythmes et de quantités à ingérer, celles que la puériculture des années 1950 avait mises au point pour faire mieux tolérer le lait de vache et les premiers succédanés. Des résistances d'équipe au changement freinent toute évolution, même lorsque les connaissances théoriques détaillées dans ce livre sont acquises. Dans trop d'établissements, en France, les conseils donnés pour accompagner les jeunes mères vont à l'encontre d'un très bon démarrage. Nous le savons par les chiffres (les plus hauts du monde : environ 70 %) d'arrêts d'allaitement dans le premier mois pour « échec précoce ».

De plus, les jeunes mères de notre génération sont isolées, sans la chaude présence des femmes du voisinage ou de la famille. Elles ne sauront à qui parler de leurs craintes, de leurs difficultés. Le médecin est parfois lointain. Le mari, ou le compagnon, arrive le soir après le travail, et d'ailleurs ne connaît rien lui non plus aux problèmes qui peuvent se poser. Les amies ignorent l'allaitement maternel. Il est difficile d'en tenter l'expérience dans une solitude, un isolement aussi importants.

Très souvent, la seule idée d'avoir à reprendre le travail au bout des quelques semaines légales du congé maternité peut paraître à une future mère une raison suffisante pour ne pas allaiter. Ces dix semaines sont alors uniquement considérées par elle comme le temps pour « se remettre » de la grossesse et de l'accouchement. Et la découverte du nouveau-né, la relation merveilleuse qui peut s'établir entre la mère et son bébé passent au second plan, éloignées, effacées par les difficultés de la vie quotidienne dans notre société.

L'évolution la plus marquante des cinquante dernières années, c'est la qualité des soins apportés aux jeunes mères et aux nouveau-nés. Les progrès de l'obstétrique moderne ont levé l'angoisse vitale attachée au seul mot d'accouchement. La naissance d'un enfant n'est plus ce risque majeur que les femmes abordaient avec les plus grandes craintes. Actuellement, dans notre pays, la sécurité des mères et des nouveau-nés est assurée dans presque toutes les maternités de façon satisfaisante. Les femmes, les couples peuvent donc aborder la naissance et l'accueil de l'enfant en termes de confort, de relation privilégiée, de plaisir et de choix délibéré. D'autant plus que la contraception, qui se généralise, permet aux parents de choisir librement et calmement le nombre d'enfants qu'ils élèveront et le moment de leur naissance. Plus une maternité, une paternité sont désirées, plus la qualité de la relation qui se créera avec l'enfant est un objectif prioritaire des futurs parents. Et, dans ce désir d'une relation étroite et riche avec l'enfant, l'allaitement maternel retrouve tout naturellement une place exceptionnelle.

L'allaitement au sein devient vraiment un libre choix des parents dans nos pays, puisque nous savons tous qu'il est parfaitement possible de nourrir un nouveau-né dans de bonnes conditions, avec les laits artificiels disponibles sur le marché. L'allaitement maternel n'est plus indispensable à la survie de nos enfants. Il devient un choix :

• Choix de donner à un enfant ce qu'il y a de meilleur pour lui.
• Choix pour la mère de vivre dans son corps une expérience unique.
• Choix pour un couple de vivre le plus pleinement possible une merveilleuse relation avec le nouveau-né.

Dans cette optique, se préparer à l'allaitement suppose plusieurs éléments importants :

• Bénéficier d'une information sérieuse sur les avantages de l'allaitement maternel, avantages pour la mère, avantages pour l'enfant : cette information est indispensable pour un choix totalement libre et réfléchi – c'était le but des premiers chapitres de ce livre.
• Définir le plus clairement possible ce que l'on a envie de vivre dans son corps, ce que le compagnon ou le mari désire et veut partager avec sa famille, quelle sera la place des autres enfants.

- Découvrir les lieux, les personnes, les lectures qui permettront de recréer le climat émotionnel, chaud et sûr, dans lequel l'allaitement peut se dérouler sans crainte.
- Préparer la place de l'enfant à naître, sa place dans la famille, dans la maison : ce n'est pas la femme qui se prépare à allaiter, mais toute la famille.
- Préparer les seins de la mère pour faciliter les premières tétées (voir p. 126).

Trois conditions nécessaires et suffisantes

Pour allaiter, vivre un corps heureux

Pour allaiter, il faut **aimer ses seins, les accepter tels qu'ils sont** pendant la grossesse avec leur nouveau volume, les veines apparentes, l'aréole brune. Une femme à l'aise dans sa peau, heureuse d'être femme, acceptant son corps et sa nudité, peut trouver dans l'allaitement, en plus de la joie et des émotions douces liées à la présence de l'enfant, un véritable plaisir physique. L'allaitement est un acte très sensuel pour qui habite son corps de façon confiante : aimer toucher et être touchée, aimer caresser et être caressée, aimer l'idée du lait, croire à cette merveilleuse capacité d'un corps de créer en abondance. Accepter l'émotion devant le corps d'un tout-petit. Rêver d'échanges et de tendresse. Aimer les seins tendus, vivants, sensibles ; ne pas avoir peur de la joie et de la sensualité apportées par l'enfant.

Que sont les discours qui parlent d'allaitement en termes de devoir sacré, de loi de la nature ou de biochimie du lait ? Tous les arguments scientifiques, même les plus sensés, n'ont aucune portée pour qui les vivrait par devoir. L'allaitement n'est pas une corvée supplémentaire pour gagner le titre de « mère à part entière ». L'allaitement, pour les femmes qui choisissent librement de le vivre, est un merveilleux privilège, un des temps forts de leur corps de femme. Nul ne pourra le leur enlever.

Mais, comme il arrive que certaines femmes n'éprouvent aucun plaisir à faire l'amour, d'autres n'auront aucun plaisir à nourrir un bébé et peuvent même ressentir un certain dégoût ; honte d'être nue, peur du côté un peu animal de l'allaitement, peur d'être pompée, dévorée par l'enfant, peur et honte de l'épanouissement physique après une éducation centrée sur le mépris du corps et de l'activité sexuelle. Ces difficultés existent, il ne faut pas craindre de les reconnaître, et ne pas se forcer à allaiter.

C'est donc au niveau du corps, de ce que l'on veut vivre dans son corps, que le choix doit être le plus clair.

Pour allaiter avec bonheur, une femme a besoin que son compagnon l'accepte totalement et veuille réussir lui aussi l'alimentation de son bébé. Nous vivons dans une société où le sein est d'abord un organe sexuel, érotique, réservé à la beauté du corps et aux jeux amoureux. Peu d'hommes conçoivent d'emblée autre chose... Une femme qui « crée » un enfant sera d'autant plus heureuse et épanouie que son compagnon aimera ce qu'elle devient – aimera son gros ventre de femme enceinte, aimera ses seins pleins de lait, saura redécouvrir avec elle une autre sensualité, une nouvelle sexualité.

**LES VRAIES QUESTIONS À SE POSER
AVANT DE DÉCIDER UN ALLAITEMENT**

- *Ai-je envie de vivre cela ?*
- *Mon corps a-t-il envie de seins pleins de lait, d'un bébé qui suce, qui tète ?*
- *Ai-je envie de son odeur contre moi, de sa peau contre la mienne ?*
- *Serai-je fière de mes seins gonflés, du lait qui coule en abondance, de mon nouveau corps de mère ?*
- *Pourrai-je allaiter en public ?*

Quelle richesse de découvrir non seulement une femme nouvelle, différente, belle de son nouveau corps, mais aussi un corps d'enfant à protéger et à éveiller, un enfant à caresser, à bercer. Comme c'est beau, un homme capable de sensibilité, de tendresse devant un tout-petit, un homme qui n'a pas peur d'exprimer, de montrer toutes les émotions fortes qui l'assaillent : timidité, désir, pudeur, fierté, reconnaissance de l'inconnu devant la naissance ou l'allaitement auxquels il participe totalement.

Contrairement à ce qui se dit généralement, le père a sa place – et une immense place – dans l'allaitement d'un enfant.

Le père n'est pas exclu, il n'a pas à être jaloux. L'enfant ne lui vole rien, ne lui enlève aucun plaisir. Au contraire, l'enfant est la source de nouvelles joies que le père va découvrir. Seul un compagnon encore infantile ou indifférent peut ne pas le comprendre !

Pour bien allaiter, choisir ses « conseillers »

Tant que l'allaitement était vécu par les femmes pendant de longs mois, une nouvelle mère pouvait le concevoir comme une évidence : gestes connus, accueil tendre et efficace de la famille. Actuellement, ce n'est plus si simple. La médicalisation de la naissance a faussé la spontanéité des premiers jours (nous le verrons au chapitre suivant). Les mères se retrouvent seules ensuite. Chaque femme, individuellement, parfois en se battant contre son entourage, devra redécouvrir les gestes de son corps, l'appel de son bébé.

À qui se confier en cas de difficultés, à qui raconter les émotions douces, qui appeler en cas de détresse :

◆ **Le compagnon,** bien sûr, s'il sait être attentif et présent, conscient des difficultés ou de la fatigue que sa femme peut traverser, s'il a envie de réussir avec elle cet allaitement.

◆ **Les femmes de la famille ou les amies,** mais elles ne sont pas toutes de bon conseil : il faudrait ne faire confiance qu'à celles qui ont vécu des allaitements et qui en parlent avec bonheur. Si elles ont réussi à bien allaiter, elles savent aider en cas de difficultés.

◆ **Les groupes de femmes** qui parlent d'allaitement.

• **Solidarilait,** qui est un réseau d'entraide et de solidarité autour de l'allaitement maternel créé au Lactarium de Paris par le Dr Véronique Barrois. Il est composé de mères ayant allaité leurs enfants et de pédiatres. Une ligne téléphonique directe permet de demander conseil en cas d'urgence ou de panique. Dans de nombreuses villes de France, ces groupes de jeunes femmes se réunissent chaque mois ou organisent des permanences hebdomadaires pour accueillir des jeunes parents et leur bébé.

• **La Leche League,** organisation d'origine nord-américaine, qui est un réseau de mères ayant allaité un ou plusieurs enfants pendant au moins un an et qui acceptent de se former, de s'instruire sur l'allaitement pour créer des groupes de réflexion et aider d'autres jeunes mères.

• **Des groupes indépendants** de ces deux grands réseaux qui existent dans de nombreuses villes, nés de la volonté de quelques personnes.

Tous ces groupes ont organisé un échange commun d'informations, en se fédérant en coordination nationale. La COFAM, « coordination nationale pour l'allaitement maternel », assure les échanges d'informations, d'adresses et de renseignements multiples. Vous trouverez l'adresse internet page 269.

Pour bien allaiter, choisir ses lectures

La nutrition est un sujet à la mode. Depuis peu, livres et magazines féminins multiplient les articles sur l'alimentation de l'enfant et sur l'allaitement maternel. On trouve de tout, du bon et du moins bon. À priori, j'aurais envie de dire qu'une femme qui désire allaiter ferait mieux de ne rien lire avant, de se contenter de regarder son bébé et d'écouter son corps. Mais une telle attitude n'est possible que pour une femme confiante, connaissant l'allaitement depuis son enfance.

En réalité, la majorité des futurs parents a besoin d'une information, d'une ré-assurance. Mais il faut apprendre à choisir :

◆ **Éviter les livres de recettes.** On trouve de plus en plus de livres simplistes : faites comme ceci, comme cela, et ça marche... Ce n'est pas vrai, l'allaitement est un temps de la vie, avec des passages difficiles et des moments merveilleux. On ne peut pas le mener à bien avec des recettes.

◆ **Se méfier des théories** psychologiques voire psychiatriques alarmistes répandues par la littérature actuelle.

À ma connaissance, aucun psychiatre n'a contesté le bienfait de l'allaitement au sein, la nécessité du contact étroit entre la mère et son enfant, la qualité et la quiétude de l'intimité qui s'établit entre eux. En revanche, beaucoup ont prétendu que l'allaitement artificiel aboutit à des catastrophes psychologiques, ou que le sevrage occasionne un traumatisme responsable de futurs problèmes. On peut tout démontrer pour peu que l'on ne manipule que les mots négatifs : castration, frustration, carence... et non les mots du bonheur. Pour peu que l'on méprise la vie au profit des phrases... et que l'on n'ait pas peur de prêter à rire !

Ce qu'un père ou une mère découvre au fond de son corps, dans son désir d'enfant, et son plaisir de la rencontre, vaut mille fois la plus somptueuse des théories.

Faux problèmes et racontars

Dans le domaine de l'allaitement, comme dans bien d'autres, la tradition populaire (et médicale !) transmet une incroyable série d'histoires et de théories plus ou moins farfelues, faussant toute information claire sur l'allaitement. Essayons de revoir une à une ces différentes notions.

L'allaitement fatigue : faux

L'allaitement maternel a pris dans notre civilisation une allure tellement redoutable que certaines femmes pensent qu'il faut être une force de la nature pour pouvoir y faire face. C'est faux.

C'est toute la maternité qui fatigue. Les derniers mois de la grossesse sont lourds à porter. La naissance est un moment d'effort gigantesque, tant sur le plan physique que sur le plan psychologique. Les premières semaines avec un nouveau-né sont parfois bien difficiles : nuits écourtées, angoisses, longues heures de soins au bébé. En même temps, le corps subit de profondes modifications hormonales auxquelles il doit s'habituer, et cela aussi fatigue.

Rappelons-le ici, le taux élevé d'ocytocine des tétées provoque chez la mère une sensation de détente, d'apaisement, de légère somnolence. Ce n'est pas une fatigue, c'est au contraire un « cadeau du corps » pour éviter de se fatiguer et profiter d'un moment doux et calme, où l'on recharge son énergie.

Dans ce contexte, l'allaitement, nous l'avons vu au chapitre 2 (cf. p. 38 et p. 70), permet toute une série d'économies d'énergie. Contrairement à ce que tout le monde répète, un enfant allaité dans de bonnes conditions ne pleure pas plus la nuit qu'un enfant nourri au lait artificiel. Et le « travail physiologique » de fabrication du lait demande bien moins d'énergie que celui de laver, stériliser et préparer des biberons.

Plus important : la lactation s'inscrit dans le processus naturel des suites de couches. Les modifications hormonales s'effectuent « en douceur », sans rupture brutale, donc dans les conditions optimales. En revanche, le blocage de la lactation pour une femme qui ne désire pas allaiter casse brutalement le cycle d'évolution normale et peut être ressenti durement : nausées, œdèmes transitoires, fatigabilité.

De toute façon, la donnée essentielle à ne pas oublier, c'est que la maternité représente un authentique travail pour le corps féminin. Il n'est pas possible de retrouver, allaitant ou non, un corps et un tonus d'avant la grossesse dans les jours qui suivent une naissance. Il faudra souvent de longs mois (entre trois et six en moyenne) pour que la mère se retrouve aussi solide qu'auparavant. Et l'allaitement est un des facteurs positifs de remise en forme rapide.

L'allaitement abîme les seins : faux

Pendant la grossesse, les seins augmentent de volume puisque la glande mammaire se développe (cf. p. 22 sq.). Si la mère prend beaucoup de poids pendant cette période, le tissu graisseux peut également augmenter, ce qui accentue le gonflement des seins. Si la variation de volume est très importante, il se peut qu'après l'accouchement les seins soient affaissés et un peu moins fermes. Mais c'est le risque de toute maternité, indépendant du choix de l'allaitement.

En réalité, le risque esthétique pour les seins, pendant l'allaitement, est essentiellement lié aux variations de volume rapides, brutales. Il faut éviter, bien sûr, les engorgements mammaires, mais aussi les arrêts brusques de lactation, les bandages serrés des seins. Si l'allaitement est bien conduit, le risque esthétique est très faible et sûrement moins important qu'en cas de blocage de la lactation à la naissance.

Petite poitrine, peu de lait : faux

Nous l'avons vu, la glande mammaire a sensiblement le même volume chez toutes les femmes. C'est la proportion de tissu conjonctivo-graisseux de soutien qui change, expliquant les différences de taille des seins d'une femme à l'autre. La capacité de fabriquer du lait n'est donc pas du tout l'apanage des grosses poitrines. Certaines jeunes femmes aux seins très petits allaitent magnifiquement leurs bébés.

Ma mère n'a pas eu de lait, je n'en aurai pas : faux

Il n'y a pas de familles de bonnes nourrices et de familles de « femmes sans lait ». La lactation n'obéit pas directement à un code génétique. Ce qui est certain, c'est qu'une femme qui, pendant toute son enfance, a été impressionnée par des histoires d'échecs d'allaitement, de manque de lait de sa mère, aura plus de difficultés pour faire confiance à son corps, à ses seins. Mais, si elle désire profondément allaiter, si elle est à l'aise dans son corps, elle y arrivera sans problème.

Une femme très jeune ne peut pas avoir beaucoup de lait : faux

La glande mammaire est prête dès la puberté, dès les premières règles (cf. p. 33). Une très jeune fille peut donc avoir une lactation normale.
Au contraire, le tissu glandulaire diminue avec l'âge, et les femmes qui tentent un premier allaitement au-delà de quarante ans ont parfois un peu plus de mal à établir une lactation abondante.
Cela ne veut pas dire qu'elles ne doivent pas essayer. Les variations individuelles sont très grandes et l'allaitement complet, parfaitement possible pour la plupart d'entre elles, ne pose aucun problème.

Dans ma famille, les femmes ont du lait trop clair : faux

Il n'y a jamais de mauvais lait, de lait trop clair, insuffisant pour l'enfant. Quand l'enfant ne grossit pas, c'est qu'il ne prend pas assez de lait et non parce que le lait n'est pas bon.
Il n'y a **aucune exception** à cette donnée.

Une femme qui allaite ne peut pas faire l'amour : faux

Cette théorie est une survivance de la médecine moraliste du Moyen Âge. La sexualité étant considérée comme l'impureté absolue, toute femme enceinte ou allaitant devait en être protégée.
En réalité, rien n'empêche une sexualité normale. Les seins sont peut-être un peu gonflés et sensibles, le lait coule souvent, mais pour un couple amoureux, ces éléments nouveaux, loin d'être une gêne, peuvent devenir source de bonheur.

Au moment du retour de couches, le lait devient mauvais : faux

Là encore, il y a eu confusion symbolique ancienne entre l'« impureté » du sang des règles et la réalité biologique du lait. Il n'y a aucune différence avant, pendant et après le retour de couches. La prescription – encore entendue parfois – de sevrer l'enfant est un archaïsme.

Une femme qui allaite reste grosse : faux

Nous avons vu (p. 61) que l'allaitement favorise une rapide involution de l'utérus grâce aux contractions utérines provoquées par l'ocytocine sécrétée lors de chaque tétée. C'est un facteur essentiel pour retrouver une taille fine et un ventre plat.
Par ailleurs, une femme qui nourrit son bébé et qui ne mange pas « pour deux » consomme une bonne partie de ses réserves énergétiques pour fabriquer du lait. Si son alimentation est équilibrée, elle n'a aucune raison de prendre du

poids. Au contraire, la plupart des femmes, même un peu sujettes à l'obésité, verront avec bonheur leur poids diminuer petit à petit au long des semaines d'allaitement.

L'image populaire de la nourrice au gros ventre accueillant et aux seins gigantesques est un mythe. Image fantastique mais fausse. Les femmes les plus fluettes peuvent avoir du lait en abondance, et pendant de longs mois, sans autres modifications qu'une poitrine un peu gonflée, des hanches un peu plus rondes, un corps épanoui qui les rend, sans aucun poids supplémentaire, bien désirables...

Le biberon, ça va plus vite : vrai et faux

C'est partiellement vrai. La tétine coule toute seule. Le bébé n'a pas beaucoup d'efforts à faire et ingurgite souvent sa ration en quelques minutes. Mais, si l'on compte tout le temps que la mère passe à préparer les biberons, à les laver, à les faire bouillir, à aller au supermarché chercher les lourdes bouteilles d'eau et les boîtes de lait, alors là le rapport est inversé. Il faut plus de temps pour nourrir un bébé au biberon. C'est facile à chronométrer.

D'un autre côté, une tétée au sein, même un peu longue, représente le temps des repas, mais aussi un temps d'échange, de bonheur mutuel, de satisfaction émotionnelle intense. Tous les temps d'amour consacrés à un bébé ne sont pas du temps perdu. Ne vaut-il pas mieux allonger ces moments de tendresse qu'utiliser une partie de la journée à frotter des biberons au-dessus d'un évier ?

Les bébés nourris au sein sont plus intelligents : vrai et faux

Aucune étude statistique sérieuse à long terme ne l'a jamais démontré. On l'entend, on peut le lire partout mais, en fait, c'est probablement impossible à analyser sur une génération. Des études récentes suivies sur une vingtaine d'années semblent montrer qu'il y a une différence, mais peu significative. D'ailleurs, quelle valeur accorder à quelques points de QI supplémentaires, et comment faire la part, sur tant d'années, de ce qui est directement lié à l'alimentation et ce qui est lié aux multiples facteurs de l'environnement ?

La seule chose certaine, c'est qu'un bébé sera d'autant plus éveillé, apte à s'adapter à la vie, qu'il aura été beaucoup cajolé, stimulé. Le biberon ou le sein ne sont pas directement en cause.

Le sevrage est un moment extrêmement difficile : faux

Tout changement brutal dans la vie d'un bébé peut être ressenti comme pénible et insécurisant : déménagement, modification du rythme de travail d'un des deux parents, problèmes de couple, changement de mode de garde, etc.

Si les parents, lors de ces périodes difficiles, sont très présents à l'enfant, tendres et rassurants, si, dans la mesure du possible, les changements sont progressifs, le bébé apprend doucement les retrouvailles en même temps que la séparation, apprend que le bonheur revient après la peine. C'est l'une de nos sécurités fondamentales...

Le sevrage n'est que l'un de ces changements, une étape de la vie, que le bébé impose d'ailleurs à sa mère dans un certain nombre d'allaitements. Nous le verrons dans le dernier chapitre : il est facile de concilier changement de lait, introduction de nouveaux aliments et certitude d'amour, et cela quel que soit le moment choisi pour le sevrage.

S'il y a nouvelle grossesse, l'allaitement doit être arrêté d'urgence : faux

Le lait reste excellent. Certains bébés vigilants peuvent remarquer des changements de composition (un peu plus de sel, des protéines différentes) et, par leur comportement, « avertir » leur mère de cette nouvelle grossesse, mais ils ont tous deux plusieurs mois pour mettre fin, sereinement, à cet allaitement.

Certains couples envisagent parfois de poursuivre l'allaitement de leur aîné, même au-delà de la naissance du cadet. S'il n'y a aucune contre-indication absolue, mieux vaut toutefois se poser la vraie question : le nouveau venu aura-t-il sa place, toute sa place ? N'y a-t-il pas dans cette difficile distanciation le signe d'une relation trop étroite à l'aîné qui pourrait nuire au second ? Le seul risque est là.

Lorsque le choix est très clair, la place de chaque bébé bien déterminée, le co-allaitement est une expérience familiale chaleureuse et tendre qui aide l'aîné à se séparer doucement de sa mère, à respecter le plus petit avec le moins de jalousie possible. Comme pour les jumeaux, il est possible de les allaiter ensemble, chacun sur un sein, ou de commencer par le plus petit et proposer ensuite le sein à l'aîné. C'est une règle de base : le plus petit a priorité pour être nourri...

Il serait probablement possible de multiplier les théories alarmistes sur l'allaitement. Je pense que c'est inutile. Si l'on a bien compris ce qu'est le lait maternel et la physiologie du lien mère-enfant, ces objections tombent d'elles-mêmes.

Existe-t-il de vraies contre-indications ?

Pour l'enfant

L'allaitement maternel est non seulement bénéfique, mais merveilleusement adapté. Il n'y a que deux exceptions (cf. p. 96) :
– la galactosémie congénitale, maladie, nous l'avons vu, tout à fait rarissime qui rend l'allaitement rigoureusement impossible ;
– la contamination maternelle par le virus du sida, car il passe dans le lait et les contaminations par l'allaitement sont indiscutables.

◆ **Les autres contre-indications traditionnelles peuvent être oubliées**

◆ Ni l'**ictère** au lait de femme, ni l'**incompatibilité Rhésus** (les anticorps du lait maternel sont détruits dans le tube digestif de l'enfant) ne sont des contre-indications médicales réelles.

◆ Ni la séropositivité maternelle au virus de l'**hépatite B,** quels que soient les résultats des tests sérologiques, mais à la condition absolue d'une sérovaccination du nouveau-né dans les premières heures après la naissance.

◆ Pour l'**hépatite C,** les experts sont partagés. Il n'a jamais été prouvé de contamination d'enfants via le lait maternel .

◆ **Les anomalies congénitales** des lèvres et du palais (bec-de-lièvre) n'en sont pas non plus. Le premier geste, indispensable pour l'alimenter, sera de faire poser au bébé (par un stomatologue) une « plaque » fermant la fente du palais. Puis le lait devra être donné avec une technique lui permettant d'arriver directement au fond de la bouche, donc :
– soit une tétine spéciale très longue s'il est au biberon ;
– soit, et les soignants l'ont trop oublié, le sein maternel que le bébé, lèvres grandes ouvertes, modèle très loin dans sa bouche et dont le lait gicle encore plus loin.
Le démarrage d'un tel allaitement sera plus délicat, mais les premiers temps au biberon le seraient aussi. Tout s'arrangera lors de la correction chirurgicale, qui se situe dès le troisième ou quatrième mois dans la plupart des hôpitaux français.

Pour la mère

La situation est beaucoup moins nette. Il n'y a presque plus jamais de maladies bactériennes graves de la mère : diphtérie, tuberculose... nécessitant l'éloignement total de l'enfant.

◆ **Certaines maladies ne sont guère compatibles avec l'allaitement**
C'est le cas de maladies rénales ou cardiaques graves, de désordres endocriniens, en particulier d'un diabète sévère déséquilibré, et de certaines atteintes neurologiques, cancéreuses, sanguines, etc. Dans ces cas, si la mère désire vraiment allaiter, la discussion de son choix doit porter sur deux éléments :
• L'effort physique représenté par l'allaitement peut-il être supporté par la mère ? Ne risque-t-il pas d'aggraver l'évolution de sa maladie ? Ne vaut-il pas mieux un allaitement artificiel avec beaucoup d'amour ?
• Les traitements médicamenteux pris par la mère du fait de cette affection présentent-ils un danger pour l'enfant ?
Ces cas de grande pathologie maternelle, rares et d'ailleurs bien connus de la mère et de son entourage médical, sont des cas particuliers, impossibles à généraliser ici.

◆ **Le cas du sida**
Un des problèmes majeurs de ces dernières années est celui que pose une éventuelle contamination du sida par le lait (cf. p. 103). Nous ne connaissons pas encore les paramètres scientifiques de ce risque. Par ailleurs, les dramatiques événements de la transfusion sanguine ont enlevé à ce débat une large part d'objectivité. Que pouvons-nous dire de façon claire ?
• Le HIV, rétrovirus actuellement connu du sida, est intralymphocytaire, parasite les lymphocytes du sang de la mère.
• Des lymphocytes maternels passent dans le lait. Il existe incontestablement des cas de contamination de l'enfant par le lait maternel, et ce, surtout dans les périodes à « jonctions intercellulaires ouvertes ». Le risque est donc majeur en période colostrale, lors d'épisodes infectieux du sein, et au moment de la diversification et du sevrage, quand la lactation diminue.
• Le don de lait frais, non pasteurisé, d'une femme au bébé d'une autre femme est interdit.
• La pasteurisation subie par les laits humains dans les lactariums élimine totalement les virus, que ce soit celui de l'hépatite ou le HIV, ou d'autres.
• Toutes les femmes désirant donner leur lait au lactarium doivent subir une série de tests sérologiques de ces différentes affections, avant que leur don ne soit accepté (cf. p. 105). Cette mesure a été étendue, dans un certain

nombre de lieux, aux mères qui donnent leur lait pour leur propre bébé, transféré en néonatalogie.

En pratique, les réactions des médecins sont profondément modulées, dans les différentes régions de la planète, par l'estimation du « plus grand risque » couru par le bébé.

Dans nos régions très favorisées, il n'est pas question de faire prendre au bébé un risque de contamination, si minime soit-il. Il est donc absolument déconseillé aux mères séropositives d'allaiter leur enfant. Par contre, dans certains pays où le niveau de santé des populations reste précaire, le risque de mortalité infectieuse des enfants non allaités est immense, il peut aller jusqu'à 30 % de diarrhées mortelles au cours de la première année. Dans ce cas, protéger le maximum d'enfants, c'est parfois maintenir l'allaitement au sein, mais en évitant les périodes de « jonctions ouvertes » et en arrêtant avant les 6 mois de l'enfant. Ces deux attitudes sont en ce moment celles préconisées par l'Organisation mondiale de la santé (OMS), et acceptées par la majorité des médecins. Ces conduites à tenir évolueront sans doute au cours des années à venir.

◆ **Les anomalies des bouts de seins**
Des mamelons plats ou creux ont longtemps été considérés comme des contre-indications vraies. Il n'en est rien, comme nous l'avons vu dans le chapitre 1. Il conviendra d'accompagner au maximum le bon apprentissage de l'enfant et d'aider la mère à trouver les petits « trucs » qui favorisent une bonne prise du sein.

◆ **Le non-désir de la mère**
La seule véritable contre-indication réelle et fréquente, c'est le non-désir de la mère. Celle qui se sent dégoûtée, écœurée par l'allaitement ; celle qui a très peur d'un surcroît de travail ; celle qui pense que cela ne sera pas conciliable avec ses autres activités ; celle qui est gênée dans sa pudeur pendant l'allaitement ; celle dont le mari exige les seins « pour lui tout seul » ; celle qui, même sans aucune explication, n'a pas envie d'essayer, etc.

La décision d'allaiter appartient à la mère, et à elle seule. Son non-désir est une contre-indication absolue en soi.

Toutes ces raisons sont parfaitement valables. Une femme qui dit : « Je n'en ai pas envie, et c'est tout » a mille fois raison.

Quelle que soit leur raison de ne pas allaiter, toutes ces femmes doivent bénéficier d'un blocage efficace et rapide de la lactation pour être totalement libres dans leur corps. Quels sont les moyens actuels ?

◆ **En résumé** —————————————————

Non seulement le choix d'allaiter existe, mais il est indispensable que la jeune mère le fasse en toute liberté. Il ne servirait à rien de se forcer, de tenter d'allaiter à contrecœur pour faire plaisir au médecin ou à l'entourage. La plus petite hésitation doit être exprimée et prise en compte.
Seuls les allaitements librement choisis et profondément voulus peuvent être réussis.

L'alternative : le blocage de la lactation

J'ai longuement décrit dans le premier chapitre le double mécanisme de la montée laiteuse : mécanisme hormonal (montée du taux de prolactine) et mécanisme réflexe (succion du mamelon, stimuli sensoriels dus à la douce présence de l'enfant, à son contact, à ses cris...).

Quand une femme ne veut pas allaiter, la première évidence est de ne pas mettre l'enfant au sein, d'éviter toute la mise en route du processus de la lactation lié à la succion du mamelon.

Mais cela ne suffit pas, car la congestion mammaire va apparaître quelques jours plus tard. Il existe divers moyens de l'empêcher.

Les méthodes traditionnelles

Elles sont bien connues. Leur efficacité est nulle ou presque. Mais les traditions sont solides, elles restent partout en usage. Il faut les connaître pour pouvoir les refuser en toute lucidité.

◆ Les déséquilibres liquidiens

Ils ont tous le même but : faire éliminer brutalement l'eau de l'organisme, en espérant ainsi tarir le lait.

Autrefois, on utilisait la restriction hydrique (« Il faut que vous ayez soif, madame »), ainsi que les purges répétées. Ces moyens étaient fort désagréables. Depuis les années 1960, ils ont été remplacés par les diurétiques, peut-être plus agréables à prendre mais dangereux : risques d'hypotension, de déséquilibre électrolytique sanguin, d'où migraines, malaises intenses, fatigue prolongée. De plus, ils n'arrêtent pas la fabrication du lait ou à peine, et au prix de graves perturbations physiques chez la mère.

◆ **Le bandage serré des seins**

Il a la réputation d'arrêter la sécrétion lactée. Non seulement c'est faux, mais cela fait mal. La glande mammaire comprimée est douloureuse. De plus, cette compression brutale écrase les tissus, pouvant laisser des séquelles esthétiques indésirables.

C'est donc un procédé à éviter à tout prix.

Les grands moyens

Si ces techniques apparemment simples sont inefficaces, comment empêche-t-on une montée laiteuse ? Il y a trois grands moyens : les inhibiteurs de la prolactine, les charges hormonales et les anti-inflammatoires.

◆ **Les antiprolactines**

La bromoergocriptine est actuellement la technique la plus simple et la plus efficace pour l'arrêt de la lactation, de l'accouchement au retour de couches. C'est un produit qui agit directement au niveau de l'hypophyse et de l'hypothalamus pour inhiber la sécrétion de prolactine. Sous ce traitement, le taux de prolactine baisse très vite. S'ensuit une conséquence logique : la baisse du taux de prolactine raccourcit la phase d'infécondité physiologique. Le taux d'hormones sexuelles (LH) remonte précocement et favorise le retour très rapide (quarante jours au lieu de soixante) des cycles ovulatoires. Sous bromoergocriptine, il faudra donc prévoir une contraception presque immédiate après l'accouchement (le nom commercial de ce produit est le Parlodel®).

◆ **Comment les utiliser ?** Le schéma thérapeutique est le suivant :

• Commencer le plus tôt possible après la naissance.
• Donner deux ou trois comprimés par jour pendant quinze à vingt et un jours, en augmentant progressivement les doses, et en les fractionnant en quatre prises par vingt-quatre heures.

◆ **Les effets secondaires.** La tolérance de l'organisme est habituellement correcte, même si les deux ou trois premiers jours sont marqués par des malaises intenses : hypotension, vertiges, troubles visuels... Ces malaises témoignent d'une véritable « sidération » de l'hypophyse par ce médicament, entraînant à distance des réactions d'insuffisance surrénale ou thyroïdienne transitoire. Les effets secondaires sont parfois gravissimes ; des morts maternelles ont été décrites. Une centaine de pays au monde, dont les USA, ont interdit sa commercialisation dans l'indication « arrêt de la lactation » depuis plus de 10 ans.

◆ **Les contre-indications.** Ce produit, agissant directement sur le subtil équilibre des neuromédiateurs cérébraux, n'est pas anodin. Il est strictement contre-indiqué en cas de pathologie cardiovasculaire (hypertension, diabète, cardiopathie ...) et en cas d'antécédents psychiatriques, car il peut être à l'origine d'une nouvelle décompensation de maladie mentale. Certains chercheurs commencent également à s'interroger sur l'action à long terme de ce type de traitement sur l'équilibre hypophysaire. Il est trop tôt pour en avoir une évaluation claire.

Ils n'ont bien sûr aucune utilité thérapeutique lorsque le taux de prolactine est redevenu bas, donc dans les allaitements « modérés » après trois mois et dès qu'il y a retour de couches. Dans ces deux cas, les anti-inflammatoires seront beaucoup plus efficaces.

◆ **Les charges hormonales**
Tout apport brutal d'hormones sexuelles déséquilibre le mécanisme très précis de la lactation et entraîne, le plus souvent, un blocage. On peut utiliser à peu près n'importe quelle hormone (œstrogènes, prolactine ou un mélange des deux). Le résultat est habituellement bon à condition de commencer le traitement dès le jour de l'accouchement et de prescrire des doses suffisantes. Au cours de ces charges hormonales se produit souvent, entre le troisième et le quatrième jour, une congestion des seins douloureuse calmée par les anti-inflammatoires.

◆ **Comment les utiliser ?** Ces traitements ne sont utiles que pendant les tout premiers jours après l'accouchement. Ils sont en revanche totalement inefficaces sur une montée laiteuse bien installée (et donc pour un sevrage).

◆ **Les effets secondaires.** Il n'est jamais anodin pour l'organisme de subir de tels chocs hormonaux. Les inconvénients secondaires sont fréquents : nausées, malaises, hypertension, risque de phlébite, saignements utérins à la fin du traitement. Mieux vaut les éviter également.

Les œstrogènes ont un double mode d'action : à fortes doses, ils inhibent la prolactine, mais, à faibles doses, ils agissent mécaniquement, directement au niveau du tissu de soutien périalvéolaire de la glande mammaire, où ils créent une sorte de compression interne. Il est possible de les utiliser par voie locale, en application sur le sein. Cette voie d'administration est intéressante, car elle évite en grande partie les complications classiques des œstrogènes. Mais, si le taux de prolactine est élevé, la montée laiteuse risque de se reproduire à l'arrêt du traitement. Ces formes devraient être réservées aux arrêts tardifs de l'allaitement.

L'indication actuelle de ce type de traitement est essentiellement l'impossibilité d'utilisation du Parlodel®. C'est-à-dire le blocage de la lactation chez une femme ayant présenté une dépression sévère ou toute autre maladie psychiatrique.

◆ **Les anti-inflammatoires**
Ils n'agissent pas directement sur la lactation mais diminuent efficacement l'inconfort et la douleur lors de l'arrêt. Ils bloquent la congestion vasculaire en amont du tissu glandulaire, donc les phénomènes congestifs, œdémateux, inflammatoires qui en résultent et, par conséquent, la douleur.

◆ **Comment les utiliser ?** Ils peuvent être utilisés largement, sur prescription médicale, à la place ou en complément des deux méthodes précédentes. Certains sont compatibles avec un sevrage progressif, les bébés continuent à téter, de moins en moins souvent, pendant que la lactation s'arrête peu à peu. Si le bébé tète encore, il conviendra de choisir comme anti-inflammatoire un dérivé de l'ibuprofène.

◆ **Les effets secondaires.** Ils sont fréquents, assez bénins, et bien connus des médecins : allergies, gastrites ou ulcères de l'estomac, maux de tête, troubles hépatiques, rénaux ou sanguins.

◆ **Les précautions d'emploi.** Ne pas oublier qu'ils diminuent momentanément l'efficacité d'un stérilet. Attention, donc, si c'est le mode de contraception qui a été choisi et qu'une nouvelle grossesse rapide n'est pas désirée.

Comment se prépare-t-on à allaiter ?

L'allaitement maternel pouvant être considéré comme l'acte le plus simple et le plus naturel du monde, il peut sembler étonnant de parler de préparation. Il y a pourtant plusieurs données à prévoir :
• Se préparer à allaiter, c'est d'abord préparer la venue du bébé au sein de la famille. Choisir le rythme de vie familiale, l'installation qui favoriseront au mieux la tranquille relation qui se créera jour après jour entre la mère et son enfant, leur mutuel apprentissage.
• Se préparer à allaiter, c'est aussi préparer son corps. Peut-être stimuler les bouts de seins, les mamelons, mais surtout apprendre à se détendre, à se reposer, à être à l'aise dans sa peau.

Préparer la venue du bébé au sein de la famille

Je ne donnerai pas de recettes, de détails pratiques. Je ne crois pas aux conseils théoriques du type : « Faites-vous offrir par vos amis une machine à laver plutôt que trente-trois robes en dentelle premier âge » (!). Les magazines féminins fourmillent d'articles de ce genre. En réalité, chaque famille est différente, il ne peut y avoir de recettes valables pour toutes.

Il est, bien sûr, nécessaire de prévoir une grande partie de l'organisation matérielle : chambre, berceau, baignoire, etc., pour pouvoir être plus disponible et paisible après la naissance.

Mais la vraie question importante pour toute la famille est : qu'allons-nous vivre avec le nouveau bébé ? Quelle place allons-nous lui faire dans notre rythme de vie, dans nos loisirs ? Quels sont les moyens pour que sa mère puisse le nourrir librement, joyeusement, avec le minimum de contraintes matérielles ? Comment gérer les pleurs de nuit avec le minimum de gêne pour chacun ? Comment préparer les enfants déjà nés à l'allaitement du bébé pour qu'ils puissent y participer sans crainte, ne pas être jaloux, et au contraire redécouvrir comment leurs parents, leur mère, ont su les aimer et les nourrir eux aussi ? Quel rôle le père a-t-il envie de jouer auprès de ce tout-petit ? Quel temps de caresses, de tendresse, d'émerveillement devant sa femme et son enfant pourra-t-il vivre ?

Ce sont là les vraies questions, plus importantes que celles concernant les rideaux sur le berceau ou le nouveau congélateur. On l'oublie trop souvent : un nouveau-né partage toute la vie de ses parents : rythmes de vie, santé, sensualité, équilibre affectif. C'est là qu'il faut lui faire sa place.

Préparer ses seins

Il est maintenant clairement démontré que la préparation des seins pendant la grossesse n'a rien d'indispensable. La majorité des femmes allaitent sans problème, sans avoir prévu aucun soin particulier.

• La seule nécessité est une hygiène correcte : douches ou bains fréquents, mais sans trop savonner les mamelons en fin de grossesse pour ne pas dessécher la peau et décaper la lubrification physiologique.

• Il est peut-être utile en fin de grossesse d'ouvrir les canaux lactifères en favorisant chaque jour (par pression douce sur l'aréole) l'écoulement d'un peu de colostrum. Pour certains spécialistes, ce serait un bon moyen de prévenir congestion mammaire et engorgements.

- La préparation des mamelons aux efforts de traction, d'étirement de la succion est aussi souvent utile, surtout quand les bouts de seins sont aplatis, peu saillants, quand la mère a une peau très fine, peu pigmentée, très sensible.

Dans son livre sur les accouchements (1867), Cazaud écrivait : « La succion directe et souvent renouvelée est sûrement le meilleur moyen, car la gouttière formée par la langue maintient au mamelon sa longueur et celui-ci, humecté par la salive, devient plus souple et plus fragile à allonger. On peut en confier le soin au mari, à une femme de chambre intelligente. À défaut d'une personne assez complaisante, on peut se servir d'un chien nouveau-né de grosse espèce auquel on enveloppe les pattes » !

Ces prescriptions sont évidemment excessives... Étirer chaque jour le mamelon en le graissant un peu pour favoriser son élasticité (avec de la lanoline pure ou de l'huile d'amande douce, par exemple) est sûrement tout aussi efficace... et tellement plus facile à mettre en pratique !

- Nous avons vu (p. 18) que penser des niplettes. Leur efficacité est nulle, leur prix exorbitant, leur inconfort dans un soutien-gorge majeur. Inutile d'essayer.
- Les femmes de la Leche League conseillaient aux mères ayant des mamelons totalement creux de porter les derniers mois de la grossesse des « boucliers », sorte de moules en plastique appuyant sur l'aréole du sein et faisant saillir le mamelon. Il a été prouvé que cela ne sert à rien. Si une femme a vraiment des mamelons creux, c'est-à-dire qui se rétractent lorsque l'on prend l'aréole entre le pouce et l'index, elle pourra apprendre comment aider le mamelon à pointer, en le stimulant entre ses doigts, juste avant les tétées.

En fait, il y a deux cas différents :

La forme des mamelons au repos n'a aucune importance. Dans la réussite de l'allaitement, c'est sa réactivité à la stimulation provoquée par le bébé qui fera l'élément important.

- Soit le mamelon est rétracté par une cicatrice fibreuse en arrière et ne peut s'allonger. Il sera parfois utile de sectionner chirurgicalement ces petites adhérences. C'est un geste simple à prévoir, si possible, au moins un mois avant la naissance.
- Soit le mamelon est libre, mais peu réactif, endormi.

Il vaudrait donc mieux concevoir un « entraînement », une mise en route pendant la grossesse de ce qui sera le « démarreur ». Étirements doux, bien dans l'axe, sur l'aréole, caresses, palpation profonde régulière, réactivité aux jeux amoureux, tout un « approfondissement de connaissances » sur nos sensations du corps trop souvent occultées.

Apprendre à aimer son corps

Dans l'allaitement, la mère n'offre pas seulement à son enfant le bout de son sein, mais tout son corps, dans un échange total, sans réticence. Un corps à corps de chaleur et de tendresse. Les bons sentiments et la tendresse ne suffisent pas. La douce tiédeur du nouveau-né favorise cette approche, mais ne crée pas toujours de miracle. Vouloir allaiter, c'est apprendre à offrir son corps, à le rendre disponible, en un mot, à l'aimer suffisamment pour qu'il devienne aimable pour les autres, à commencer bien sûr par le bébé.

Tous les moyens sont bons : nager, courir, se promener dans le vent, jouir du soleil, prendre le temps de flâner, de rêver, caresser d'autres enfants, et puis, bien sûr, faire l'amour. Pourquoi ne pas oser le dire ?

Au cours de la préparation à la naissance, la mère se familiarisera avec certaines techniques de relaxation. C'est très utile, à condition de ne pas en faire des « recettes pour bien accoucher », mais un apprentissage qui servira tout au long des jours et des années. De plus, cet apprentissage donne au père de l'enfant une occasion de préparer aussi l'après-naissance. Pour lui non plus la bonne volonté ne suffit pas. Il aura besoin de tendresse, de calme à partager, à offrir.Se rendre disponible, tout à l'écoute des plaisirs nouveaux qui l'attendent, accepter la nouveauté rayonnante de sa compagne, cela s'apprend ! C'est le moment ou jamais.

Le choix de la maternité

La réussite d'un allaitement est directement liée à la qualité de la mise en route, donc de l'accompagnement des premiers jours. Il existe à ce niveau d'importantes disparités d'une maternité à l'autre… et celles de France, malgré l'évolution spectaculaire de certaines équipes, sont loin d'être performantes.

L'OMS, en 1991, a lancé sur toute la planète une vaste campagne de promotion de l'allaitement maternel, pour inciter les professionnels de santé à optimiser et coordonner leurs pratiques. Cette campagne s'appelle *Initiative hôpitaux amis des bébés*. Les critères de qualité, réunis en dix conditions, sont ceux que nous sommes en droit d'exiger de tout service de maternité pour y démarrer, dans les meilleures conditions possibles, un allaitement harmonieux. À l'heure actuelle, il n'existe en France que trois maternités ayant reçu ce label mondial.

Tous les établissements qui assurent des prestations de maternité et des soins aux nouveau-nés devraient :

1. Adopter une politique d'allaitement maternel formulée par écrit et systématiquement portée à la connaissance de tous les personnels soignants.

2. Donner à tous les personnels soignants les compétences nécessaires pour mettre en œuvre cette politique.

3. Informer toutes les femmes enceintes des avantages de l'allaitement au sein et de sa pratique.

4. Aider les mères à commencer d'allaiter leur enfant dans la demi-heure qui suit la naissance.

5. Indiquer aux mères comment pratiquer l'allaitement au sein et comment entretenir la lactation, même si elles se trouvent séparées de leur nourrisson.

6. Ne donner aux nouveau-nés aucun aliment ni aucune boisson autre que le lait maternel, sauf indication médicale.

7. Laisser l'enfant avec sa mère vingt-quatre heures par jour.

8. Encourager l'allaitement au sein à la demande de l'enfant.

9. Ne donner aux enfants nourris au sein aucune tétine artificielle, ni sucette.

10. Encourager la constitution d'associations de soutien à l'allaitement maternel et leur adresser les mères dès leur sortie de l'hôpital ou de la clinique.

Ces dix conditions – dont vous comprenez après lecture des chapitres précédents la parfaite cohérence – peuvent servir de trame aux questions que vous poserez pour choisir le lieu de naissance de votre enfant. Une naissance est un moment unique, irremplaçable. Donnez-vous les moyens d'un choix rigoureux, vous permettant de vivre au mieux ce que vous avez décidé.

ÉCHANGES OU LA RELATION MUTUELLE DE PLAISIR ENTRE LA MÈRE ET SON ENFANT

Quel imbécile a dit que le bébé humain est le plus laid de tous les petits animaux qui naissent sur cette terre ?... La vie humaine qui éclôt est d'une grande beauté et mon bébé est le plus beau parmi les beaux ; je ne peux pas m'empêcher de l'embrasser, c'est mon instinct cannibale. Je veux lui dire qu'il n'a pas à s'inquiéter, que l'amour de sa maman le protège. Je l'aime...

Monsieur le nourrisson a une petite fringale, oh ! ce n'est que ça, maman va te donner le sein, on va s'installer... Attends... Je ne suis pas très experte encore, excuse-moi. Oh ! qu'elle est bête cette maman ! Être maman et ne même pas savoir donner le sein ! Attends... Voilà, voilà, nous y sommes. Aïe !

Goulu! Non, mais regardez-moi cette petite gueule de téteur. Mais c'est un vrai petit poupon glouton téteur, ça! Qu'il est marrant, oh! mon petit gosse! Tète va, tète bien, tète avec conviction, ta bouche en cœur, sur mon sein, les yeux fermés avec extase, tes deux corolles de cils noirs harmonieusement courbés, ta coiffure impeccable...

Marie Laborde, *Bébé d'amour*, Stock, p. 101 et 121

Une mère : *Il ne me quittait pas des yeux. J'étais l'objet de son désir. Pour moi, c'était merveilleux d'être regardée comme cela!*

Le Lait, le Lien, film de P. Desgraupes, Cinémathèque Nestlé

Un psychanalyste : *Toutes les sensations mélangées, brassées, viennent former un univers intérieur singulièrement riche et complexe. Et cet univers possède sa logique propre qui n'a que peu, sinon rien, à voir avec les lois rationnelles qui gouvernent le monde extérieur et qui ne s'imposeront que plus tard et progressivement à l'enfant.*
En effet, pour le nourrisson, le monde extérieur c'est la personne qui s'occupe de lui et qui l'aime. Et puisque le monde extérieur n'est pas perçu comme tel, cette personne elle-même est très probablement perçue comme une partie de son propre corps, comme une sorte de prolongement de soi-même, tantôt bien disposée : ce sont les moments où le nourrisson est nourri, caressé, lavé, choyé ; tantôt hostile : ce sont les moments où le nourrisson a faim, s'est sali, attend.
Pour les lèvres qui tètent, le sein c'est soi-même, et le visage maternel, c'est encore soi-même. Il y a là une fusion dans le plaisir, et la mère elle-même se trouve prise, happée dans cette relation personnelle.

Gérard Mendel, *Quand plus rien ne va de soi*, Robert Laffont

Un médecin : *La qualité de l'allaitement semble d'autant plus satisfaisante, la quantité de lait d'autant plus grande que le confort affectif de la mère est plus grand... Tout se passe comme si un climat émotionnel favorable avait pour corollaire naturel l'allaitement maternel...*

Michel Odent

CHAPITRE V
La première tétée

Tu viens de naître
Ma douce
Et déjà
Dans ton nid de soif
Tu suces la vie
à poings fermés
Et déjà
Tu te dénoues
Et tu jouis...

Sex Pol, n° 37-38, mai 1980

Et voilà mon enfant dans mes bras ! Toute raidie, je n'ose faire un mouvement de peur de lui faire mal, de le faire tomber. Instinctivement, il se tourne vers mon sein. Alors, mon corps tout entier fond. Le bonheur est trop grand, trop large, trop fort, depuis trop longtemps attendu. La tendresse infinie qui nous unit éclate en moi dans sa plénitude. Je voudrais que le temps s'arrête autour de nous. Mon petit, mon amour, où trouver les mots pour raconter cet instant ? J'ai entendu ta voix, je découvre ton corps ; tu es enfin né.

Françoise Loux, *Une aussi longue naissance*,
Stock, 1991, p. 148

Pourquoi une tétée précoce ?

Les petits animaux

Avez-vous déjà vu naître des bébés chats ? C'est un spectacle fascinant et inoubliable. Après quelques heures de dilatation, l'expulsion se fait lentement, calmement. Visiblement les contractions sont intenses, répétées, et la chatte ferme les yeux, concentre toute son énergie pour aider son petit à sortir. Entre les contractions elle s'étire, bâille, se lèche un peu, demande quelques caresses, apprécie de longs mouvements légers sur son ventre. À chaque nouvelle contraction, on la voit suspendre sa respiration, forcer sa puissance, son attention pour pousser, diriger son accouchement. Et enfin, le petit apparaît, tout mouillé, les poils et les yeux collés, immobile, ne criant pas. Souvent encore enveloppé de sa membrane amniotique.

Immédiatement sa mère se retourne, déchire le cordon ombilical, ouvre la poche des eaux et se met à le lécher passionnément, frénétiquement. Après quelques vigoureux coups de langue, le chaton commence à déplier ses pattes, à émettre quelques petits sons. La mère poursuit son énergique léchage, et petit à petit la respiration du bébé devient plus ample, son cri plus vigoureux ; il se met à remuer, à bâiller. La mère le pousse avec sa langue, le tourne et le retourne en tous sens. Elle le lave, le sèche, le brosse, le secoue avec une grande efficacité, mais aussi une très grande douceur. Enfin, notre chaton de trois ou quatre minutes se retrouve sur ses pattes, tout beau, tout propre, et commence à ramper.

À ce moment-là, sa mère s'en désintéresse. Elle commence à se lécher. Elle tire le cordon ombilical et dévore le placenta ; puis elle se nettoie soigneusement, nettoie le drap sur lequel était posé le chaton. Elle ne s'occupe que d'elle-même. Et comme il y a presque toujours plusieurs petits dans la portée, elle recommence exactement les mêmes gestes d'expulsion et de léchage pour le petit suivant.

Pendant ce temps, notre chaton nouveau-né tente de bouger un peu. Cahin-caha, sur des pattes vacillantes, il rampe vers sa mère, vers sa chaleur, vers son odeur. Tout seul, il se débrouille pour traîner son gros ventre, sa grosse tête aux yeux clos, dans une direction qu'il connaît, qu'il ressent. Il ne se trompe jamais, il va vers sa mère. Dès qu'il arrive à la rejoindre, il appuie sa tête doucement sur les poils chauds et doux, y enfonce son nez, son museau et commence à chercher fébrilement. S'il a de la chance, il trouvera tout de suite une des tétines. Il ouvre alors la bouche et se met à téter goulûment, béatement. On entend très bien sa bouche qui suce et les premières déglutitions. S'il a moins de chance, il peut se retrouver dans le cou de sa mère et il lui faudra chercher longtemps tout seul le ventre chaud aux mamelles apparentes. La chatte ne l'aide pas, ne bouge pas pour lui présenter une mamelle. Il faut qu'il trouve, et qu'il trouve tout seul. Quand enfin, après de longs efforts, il happe le mamelon, la chatte le flatte, le félicite d'un petit coup de langue et d'un ronronnement content. Et pendant qu'il tète, elle lui « parle » doucement. On entend son ronron à peu près incessant, des miaulements doux.

- Savez-vous qu'une chatte qui ne lèche pas son petit à la naissance le laisse mourir ? Il ne se mettra pas à respirer tout seul. Savez-vous qu'une chatte dont le chaton n'a pas crié ne le cherche pas, sait qu'il ne pouvait pas vivre, et n'aura pas de lait s'il est unique dans la portée ?
- Savez-vous que, pour tous les mammifères, ce premier contact entre la mère et son petit, contact prolongé de caresses, de léchage pour amener le nouveau-né jusqu'à la mamelle, est indispensable à la survie du petit ? La jument lèche son poulain jusqu'à ce qu'il se tienne sur ses pattes et arrive à téter. La vache guide son bébé à grands coups de langue jusqu'à ce qu'il trouve le pis. La guenon prend son petit dans ses bras dès qu'il est né pour qu'il se mette à téter.
- Savez-vous que ces différentes femelles ont toujours assez de lait pour nourrir leurs petits ? Elles en auront parfois davantage, si on le tire manuellement par exemple. Mais il y en a toujours en quantité suffisante pour le ou les petits, dès cette première tétée.
- Savez-vous que même une vache, apparemment si lente à comprendre, peut « retenir son lait », laisser ses mamelles s'engorger si on essaye de la traire à la main ou à la machine en éloignant son petit ? Son lait est pour son veau, elle le sait et veut le lui réserver. Les éleveurs le savent bien, eux aussi, qui préfèrent éviter tout contact entre la vache et son nouveau-né pour être plus sûrs de bien récupérer le lait dans les semaines qui suivront...
- Savez-vous que les agneaux bien léchés et guidés par leur mère pour leur première tétée ont beaucoup plus d'énergie pour trouver les mamelles et reprennent leur poids de naissance plus tôt que les agneaux non léchés ?
- Savez-vous que les rats bien léchés à la naissance se défendent mieux que les autres contre les infections, car ils présentent un taux d'anticorps sériques plus élevé que celui des rats n'ayant pas été léchés ?

• Savez-vous que ce léchage précoce (le léchage d'amour dont parle Ashley Montagu) ne sert pas seulement à guider le petit vers la nourriture ? Il sert aussi à stimuler, à mettre en route les principales fonctions vitales : la respiration, le système digestif et le système urinaire. Les petits, mal ou non léchés, s'ils arrivent à survivre, mettront plusieurs jours à trouver l'énergie et la force que les petits bien léchés ont dès les premières minutes.

• Savez-vous encore que ce contact physique étroit, cette stimulation cutanée entre la mère et son petit est indispensable aussi pour la mère ? De nombreux chercheurs l'ont démontré : si on enlève un chevreau ou un agneau, ne serait-ce que quelques heures, avant que sa mère ait eu le temps de le lécher, celle-ci ne peut ensuite le reconnaître. Elle montre un total désintérêt pour ce petit qu'on lui ramène, et prouve par son comportement qu'elle ne peut rien pour lui. De même pour de nombreux oiseaux. Le réflexe de couver chez les poules disparaît rapidement lorsqu'on empêche tout contact physique entre la poule couveuse et ses petits, même si elle les voit tout près, dans une cage mitoyenne par exemple. Et, à la génération suivante, une poulette qui n'a pas été couvée par sa mère, qui a survécu sous chauffage artificiel, ne sait plus couver, plus du tout, et laisse ses œufs à l'abandon. On peut dire que le contact physique étroit immédiatement après la naissance est le principal régulateur de l'instinct maternel, même chez les mammifères les plus évolués.

Le petit d'homme

Le petit d'homme, à sa naissance, a fondamentalement les mêmes besoins que n'importe quel mammifère. Chaleur, caresses, odeur de la mère, envie de téter sans tarder. Pourtant, paradoxalement, on a sélectionné pour lui les phases d'un accueil ô combien moins agréable.

Pendant des siècles, les femmes qui accompagnaient les jeunes accouchées faisaient bouillir de l'eau pendant les contractions pour laver le bébé dès son arrivée. Immédiatement séparé de sa mère, il était nettoyé, séché, langé, parfumé. Un joli bavoir de dentelle, une médaille épinglée sur le lange, et le petit homme bien raide dans son maillot, enfin « civilisé », pouvait être présenté à sa mère. Souvent de loin, de son berceau où des femmes, sans trêve, le veillaient. Pendant les deux jours suivants, en attendant qu'« il se purge », donc l'élimination du premier méconium, il ne devait pas manger. Seule un peu d'eau sucrée (pour « laver » l'estomac !) pouvait être administrée s'il pleurait vraiment trop ou si les « glaires » de son nez ou de sa gorge gênaient sa respiration et devaient, là encore, être lavées. Le colostrum maternel avait pour sa part la plus mauvaise réputation : impur puisque orangé (le lait ne se doit-il pas d'être blanc pur !), et considéré comme un mélange de sang et de lait. Or le sang des femmes, vous le savez, celui des règles, est le signe absolu de leur... impureté ! À cause de cette survivance des vieilles règles judéo-chrétiennes et de la médecine d'Hippocrate selon lesquelles une femme qui saigne est impure, sous ce prétexte monstrueux, jusqu'au XVIIIᵉ siècle, on a empêché les femmes d'allaiter leur bébé pendant quinze à vingt jours... On faisait sucer le lait par des bébés chiens, par l'idiot du village, par une servante dévouée... ou à défaut par le médecin puisque « son art le met à l'abri de tout érotisme » ! Et les bébés mouraient d'infections faute du précieux colostrum !

Il est grand temps de rejeter tout cet obscurantisme. Or cette culture ancienne survit, resurgit dans toute une série de pratiques actuelles qui doivent plus à la tradition qu'aux connaissances scientifiques récentes.

L'« impureté » des bébés a généré trois gestes dits médicaux :

• L'aspiration systématique de l'estomac lors de l'aspiration néonatale. Il a pour but de dégager les voies aériennes supérieures et de vérifier la perméabilité de l'œsophage, au risque d'irriter la muqueuse du nez et de la gorge, de provoquer une hypersécrétion de mucus, donc... des glaires. Ce geste ne devrait s'imposer que s'il y a des signes cliniques de gêne respiratoire ou de blocage du liquide amniotique.

• L'administration d'un biberon d'eau sucrée avant toute autre alimentation, qui sévit encore dans nombre de maternités. Avec des alibis divers et erronés : tester la déglutition, éviter l'hypoglycémie (il aggrave le risque !). Très souvent, personne ne sait plus pourquoi, et on continue, pensant en toute bonne foi que les médecins l'exigent !

• Plus grave encore : le « lavage d'estomac » du nouveau-né, pratiqué dans quelques maternités. Placer une sonde, injecter du sérum, l'aspirer, réinjecter, réaspirer... ces gestes indispensables en service de néonatalogie avant d'alimenter un très grand prématuré n'ont aucune signification pour un bébé à terme en bonne santé. Ne s'agit-il pas là encore, inconsciemment, de le « laver » de ses impuretés utérines ?

Tout cela existe encore alors que le nouveau-né a besoin, absolument besoin, du colostrum de sa mère, autant pour mettre en route son transit intestinal, donc évacuer son méconium, que pour adapter son métabolisme à la vie à l'air libre ou pour se protéger contre les infections. L'eau sucrée est dangereuse, c'est l'inverse de ce que la nature a prévu pour le nouveau-né. Nos techniques sont traumatisantes et leur indication doit être mieux posée.

Quant au dépistage d'une atrésie de l'œsophage (lorsque l'œsophage est en « cul-de-sac »), il s'impose avant de présenter un biberon de lait artificiel, source dans ce cas de « fausse route » et d'infections. Mais avant que le nouveau-né ne prenne – au sein – quelques gouttes de gammaglobulines buvables (c'est la composition essentielle du premier colostrum), cela n'a rien de commun et c'est plus discutable.

Le temps où l'on veillait les nouveau-nés s'est mué en temps de sur-veillance. Sous prétexte qu'ils pourraient avoir froid, ils sont habillés d'urgence, non sans avoir été mesurés, pesés, étalonnés... donc refroidis ! Ou alors, ils « bénéficient » d'une à deux heures de couveuse systématique, loin de leurs parents, trop souvent même dans une autre pièce, hors de leur regard.

D'autres encore qui naissent à l'heure de la relève du soir passeront leurs douze premières heures en pouponnière, loin des parents, parce que... « la nuit on ne sait jamais » ! Est-ce un hasard si, dans la plupart des hôpitaux, les auxiliaires de nuit s'appellent encore « veilleuses » ? Certains pères qui viennent aux nouvelles seront fermement refoulés. Si le bébé pleure, ce sera tellement plus simple de lui donner un biberon plutôt que d'aller réveiller sa mère. Sans penser que celle-ci, réveillée par les hormones de l'accouchement et angoissée de ne plus voir son tout-petit, guette le moindre bruit...

Encore une aberration pour l'accueil d'un nouveau-né, qui a besoin de reconnaître sa mère, de se blottir dans sa chaleur, dans son odeur. On le laisse dans des pièces aux très fortes odeurs de désinfectant et de médicament. Et plus grave : quand, enfin, on l'approche de sa mère pour une première tétée, le mamelon a été soigneusement décapé, nettoyé avec des produits à odeur très forte (alcool, savons désinfectants variés). Comment ce petit d'homme peut-il comprendre, reconnaître le mamelon, l'odeur de sa mère, et savoir que c'est là qu'il peut se mettre à téter ? Où sont les odeurs de peau, de lait qui guideraient infailliblement son instinct ?

Tout ce que je viens de raconter existe encore en France en ce début de troisième millénaire. Les psychiatres nous apprennent les risques d'une séparation mère-bébé immédiate pour leur relation ultérieure. Les physiologistes nous enseignent combien ces gestes sont contraires au démarrage de l'allaitement. Et pourtant ils perdurent.

Pour accueillir les petits d'homme, il nous faut, dans une sécurité totale, réapprendre le respect.

REGARDS

Voir naître un bébé de moi a été l'événement le plus extraordinaire de toute ma vie ! Ensuite, on me l'a mis dans les bras, mais seulement pour deux minutes, et on l'a emmené à la crèche [...] J'avais envie de dorloter mon bébé, de me pelotonner contre lui, et on m'a laissée ravie, folle de bonheur, mais en larmes et frustrée de ne pouvoir faire tout de suite connaissance de mon propre enfant. Je sais bien qu'ils agissent ainsi pour votre bien et votre repos, mais deux minutes, après neuf mois d'attente, c'est absurde.

C. Milinaire, *Naissance*, Albin Michel, 1977, p. 135

Et puis ce fut ce délice inoubliable, infini. Caresses exquises des petits bras chauds, ourlés, des minuscules doigts humides [...] Il se passait à certains moments quelque chose d'extraordinaire, je le voyais lever une main d'aveugle, ouvrir et fermer les doigts, détendre soudain ses petites jambes repliées dans une sorte de spasme agacé et voilà que je reconnaissais sans méprise possible ces mouvements que j'avais éprouvés en moi et que je voyais maintenant hors de moi. Mais qui bougeait, qui continuait à bouger ainsi? Où bougeait-il? Son corps ne venait pas de commencer d'être, il poursuivait sa longue histoire, où commencée, où perpétuée? Je lui disais : d'où viens-tu? où es-tu? [...] D'un quelque part en moi, mal localisable mais profond, très intérieur, je sentais monter le lait jusqu'au bout des seins en afflux tièdes qui me déchiraient d'une longue et douce morsure. Il me fallait, je voulais, je quémandais ce que semblait demander la bouche minuscule, mais forte, vorace. Je prenais le bébé dans mes mains amoureuses, je le guidais vers mon sein gonflé, et ses lèvres, sa langue, suçaient, tiraient, inventaient de moi un plaisir émerveillé...

Annie Leclerc, *Paroles de femmes*, Grasset, 1974, p. 98 et 100

Naissance et première tétée

Nous avons longuement démontré dans les chapitres précédents la continuité totale qui existe entre le bébé fœtal puis nouveau-né et sa mère. La naissance n'est pas une rupture, la fin ou le début d'une vie. La naissance est un passage, un changement de forme du même lien mère-enfant.

Préparer cet accueil avant la naissance

Lorsqu'une jeune mère, un couple, arrivent à la maternité pour la naissance d'un enfant – naissance à terme – après une grossesse normale, comment faire pour respecter au mieux l'accueil de ce bébé et le laisser découvrir le sein si sa mère a décidé de l'allaiter ?

Le plus tôt possible, pendant l'accouchement, prendre le temps de dialoguer. Entre les contractions, surtout les premières heures, il est toujours possible de trouver un moment pour parler. Médecin et sages-femmes, même débordés, vont passer plusieurs fois, prendre le temps d'examiner ; il ne faut pas beaucoup plus de temps pour s'informer.

Ensemble, parents et soignants vont mettre au point les modalités de l'accueil. Il faut savoir exprimer clairement ce que l'on veut vivre :

• Recevoir l'enfant sur le ventre, avoir le temps de le caresser, de lui parler, le garder près de soi après les premiers soins urgents.

• Le mettre au sein dès qu'il en aura envie.

• Quel rôle veut et peut jouer le père dans cet accueil ?

Tout doit être dit. Un accouchement est unique. Il serait dommage de confier au hasard des minutes aussi importantes.

Un détail utile pour une mère qui veut allaiter : avant de partir, ou en arrivant à la maternité, prendre une bonne douche tiède en savonnant le ventre et les seins. Elle est ainsi « toute belle, toute propre » pour l'arrivée du bébé et n'aura besoin d'aucune autre précaution avant la première tétée. Cette douche est possible même si la poche des eaux est rompue.

Une femme ainsi préparée, capable de définir calmement ce qu'elle veut vivre, contrôle toujours mieux son accouchement qu'une femme passive. Paisible, elle peut laisser monter en elle les lourdes et puissantes vagues qui vont, en quelques heures, la conduire à l'enfant-né.

L'enfant vient de naître : prendre le temps de l'accueillir

L'arrivée de l'enfant, son premier cri sont des moments d'émotion intense, ineffable. Je ne veux pas le mettre en mots. Ce qui se joue pour les parents n'est pas racontable.

◆ Ce qui se passe pour l'enfant

Il arrive d'un autre monde, il ne sait plus où il est. Il a sans doute froid et peut-être peur. Un seul lieu peut le rassurer : le ventre de sa mère. Il le connaît, il reconnaît les sourds battements de l'aorte, tout au fond, battements qui ont rythmé toute sa vie fœtale. Il va trouver la douceur de la peau, la chaleur, l'odeur de sa mère. Et les mains douces posées sur son dos qui, timidement, le caressent, lui parlent, reprennent le lent mouvement des contractions utérines qui berçaient et câlinaient son corps depuis de longs mois. Il peut se détendre, respirer calmement, arrêter de crier. Il est arrivé « chez lui ». Parents et enfants peuvent, enfin, se découvrir, se reconnaître.

◆ L'accueil médical

Pendant ce temps, le personnel médical vérifie que tout se passe bien et donne les soins nécessaires.

◆ **S'assurer que les voies aériennes sont bien dégagées et que le bébé respire facilement** est la seule nécessité absolue dans ces premières minutes. Pour dégager son nez et se préparer à respirer, il a eu plusieurs moyens naturels : le passage étroit des voies vaginales, qui a permis un véritable « essorage » mécanique de ses poumons. En naissant, souvent il éternue, ce qui est un excellent moyen d'éliminer l'eau restant dans sa gorge ou son nez.

Si cela ne suffit pas, il faudra aspirer doucement le nez et la gorge, de préférence en le laissant sur sa mère à plat ventre la tête sur le côté. C'est tout à fait possible et très efficace. En revanche, si on le retourne pour le poser à plat dos, il risque de pleurer brutalement, ce qui draine le liquide des voies aériennes supérieures vers les bronches et, donc, est contraire à son élimination physiologique spontanée.

◆ **Éviter qu'il se refroidisse** est la deuxième nécessité. L'enfant arrive d'un milieu à température constante : 37 °C. Si sa température baissait trop, il aurait beaucoup de mal ensuite à mettre en route ses principales fonctions. Il a besoin de chaleur. C'est très important. Comme il arrive d'une bulle liquide, il est tout mouillé. Pour garder sa chaleur, il lui faut être essuyé et séché soigneusement sur le ventre de sa mère, puis couvert d'un drap et d'un lange secs. La mère est à la température idéale (37 °C) et sert de « matelas chauffant ». La couverture par-dessus empêche toute déperdition thermique.

Ces gestes tout bêtes, trop oubliés dans notre hypertechnique, constituent le meilleur moyen de garder un bébé au chaud dans les deux ou trois premières heures. L'habiller trop vite, c'est l'exposer au froid de l'air avant qu'il n'équilibre sa température. Et il faudra le couvrir beaucoup pour compenser. Les couveuses et les rampes chauffantes devraient être strictement réservées aux bébés malades dont on veut surveiller le rythme respiratoire et la couleur cutanée. Leur chaleur sèche fait perdre au nouveau-né une trop grande quantité d'eau et il se déshydrate vite, ce qui, là aussi, peut gêner son adaptation métabolique.

◆ **Couper le cordon** est la troisième nécessité. Quand la grossesse et l'accouchement se sont bien passés, si l'enfant est à terme, crie tout de suite, il n'y a aucune urgence à couper le cordon. On peut très bien laisser l'enfant sur le ventre de sa mère et attendre que le cordon ne batte plus, c'est-à-dire arrête sa fonction de relais entre le cœur du nouveau-né et le placenta.

Ce délai permet au cœur d'installer en quelques minutes son nouveau fonctionnement. Le circuit sanguin n'est pas le même avant et après la naissance. Une communication entre les deux oreillettes se ferme. Le sens du courant sanguin s'inverse dans le cœur droit. Toutes ces modifications ne sont pas instantanées. En maintenant le cordon ombilical tant qu'il bat, on favorise une meilleure oxygénation de l'enfant pendant ces minutes d'adaptation. Dès que le placenta commence à se décoller, il n'y a plus aucun passage de sang, donc d'oxygène, et on peut clamper le cordon.

Certains pédiatres préfèrent une ligature précoce du cordon, craignant une plus grande fréquence des ictères néonatals (la « jaunisse » des nouveau-nés). En effet, au cours des minutes qui suivent la naissance, les battements du cordon ramènent dans le corps de l'enfant une partie du sang qui circulait dans le placenta et les vaisseaux. Pendant les premiers jours, l'enfant va détruire une certaine quantité de globules rouges (et plus il y a de sang, plus il va détruire de globules !) pour arriver au chiffre normal d'après la naissance. Il y a moins de globules rouges sanguins dans les semaines qui suivent la naissance que dans les dernières semaines de la vie fœtale, c'est une adaptation normale. Le foie de l'enfant va épurer le sang de ces globules rouges détruits (et du pigment qu'ils ont libéré, la bilirubine) et en stocker les éléments utiles pour les semaines à venir, en particulier le fer. Les premiers jours, le foie ne fonctionne pas encore très bien, il est un peu débordé, d'où cet ictère, tout à fait physiologique et sans danger pour un enfant à terme et de poids normal. Je pense personnellement que cet ictère ne présente dans ce cas aucun risque, sinon une bien jolie coloration du bébé pendant quelques jours. Il est facile de surveiller la montée du taux de bilirubine, par sécurité, si l'ictère devient intense. En revanche, tout le fer ainsi stocké par le foie constitue une importante réserve et sert à la construction de nouveaux globules rouges pendant tous les premiers mois. Il y a moins d'anémie des nourrissons de quatre mois si l'on coupe tardivement le cordon.

◆ **Un rapide examen de l'enfant** par le médecin ou la sage-femme est nécessaire pour s'assurer que tout est normal : bons réflexes, peau normale, hanches et pieds en bonne position, respiration et battements cardiaques normaux. Tout cela ne prend que quelques instants et peut se faire – si on soulève la couverture – en laissant le bébé sur le ventre de sa mère et en dialoguant avec les parents, pleinement concernés par le résultat des différents tests.

Si tout est bien, si l'enfant s'adapte facilement, sans détresse, à la vie extra-utérine, plus rien n'est urgent. Il sera toujours temps, une heure ou deux plus tard, de le peser, de le mesurer, de prendre son tour de tête, sa température, de calculer les différents scores de maturation morphologique ou neurologique. Mieux vaut maintenant le laisser à sa mère, à ses parents. L'enfantement est un moment d'une extrême intensité, qui ne sera vécu par chaque femme que quelques rares fois dans la vie. Prenez le loisir de le vivre pleinement.

Il n'est pas facile pour le personnel de trouver le juste milieu entre les nécessités techniques qui font la sécurité, et un regard vrai sur l'événement unique et merveilleux qui se déroule. Il n'y a qu'un moyen, si tout va bien : ralentir les gestes techniques pour laisser place à la douceur et à l'harmonie.

◆ **Protéger la relation immédiate entre la mère et son bébé**

Maintenir la continuité de présence, de soins et d'amour entre eux, préserver leur « corps à corps », fait réapparaître la vraie dimension de l'allaitement maternel. Le nouveau-né, caressé, peau à peau contre sa mère dès les premières minutes (et à peu près toujours dans les deux premières heures de vie), va manifester son intérêt pour le sein. Il va soulever sa tête, la tourner, chercher avec ses lèvres, son nez. Son odorat le guide. Il cherche le mamelon. De ses mains libres, il s'appuie, cherche à ramper. Si sa mère lui parle doucement, il redouble d'ardeur dans sa recherche. Et pour mieux comprendre, se diriger, il va ouvrir les yeux, regarder intensément. Tous ses sens s'éveillent pour le conduire au sein. Le toucher, l'odorat, l'ouïe, la vue... pour enfin goûter ! Si on le place tout près, il va trouver le mamelon. Dès qu'il le sent sous ses lèvres, il ouvre tout grand la bouche, cherche à saisir, puis se met à téter. Calmement, vigoureusement. Il n'est pas besoin de l'aider. Pas besoin de lui mettre le mamelon dans la bouche. S'il le trouve seul, il saura recommencer. L'apprentissage est mémorisé, « engrammé ».

Ce réflexe de fouissement est plus qu'un réflexe. L'enfant sait faire, il est très actif, capable de se déplacer, de tourner sa tête en tous sens. Il a besoin d'être libre, de trouver tout seul. Après, il saura recommencer. Il saura téter.

Une étude réalisée dans un centre hospitalier suédois, à Malmö, et publiée pour la première fois en 1987, est particulièrement passionnante. L'idée de base était de regarder ce que font les nouveau-nés à terme, en bonne santé, si, après les avoir séchés rapidement à l'instant de leur naissance, sans les déplacer du ventre de leur mère, plus personne ne les touche, personne ne les guide, personne ne les aide. Pour que les résultats puissent être analysés de façon détaillée, ces bébés ont été filmés pendant deux heures environ.

On observe d'abord un temps de « récupération » où les bébés restent immobiles et relativement hypotoniques sur le ventre de leur mère, parfois les yeux ouverts, parfois non. Ce temps est très variable, une ou deux minutes pour certains, trente minutes pour d'autres, plus d'une heure pour quelques-uns.

Passé ce temps, tous spontanément se mettent en route. Ils commencent par sucer leur main, téter leur doigt, comme ils le faisaient *in utero*, puis, obéissant à un appel odorant puissant, ils abandonnent leur main pour ramper activement vers les seins. Ils remontent ainsi parfois de plusieurs dizaines de centimètres, cherchent à trouver le bon niveau, puis à se latéraliser. Sans aucune aide, ils soulèvent leur tête, se positionnent en face d'une aréole. Quand ils pensent être arrivés au but, ils ouvrent grand la bouche, sortent très visiblement leur langue... et se mettent à téter. Les échecs de ce parcours sont exceptionnels.

Ce que nous apprend cette étude, c'est l'incidence des gestes habituels sur la réussite des bébés. S'ils sont séparés de leur mère, ne serait-ce que quelques minutes, pour les peser et les habiller, certains « perdent le fil », ne savent plus où aller, que faire de leur langue, de leur main... Plus grave encore, les bébés qui ont eu une stimulation précoce de la bouche (sonde d'aspiration, exploration au doigt du palais) sont très souvent complètement bloqués quand on les ramène près du sein. Ils n'ont pas eu à se déplacer activement, ils ne savent plus où ils en sont. Le « programme » a été interrompu, ils ne savent le reprendre.

◆ Les gestes à faire ou à éviter

Toute personne ayant constaté une fois cette incroyable puissance d'un nouveau-né comprendra sans longues explications techniques les gestes à faire ou à éviter pour préserver cette première tétée.

◆ **Laisser l'enfant très près de sa mère**, le couvrir. Ne pas trop l'emmailloter pour qu'il puisse se déplacer. S'il fait trop froid pour le laisser complètement nu, dégager au moins les bras et les jambes pour qu'il sente les caresses et puisse se mouvoir.

◆ **Ne pas nettoyer les seins de la mère** avec un produit d'hygiène à odeur forte. Au maximum, les rincer doucement avec un peu d'eau stérile.

◆ **Laisser le bébé chercher librement.** Surtout ne jamais tenir la tête, ni la plaquer sur le sein. L'enfant se sentirait prisonnier, coincé, et aurait un violent mouvement de recul pour se dégager, qu'il garderait en mémoire pour une autre tentative !

◆ Quand il a trouvé le sein, **le laisser téter à sa guise**, quelques secondes ou plusieurs minutes. Il serait aberrant de vouloir limiter le temps, ou la quantité de colostrum, de ce premier repas.

◆ Même après un accouchement tout à fait naturel, certains nouveau-nés ne semblent pas intéressés par cette première tétée. Ils préfèrent dormir ou rester calmement éveillés contre leur mère. Pourquoi pas ? Il serait idiot de créer une nouvelle norme en voulant les obliger à téter, en cherchant à les stimuler. Laissons-les tranquilles. Ils se décideront tout seuls à réclamer, dans quelques minutes ou dans quelques heures... Et tout ira bien.

Les avantages médicaux de cette tétée précoce

Cette première tétée, dès que l'enfant en manifeste le désir, a été longuement détaillée dans les pages précédentes. Il paraît tout de même utile de reprendre clairement ce qui en fait l'indiscutable valeur médicale, tant pour la mère que pour l'enfant.
Quels sont donc les arguments physiologiques et biologiques de l'importance de la mise au sein précoce ?

Pour l'enfant

◆ **L'évolution dans le temps du réflexe de succion**
Comme l'avait très bien décrit Archavsky dès les années 1950, à la naissance et pendant les premières heures, le nouveau-né sait téter et trouve tout seul le mamelon. Après la sixième heure, ce réflexe diminue progressivement pour ne réapparaître vraiment efficace qu'après la quarante-huitième heure. Entre les deux, et surtout entre la douzième et la quarante-huitième heure, les mises au sein seront souvent beaucoup plus difficiles et donc éprouvantes pour la mère et pour l'enfant. Il y a statistiquement dix fois plus d'échecs de l'allaitement quand les premières mises au sein se passent mal ! Mieux vaut profiter du meilleur moment.
Des études plus récentes nous ont permis de comprendre que cette succion très performante des premières heures vient d'une capacité exceptionnelle d'éveil calme du bébé. Pour naître, il inonde son sang de catécholamines, hormones de l'éveil et de la puissance physique. C'est d'emblée qu'il est le plus apte à réussir : il ne devrait donc être ni dérangé ni éloigné de sa mère.

◆ **Le nouveau-né est grand consommateur d'énergie**
Deuxième argument, tout aussi important : dès la section du cordon, il va consommer une grande quantité d'énergie pour maintenir son équilibre thermique (donc sa température à 37 °C) et pour le fonctionnement normal de ses différents organes. Cette énergie, il la trouve dans la combustion du glucose sanguin, lui-même provenant du glycogène hépatique et dans la combustion des graisses de réserve qu'il est capable de libérer et d'utiliser.
Dans certaines situations pathologiques aisément repérables (prématurité, post-maturité, retard de croissance intra-utérin, souffrance fœtale ou périnatale, enfant de mère diabétique), ce stock de glycogène peut être très faible ou nul. Une surveillance médicale stricte du taux de glucose sanguin et des

apports nutritionnels (alimentation ou perfusion) est alors indispensable. D'où des consignes strictes d'horaires et de rations.

Mais les autres bébés, ceux qui naissent à terme, avec un poids normal, au décours d'un accouchement où ils n'ont pas souffert, ont tout loisir d'aller quand ils le voudront, aussi souvent qu'ils le voudront, fignoler leur apprentissage de bouche, en prenant chaque fois quelques centilitres du précieux colostrum.

✦ Le colostrum maternel contient 32 g/l de lactose. En plus, il contient 23 g/l de gynolactose, ensemble complexe de sucres immédiatement utilisables par le nouveau-né. L'apport de sucres, donc d'énergie, est très bon. Si le bébé ne boit que du colostrum, il pourra utiliser les graisses de réserve. Il faut bien savoir que la lipolyse (capacité d'aller chercher des lipides pour fournir de l'énergie) est immédiatement bloquée si le bébé boit un aliment trop riche en sucre : lait artificiel ou eau sucrée.

✦ Beaucoup plus important, vous l'avez vu au chapitre 3, le colostrum est un merveilleux « économiseur d'énergie ». L'eau liée aux protéines reste dans l'organisme : le bébé perd moins d'eau, donc moins de chaleur, donc moins de calories. Et puis les matériaux de construction de la matière vivante arrivent prêts à l'emploi. Il n'y a qu'une transformation intestinale ou hépatique minime avant d'incorporer ces aliments dans les cellules en construction. Là encore, cela permet toute l'économie en énergie de la digestion, de la transformation et de la reconstruction.

Ces deux mécanismes permettent de comprendre pourquoi l'hypoglycémie des bébés à terme nourris au sein est plus que rarissime. À volume égal, 10 ou 20 g par exemple, il n'y a aucun risque d'hypoglycémie avec le colostrum, alors qu'il pourrait y en avoir avec les laits artificiels.

✦ L'intestin du nouveau-né est encombré de méconium

Troisième argument : ce volumineux tas de sécrétions, les premières selles de l'enfant, noirâtres, épaisses, visqueuses, très difficiles à éliminer, s'est formé tout au long de la vie intra-utérine à partir des sécrétions et du renouvellement des cellules de la muqueuse intestinale. Le colostrum est un excellent laxatif. Il favorise la motricité intestinale, donc l'expulsion du méconium. Du coup, le transit intestinal démarre du haut en bas du tube digestif, et l'estomac de l'enfant se vide des glaires qui pourraient encore l'encombrer, diminuant au maximum tout risque de régurgitation et d'étouffement par ces sécrétions.

✦ Le nouveau-né a tendance à perdre son eau

Quatrième argument : brutalement transposé d'un milieu aqueux où il baignait totalement à un milieu aérien, il a tendance à se dessécher, à perdre son eau car la peau n'est pas une barrière efficace. Le colostrum est très riche en protéines et en sels minéraux. Ceux-ci, ingérés pendant la tétée, après avoir servi dans le tube digestif à l'élimination du méconium, passent dans le sang et vont très efficacement retenir l'eau de l'organisme. Donc, l'enfant s'adaptera mieux à sa nouvelle vie à l'air libre et, en particulier, il perdra beaucoup moins de poids.

◆ **Le colostrum est riche en éléments de défense**
Cinquième argument : l'incomparable richesse du colostrum des premières heures en éléments de défense contre les infections en fait toute la valeur.
Dès sa naissance, l'enfant va être soumis à une véritable inondation microbienne. Dans l'air qu'il respire, sur les mains des gens qui le touchent (mais oui, même bien lavées !), sur les draps sur lesquels on le pose. Partout il va en rencontrer. Le colostrum avalé le plus tôt possible va protéger son tube digestif. Toutes les cellules immunitaires se chargent de l'élimination des différents microbes. Les immunoglobulines, et en particulier les IgA, vont réaliser une véritable barrière antimicrobienne sur la muqueuse intestinale. Certains médecins, comme le professeur Lestradet, pensent qu'un nouveau-né qui « avale un peu de travers » ce premier colostrum protège sa muqueuse bronchique et pulmonaire par la même barrière d'immunoglobulines A. Il serait aberrant de retarder inutilement l'installation d'une protection aussi efficace. L'enfant en a besoin dès sa naissance.
Tous ces arguments illustrent bien la parfaite adaptation du colostrum, ce lait des premiers jours, aux besoins de l'enfant. Aucun lait artificiel ne se rapproche, même de loin, de ces remarquables propriétés. Le colostrum est inimitable... et inimité ! Ses propriétés sont telles que certains médecins préconisent même de faire téter deux ou trois fois le premier jour, à titre de « médicament », les enfants que leur mère ne désire pas allaiter.

Pour la mère

Dès que l'enfant trouve le sein et se met à téter, la succion du mamelon déclenche chez sa mère, par un phénomène réflexe, une importante activité hypothalamo-hypophysaire et la mise en route de la sécrétion des deux principales hormones de la lactation.

◆ **La mise au sein précoce favorise la montée laiteuse**
La prolactine est l'hormone qui fait sécréter le lait et donc va mettre en route tout le processus de la montée laiteuse. Plus l'enfant tétera, plus sa mère aura du lait. Plus l'enfant tétera tôt, plus sa mère aura rapidement du lait pour répondre à sa demande. On pourrait presque dire que c'est l'enfant qui fabrique le lait par sa succion. La mère a besoin que son enfant suce le sein pour mettre en route sa lactation, comme elle aura besoin qu'il tète souvent pour l'entretenir.

◆ **La mise au sein précoce favorise la délivrance**
L'ocytocine est l'hormone de l'excrétion, de la « vidange ». Au niveau des seins, le lait fabriqué sous la stimulation de la prolactine remplit les acini. L'ocytocine provoque la contraction de ces acini et, donc, le lait va se mettre à couler pour satisfaire l'appel de l'enfant. L'ocytocine fait contracter aussi l'utérus. Si l'enfant tète dès les premières minutes de vie, la succion va favoriser l'élimination spontanée du placenta. Les anciennes sages-femmes le savaient bien qui, malgré les tabous de l'époque, faisaient téter les nouveau-nés si la délivrance placentaire tardait ou paraissait incomplète.
Après l'expulsion du placenta, l'ocytocine renforce les contractions utérines. L'utérus se vide du sang et des débris qui l'encombrent et reprend beaucoup plus vite sa place et son volume normal. Faire téter le nouveau-né peut être un excellent moyen d'arrêter une hémorragie utérine, moyen aussi efficace et rapide que l'injection intramusculaire ou intraveineuse d'ocytocine synthétique. Les médecins ou sages-femmes le font dans tous les pays du tiers-monde... nous l'avons oublié.

Les mises au sein très précoces ont donc, grâce à l'ocytocine, un double rôle préventif réel pour la mère :
– prévention des hémorragies de la délivrance ;
– prévention des engorgements mammaires.

En contrepartie de ces multiples avantages, tout à fait incontestables, les mises au sein précoces n'ont qu'un seul inconvénient : retarder un peu l'heure du repos pour la mère (et pour le personnel soignant).
Pour la mère, en fait, le problème ne se pose pas. Même si l'accouchement a été un peu long et difficile, l'intensité physique et affective de ce qu'elle a vécu la laisse souvent dans une grande surexcitation. Accueillir doucement son bébé, le faire téter, prendre le temps du calme, des retrouvailles, l'aidera à apaiser cette grande émotion. Quand l'enfant heureux, repu, s'endormira, sa mère sera prête, elle aussi, à se reposer et à s'endormir.

Premières tétées et naissances difficiles

L'accouchement naturel à terme est sûrement le prélude idéal à l'allaitement maternel. La mère et l'enfant sont en bonne santé, parfaitement réveillés, et peuvent se rencontrer dès les premiers instants.

Malheureusement, il n'en est pas toujours ainsi. Dans certains cas, l'accouchement va nécessiter des interventions médicamenteuses, et même une anesthésie générale de la mère. Parfois une césarienne. Certains enfants vont naître prématurément. D'autres vont présenter brutalement à la naissance une malformation ou un état de détresse que rien ne laissait prévoir. Il ne saurait être question alors de prendre le moindre risque. Seule l'équipe médicale obstétrico-pédiatrique pourra juger, pour chaque cas, ce qui est possible et ce qui ne l'est pas.

Je vais essayer de définir en quelques mots les principales situations et ce qui peut être envisagé.

Premier cas : l'enfant en détresse respiratoire ou neurologique

Un enfant en détresse est une urgence médicale vraie. Tant qu'il lutte pour respirer, ou tant que ses réflexes fondamentaux sont perturbés, il ne saurait être question de l'alimenter. Dans ces cas, en effet, les troubles de la déglutition sont fréquents, d'où un risque d'inhalation pulmonaire majeur. L'inhalation, c'est le passage dans les bronches et les poumons d'un liquide (liquide amniotique ou liquide de l'alimentation) qui étouffe l'enfant. Le danger est le même quel que soit le mode d'alimentation. Un enfant qui risque de présenter des troubles de la déglutition ne doit être nourri ni au sein ni au biberon, que ce soit d'eau ou de lait. Il faut d'abord corriger les troubles respiratoires ou neurologiques ; en attendant, surveiller la glycémie, et, si elle diminue, apporter du sérum en perfusion intraveineuse. Rien d'autre ne serait adapté.

Deuxième cas : l'enfant prématuré

Tous les tableaux cliniques existent entre l'enfant né presque à terme, à trente-six semaines environ, pesant plus de 2 kilos, et le grand prématuré de vingt-huit semaines, pesant moins de 1 kilo. Ces enfants présentent trois fragilités, trois dangers, d'autant plus aigus qu'ils sont nés plus tôt.

• Ils contrôlent très mal leur température et risquent de se refroidir énormément. C'est pour cette raison qu'ils sont classiquement mis d'emblée en incubateur.

• Ils ont encore moins de réserve en sucre que les enfants à terme et peuvent présenter des hypoglycémies sévères dès les premières heures.

• Ils sont extrêmement sensibles aux infections. Ces enfants nés avant terme ont donc encore plus que les autres besoin du lait de leur mère. Pourtant ils ne savent pas bien téter, et leur alimentation posera des problèmes.

S'ils ne présentent aucun trouble associé, et en particulier pas de détresse respiratoire, je crois qu'il est bon de les laisser avec leur mère, au moins quelques instants, en prenant toutes les précautions pour qu'ils ne se refroidissent pas. S'ils arrivent à téter, ils auront d'emblée les avantages du précieux colostrum ; et, s'ils n'y arrivent pas, leur présence contre leur mère est tout de même utile. Une femme qui a tenu son bébé dans ses bras, qui a pu le voir, le sentir, le caresser, avant son transfert dans l'unité de soins aux prématurés, aura davantage envie de l'allaiter, sera plus motivée pour tirer son lait et, d'ailleurs, aura plus de lait. Une mère qui n'a pu qu'apercevoir une silhouette au fond d'une couveuse aura plus de difficultés. Chaque fois que c'est possible, avant le transfert, il faut laisser l'enfant près de sa mère.

Troisième cas : l'enfant hypotrophique ou le retard de croissance intra-utérin

Ce sont les enfants qui naissent avec un poids très inférieur au poids moyen de leur âge gestationnel. Par exemple, les enfants à terme de moins de 2,5 kilos. Ce ne sont pas des prématurés. Pour eux, le risque le plus important est l'hypoglycémie, puisque, nous l'avons vu, ils n'ont pas de stock de glycogène. Généralement, ils contrôlent bien leur température et ne sont pas plus sensibles aux infections que les enfants de poids normal du même âge gestationnel. De plus, ils savent téter comme des enfants à terme, mais se fatiguent un peu plus vite.

Ces enfants ont besoin de téter, de téter vite, et de téter très souvent. Ils n'ont vraiment aucune réserve énergétique. Pour eux, les tétées précoces et répétées sont essentielles. Il ne faut pas craindre de les mettre au sein malgré leur petit poids.

Quatrième cas : les enfants endormis

Les médicaments analgésiques ou anesthésiques donnés à la mère pendant l'accouchement traversent le placenta et peuvent entraîner chez le nouveau-né une somnolence des premières heures. Il est vrai aussi que ces drogues passent dans le lait de la mère et peuvent prolonger un peu ce temps de sommeil après les premières tétées. Je pense que ce passage dans le lait ne doit pas être une contre-indication à l'allaitement. Le bébé tétera un peu plus quand il se réveillera et c'est tout. Il n'est pas urgent ni, au contraire, interdit de le mettre au sein. Il suffit d'attendre calmement qu'il réclame sa première tétée, à son rythme. Ne devront être réveillés à tout prix pour être nourris que les bébés présentant un autre facteur de risque associé : prématurité, retard de croissance, souffrance pendant l'accouchement, etc.

Cinquième cas : les enfants malformés

Il n'est pas possible de faire ici un tableau simple des différents cas cliniques. Seuls les médecins présents autour de l'enfant peuvent décider, en fonction du type de l'anomalie et des suites immédiates à prévoir (transfert, chirurgie, etc.), s'il est bon ou non de le laisser quelques instants près de ses parents. Je ne peux donner aucun avis général.

Sixième cas : la mère ayant subi une césarienne

La césarienne n'est pas du tout une contre-indication à l'allaitement, ni même à l'allaitement précoce. Tout dépend, en fait, de la cause qui a motivé cette intervention (et là, on retrouve les cas déjà cités : enfants en détresse, prématurés, enfants endormis) et de l'état de la mère.

S'il s'agit d'une césarienne pour des raisons mécaniques pures, si le nouveau-né va bien, sous péridurale comme dans la plupart des cas aujourd'hui, la mère est parfaitement réveillée et peut tenter une première mise au sein dès que la plaie abdominale est refermée. Elle peut accueillir son tout-petit « presque » comme après un accouchement normal. Si l'anesthésie a été générale, on peut le mettre au sein dès que sa mère est réveillée. On peut même, auparavant, le placer près d'elle pour qu'il sente son odeur, sa chaleur. Je connais de nombreuses femmes qui ont allaité leur bébé moins de trois heures après une césarienne. Au début, c'est confortable car l'analgésie de la péridurale agit encore. Ensuite, c'est un peu inconfortable, car la cicatrice abdominale est douloureuse. Le personnel soignant aura à soutenir mère et enfant pour les aider à trouver la meilleure position. Mais c'est possible.

Le type d'incision a aussi son importance. Il est beaucoup plus facile pour la mère de garder un bébé sur son estomac si elle a subi une incision horizontale basse, ce qui est aujourd'hui la règle. Les incisions verticales de l'ombilic au pubis ne permettent pas toujours à la mère de supporter le poids du bébé. Il est bon de les éviter pour une femme qui désire allaiter.

Si les tétées précoces sont possibles, le taux de réussite des allaitements est exactement le même que pour les accouchements naturels sans problèmes.

Dans les jours qui suivent la césarienne, la mère recevra probablement plusieurs doses d'antalgiques. À priori, cela ne pose aucun problème pour l'allaitement. Le paracétamol et les dérivés morphiniques, s'ils sont répartis régulièrement sur la journée (en particulier dans les perfusions lentes ou les auto-injections à la pompe), n'ont aucune incidence sur le comportement de l'enfant.

Septième cas : les mères ayant une pathologie de la grossesse

Les nouveau-nés de mères souffrant de pathologies telles qu'un diabète, une néphropathie, sont presque toujours extrêmement fragiles, associant prématurité, hypotrophie ou hypertrophie pathologiques. Ils nécessitent des soins urgents spécialisés qui ne seront pas compatibles avec l'accueil tendre que j'ai décrit. Leur sécurité prime tout autre objectif.

Après toutes ces naissances difficiles, la tendance est de « protéger » la mère. Et, pendant plusieurs jours, on n'ose pas parler d'allaitement. Ce n'est pas la bonne solution. Tous ces enfants à haut risque ont besoin de lait maternel.

Si leur mère veut allaiter, veut avoir du lait, là encore, plus elle commencera tôt à stimuler sa lactation, plus elle le fera souvent, plus vite elle aura la quantité de lait nécessaire pour son enfant. Une femme qui arrive à fournir rapidement et efficacement du lait pour son bébé transféré se sent utile, est plus proche de lui. Psychologiquement, c'est très important. C'est une façon de recréer un puissant lien mère-enfant.

Françoise Loux, qui tirait son lait pour un bébé grand prématuré en détresse respiratoire, sous respirateur artificiel, a écrit :

Telle une grosse bête, au bout du compte apaisante, la machine inspire et souffle près de moi, inspire et souffle.
Le lait passe par saccades dans le biberon en verre. Il y en a un peu cette fois. Je me sens bien, ensommeillée, détendue. Je pense à toi, mon Valentin, toi aussi attaché à ta machine qui elle aussi inspire et souffle, inspire et souffle. Pour toi, la machine est vitale, tu ne peux encore t'en séparer. Pour moi, est-ce tellement différent ? J'ai besoin de « tirer le lait » à ces rythmes réguliers qui me ramènent à toi, qui me calment et mettent en moi l'espoir...
Un espoir fou m'a traversée, celui qu'en continuant à entretenir en moi le lait, j'attendrai le moment des retrouvailles, le moment où je pourrai enfin allaiter mon enfant. Espoir démentiel... Un mois... deux mois... Je n'osais en parler. C'était encore plus fou que l'espérance de vie non encore formulable. Cela s'est pourtant réalisé, à sa sortie de couveuse, au bout de deux mois et demi. Personne n'y croyait. Lui et moi, si !

D'amour et de lait, Cahiers du Nouveau-né,
Stock, Paris, 1983

CHAPITRE VI

Le séjour hospitalier
ou la mise en route
de l'allaitement

Une fois le bébé né, j'ai senti en moi une sorte de légèreté spiri-tuelle, comme un soupir de soulagement, une exaltation que seules créent la naissance et la mort... Je me sentais vraiment bien... Je m'arrêtais pour regarder Philippe. Je formais des pen-sées de bienvenue pour lui : « Porte-toi bien... Tout va bien... Hé, tu sais que tu as un nez très mignon et que je suis heureux que tu sois parmi nous. » Puis je me suis senti à court d'idées et de conversation et je suis rentré à la maison pour nourrir mes deux filles, leur raconter qu'elles avaient un petit frère... et m'écrouler.

Un père cité par C. Milinaire, *Naissance*, Albin Michel, 1977

Le séjour hospitalier est une période étonnante, pas toujours aussi facile et joyeuse que le laissent prévoir les manuels. L'enfant est né, sa mère vient de vivre un des plus violents et des plus beaux moments de son existence. Mais elle retrouve la fatigue, l'envie de dormir, un corps endolori.

Il y a le bonheur de faire connaissance avec l'enfant nouveau-né, mais aussi un vague sentiment de dépossession, de perte, de corps vidé, les blue feelings (sentiments bleus des Anglais) souvent très forts vers le troisième-quatrième jour, quand s'apaise la grande vague émotive de la naissance.

Il y aura la fierté de présenter l'enfant aux parents et amis. Mais aussi les visites multiples, les soins dans les chambres, les moments de gêne ou d'envahissement... et les durs moments de solitude.

Enfin, il y a l'envie immense d'allaiter l'enfant, de réussir cette relation, mais aussi les premières difficultés, l'enfant qui tète mal, les seins un peu douloureux, parfois la gêne de nourrir devant des inconnus, la peur de mal faire.

Le personnel soignant doit jouer un triple rôle : rôle de soins, bien sûr, mais aussi rôle d'accueil et rôle d'information pour permettre d'aplanir les difficultés et préparer les semaines et les mois à venir.

Les parents qui savent ce qu'ils veulent, et pourquoi ils le veulent, clairs mais jamais agressifs, n'auront aucune peine à obtenir tranquillement les aménagements d'horaires ou de rituels qu'ils demandent. On ne pourra leur opposer ni fausses théories ni recettes arbitraires. Cela vaut la peine de bien s'informer.

Une nécessité au début : l'allaitement à chaque éveil du bébé

Une très bonne technique de succion du bébé est la base d'un allaitement réussi. C'est le seul moyen de respecter totalement la physiologie de la lactation, d'éviter les difficultés et de répondre réellement aux besoins de l'enfant. Pour l'acquérir, le nouveau-né a besoin d'être dans les meilleures conditions. Cela nécessite qu'il ne pleure pas. Dans un allaitement paisible, l'enfant demande, cherche et trouve le sein, déclenche la lactation. Le corps de la mère lui répond.

Les objectifs de l'allaitement

◆ Aider l'enfant à trouver son rythme de faim et de sommeil et à s'adapter doucement à son nouveau mode actif d'alimentation. Pendant toute la vie intra-utérine, il était nourri passivement par l'intermédiaire du cordon ombilical et du placenta, et cette alimentation, à partir du sang de sa mère, était constante, permanente.

Maintenant, il va falloir qu'il se nourrisse activement, qu'il reconnaisse sa faim, qu'il tète… Bousculé par son rythme profond qui le réveille et l'endort, le réveille à nouveau, il lui faudra plusieurs semaines pour faire la différence entre être réveillé et avoir faim, s'endormir et être rassasié. Il confond les deux signaux, son entourage aussi. S'il dort paisiblement, rien ne permet d'affirmer qu'il est repu. S'il pleure longuement, il a peut-être faim, mais aussi peut-être assez mangé… C'est tout un rythme à trouver, et ce n'est pas facile.

Au début, certains bébés mangent beaucoup, pleurent toutes les heures, d'autres dorment calmement. Quelques-uns, plus rares, restent éveillés de longues minutes sans rien réclamer. Question de tempérament beaucoup plus que de besoins différents. Si on les laisse trouver leur rythme librement, sans craindre au moindre appel une fringale dangereuse, au bout de quelques semaines, ils ont tous le même horaire. Pourquoi vouloir les régler d'emblée ?

◆ **Apprendre à la mère à reconnaître et à satisfaire les besoins de l'enfant.** Pour elle, l'apprentissage sera d'autant plus facile que son bébé est calme et pleure rarement. Un bébé qui se réveille souvent les premiers jours – surtout hélas les premières nuits – laisse trop souvent croire à sa maman qu'il a très faim et que le colostrum trouvé dans les seins ne peut le satisfaire. C'est faux, mais c'est un rude passage à négocier…

Petit à petit, la maman comprend les appels de faim et ceux d'une autre origine. Elle reconnaît le rythme propre de ce bébé, bon dormeur ou tonique présence…

En pratique, comment cela se passe-t-il ?

◆ **Quels sont les signes d'appel ?**

- Nous l'avons dit : pendant les premières semaines il est essentiel de ne pas attendre systématiquement des pleurs vigoureux du bébé. Il convient, au contraire, de le nourrir chaque fois qu'il s'éveille et en manifeste le désir.

- Et ce désir est facile à reconnaître : le bébé, sans pleurer, cherche le sein, tourne sa tête, la soulève s'il est couché dans son berceau et sent avec son nez et ses lèvres le drap sur lequel il est posé ou les bras de sa mère qui le porte. Il tire la langue, suçotte sa langue ou ce qu'il trouve à portée de lèvres. C'est un bon signe qu'il est prêt à téter.

◆ **Comment répondre à cette demande ?**

Si le nouveau-né va très bien, le plus simplement du monde :

- Lui donner le sein quand il réclame et qu'il est visiblement prêt. C'est lui qui fixe le nombre et l'heure des tétées, pas l'horloge.
- Le laisser téter autant qu'il en a envie. Ne pas imposer une durée limite. Et, surtout, le laisser manger la quantité qu'il désire. **Inutile de chercher à savoir ce qu'il prend.** Inutile aussi de le forcer à continuer quand il décide qu'il a assez pris.

L'application de ces bases réclame un peu de bon sens. L'allaitement à la demande n'est pas l'anarchie totale où mère et enfant se retrouvent épuisés au bout de quelques jours.

- Ne pas diriger ses mouvements. Comme pour la première tétée, il vaut mieux qu'il se débrouille seul, la tête libre. Il doit ouvrir la bouche tout seul. Le rôle de sa mère consiste seulement à lui présenter le mamelon et à veiller à ce que sa tête soit défléchie vers l'arrière, et son menton collé au sein pour que son nez soit bien dégagé.

◆ **Faut-il le réveiller ?**

◆ Réveiller toutes les 3 heures, peser avant et après les tétées pour compter ce qu'il a pris, ne peut se concevoir que pour un bébé prématuré ou malade, donc sur indication précise du médecin.

Il est important de repérer d'emblée les quelques bébés qui auront besoin d'être stimulés, réveillés, car leur capacité d'éveil spontanée est encore trop faible. C'est le cas des bébés nés avant terme. Plus la naissance survient à distance des quarante et une semaines de gestation, plus la capacité d'éveil du bébé est faible.

Certains bébés nés à terme mais de trop petit poids, ou après une anesthésie maternelle, ou ayant subi une souffrance lors de l'enfantement, peuvent aussi laisser passer des signaux de faim ou téter sans vigueur. Il faudra les assister quelques jours. Quant aux autres, les tout dodus bien à terme, on peut leur faire confiance !

◆ Un enfant qui dort calmement, bien repu, n'a jamais à être réveillé, même s'il dort cinq, six heures ou même plus. L'erreur classique est de vouloir imposer cet horaire jour-nuit beaucoup trop tôt, dès les premiers jours de vie, à un moment où le bébé est encore rigoureusement incapable de faire la différence. Il est vrai que la plupart des nouveau-nés dorment comme des anges en fin de matinée et en début d'après-midi (après le bain, disent les mamans), mais passent un long moment vigoureusement agités en fin de soirée et en première partie de nuit. Horaire normal de nouveau-né...

◆ Le nombre de tétées quotidiennes est très variable d'un enfant à l'autre, et, pour le même enfant, d'un jour à l'autre. Il nous faut oublier les six tétées par jour à trois heures d'intervalle de la médecine traditionnelle. Ce sont des chiffres tout à fait arbitraires qui n'ont aucun support scientifique. La réalité est tout autre : en moyenne, les nouveau-nés demandent sept ou huit tétées par 24 heures, voire dix ou douze. Le nombre de tétées est choisi par l'enfant en fonction de critères que nous ne contrôlons pas : la soif, la capacité de production de la mère pour chaque tétée, les besoins de la thermorégulation, la perte d'eau, le nombre de ses éveils... et son besoin, son désir immense, permanent dès qu'il s'éveille, de retrouver sa mère, les bras arrondis, l'odeur et la chaleur d'un corps humain, toute la sécurité de sa vie utérine qui lui est donnée par les bras autant que par le lait.

◆ La durée des tétées sera aussi très souple. Il n'y aurait aucune contre-indication, aucun risque pour l'enfant à le laisser téter des heures. Le problème vient de sa mère : degré de fatigue et état des seins. Pour éviter tout ennui (c'est-à-dire des crevasses et une mère épuisée), l'idéal est de vérifier que le bébé est chaque fois en très bonne position, de varier ces positions d'une tétée à l'autre, et surtout que la maman somnole ou dorme pendant que son bébé tète. Il n'y a aucun risque, contrairement à ce que l'on a trop raconté. Aucune mère n'a jamais étouffé son bébé en dormant. Ce qui peut arriver, c'est une maman plus en forme. Notion particulièrement utile pour celles dont le bébé réclame tout le temps...

Le contrôle de l'alimentation et du développement du nouveau-né

Dans un allaitement à la demande, la réponse est toujours de regarder l'enfant, pas de chercher des chiffres ou des courbes de poids.

◆ Le comportement du nouveau-né

C'est le signe le plus important. Un enfant qui a bien tété s'assoupit, totalement détendu, les doigts étalés. Il est tout rose, dort paisiblement. Il va peut-être dormir cinq ou six heures d'affilée, peut-être se remettre à hurler au bout de vingt minutes ; tout dépend de sa capacité à enchaîner des cycles de sommeil. Un bébé qui sommeille ainsi calmement est « comblé », « repu », mais... du plaisir qu'il a pris en tétant ! Le volume réel ingéré ou la ration énergétique qu'il y a trouvée n'entrent pour rien ou presque dans son apaisement.

◆ Le rythme de la tétée

Lorsqu'un allaitement se passe bien, le bébé tète avidement à peu près sans s'arrêter. C'est ainsi que, pendant les premiers jours, on peut contrôler la qualité de la tétée et la quantité de lait dans les seins de la mère. Le bébé tète sans s'arrêter, déglutit régulièrement : plus le lait est abondant et plus les mouvements de déglutition sont rapprochés. Au début de la tétée, il déglutit à chaque mouvement de succion. Si le bébé tète goulûment et ne déglutit qu'au bout de trois ou quatre mouvements de succion, il trouve probablement encore peu de lait (mais il faut qu'il tète si l'on veut stimuler la montée laiteuse).

Enfin, si la lactation est abondante, quand le bébé repu s'arrête de téter, il reste du lait dans les seins de sa mère, ce qui est facile à contrôler par une petite pression manuelle.

◆ La fréquence des selles et des urines

C'est un bon indicateur. Plus un bébé boit de lait, plus il a de l'eau à éliminer après avoir absorbé ses tétées. En sens inverse, un bébé qui mouille peu ses couches, qui a peu de selles, économise l'eau, donc, à priori, en reçoit peu dans son alimentation. C'est un principe tout bête que nous avons totalement désappris.

Les pédiatres de maternité sont souvent harcelés de demandes de mères ou d'aides-puéricultrices pour des enfants diarrhéiques ou constipés. Il peut exister, bien sûr, des diarrhées infectieuses vraies du nouveau-né ; mais elles sont rares, et d'autant plus que l'enfant est au sein, donc protégé par le colostrum maternel.

Très souvent, ce que l'on croit être une diarrhée n'est que la manifestation, tout à fait normale, d'une très bonne alimentation. Le nombre de selles d'un enfant au sein qui trouve abondamment du lait peut aller de quatre à huit par vingt-quatre heures. Elles sont jaune d'or, d'odeur aigrelette, verdissent parfois un peu à l'air du fait de la présence de pigments biliaires.

Surtout elles sont granuleuses, assez liquides, et parfois totalement liquides. Il ne saurait être question de parler de diarrhée même devant six à huit selles liquides par vingt-quatre heures tant que la courbe de poids du bébé est normalement ascendante.

À l'inverse, la constipation est une terreur des mères et du personnel des maternités. Autant il est essentiel de surveiller les premières selles, donc l'élimination du premier méconium dans les quarante-huit premières heures, autant par la suite les femmes devraient se libérer de cette obsession. Tant que les couches sont souvent mouillées et qu'il y a des selles chaque jour, inutile de compter.

Après la fin du premier mois, certains bébés au sein ont très peu de selles parce que le lait maternel est entièrement absorbé. Ils poussent normalement, sans problème, même avec une ou deux selles par semaine, voire moins. Il faut absolument les laisser tranquilles. On ne devrait parler de constipation que devant des signes pathologiques vrais : selles très dures, impossibles à éliminer, abdomen ballonné, tendu, douloureux.

Il y a sûrement beaucoup moins de pathologies digestives des tout-petits qu'on ne le croit classiquement. En revanche, à vouloir trop surveiller, obtenir au moins une selle par jour (l'emploi des suppositoires à la glycérine et les stimulations anales par le thermomètre sont à proscrire formellement), on détruit sûrement l'équilibre intestinal des tout-petits, donc leur avenir digestif.

◆ La pesée quotidienne

C'est le dernier élément pour surveiller l'alimentation d'un bébé. Il peut paraître curieux de placer la pesée en dernier, pourtant c'est effectivement le signe le moins important, tout juste un excellent moyen de se rassurer.

Une courbe de poids ne peut s'interpréter que dans la durée. Sur une semaine, par exemple. Jour après jour, en fonction du moment des selles, des urines, en fonction aussi du taux d'erreur des balances, une variation de 10 à 50 grammes n'a aucune importance.

Si l'on tient à peser l'enfant, ne jamais le faire avant et après la tétée, mais sur la même balance et à peu près à la même heure chaque jour. Autrement, les erreurs sont énormes.

Un bébé peut ne pas grossir pendant trois jours, puis prendre brutalement 80 grammes dans une seule journée. De même, un bébé qui grossit bien peut perdre brutalement 100 grammes un jour, puis les reprendre le lendemain. Ces variations n'ont aucune signification pathologique. **Seule compte** l'allure générale de la courbe au bout de cinq à six jours, donc **la prise de poids moyenne**.

◆ **Quelle est la courbe de poids normale d'un bébé ?** Dans leur adaptation à la vie aérienne, tous les bébés ou presque perdent du poids les premiers jours. Cette chute, plus ou moins brutale, traduit deux réalités : la sortie du méconium (150 à 200 grammes) et la perte d'eau du corps qui se « dessèche » hors de l'utérus. C'est donc normal. La chute se fait parfois en un temps (courbe en V profond), parfois en deux

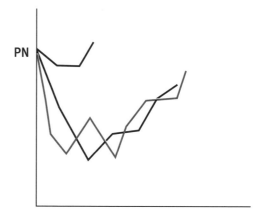

temps (courbe en W). La perte peut être presque invisible, avec reprise d'une courbe ascendante dès les premiers jours.

Il nous faut enfin rappeler que la première cause de courbe de poids lente ou de stagnation pondérale est la limitation arbitraire du nombre et de la durée des tétées. Laissons-les téter à leur guise et tout ira mieux.

L'adaptation de la lactation et des seins

Elle est automatique, liée au rythme des tétées et à la qualité de la succion de l'enfant. Pourtant, ce n'est pas toujours très simple pendant les premiers jours, d'autant plus que la mère est fatiguée, angoissée, et le sera d'autant plus que c'est peut-être son premier enfant et qu'elle a peur de ne pas réussir son allaitement.

En pratique, quels sont les seuls signes à ne pas laisser passer pour ne prendre aucun risque ? Quels sont les « clignotants d'alarme » ?

◆ **Premier signe important** : un bébé en bonne santé doit uriner pour la première fois avant vingt-quatre à trente-six heures. *Les nouveau-nés urinent souvent en salle d'accouchement dans les premières minutes. Cela suffit.*

◆ **Deuxième signe** : le premier méconium doit être éliminé dans les quarante-huit premières heures. Tout retard nécessite un examen pédiatrique urgent.

◆ **Troisième signe** : une perte de poids des premiers jours supérieure à 10 % doit attirer l'attention et amener à revoir la qualité de l'alimentation. Mais sans pour cela s'affoler et présenter d'emblée des biberons de complément. À trois jours, la lactation n'est pas encore vraiment établie. Il faut la stimuler, donc faire téter le bébé souvent, et surveiller le poids les jours qui suivent.

◆ **Quatrième signe** : une chute de poids déjà profonde de 10 % les deux premiers jours et qui se prolonge en descente le troisième et le quatrième jour doit être prise en compte. L'examen du bébé, le contrôle de sa technique de bouche, la stimulation complémentaire des seins de sa mère sont souvent utiles.

◆ **Cinquième signe** : un poids de naissance non repris à quinze jours, avec courbe de poids plate, stationnaire, est aussi une indication de consultation pédiatrique sans trop tarder.

◆ **Sixième signe** : une perte de poids brutale de près de 10 % du poids du corps sur une courbe jusque-là correcte est aussi du ressort du pédiatre. Le plus souvent, il s'agit d'un cas bénin : l'enfant n'a pas assez bu et a eu trop chaud. Il faut s'en assurer.

Un bébé ne prend jamais « trop »

Il n'y a pas d'autres signes d'alarme grave. En particulier, **il n'y a pas de risques par excès.** Un nouveau-né au sein qui boit très bien et a les premiers temps une courbe de poids presque verticale ne se prépare jamais une obésité catastrophique. Il est hors de question de le rationner, de limiter les tétées. Les vrais bébés obèses, cela se crée de toutes pièces, avec des farines, des laits en poudre, et en les forçant à manger.

Il est vrai que la courbe de poids des bébés au sein est statistiquement plus rapide pendant les six premiers mois que celle des bébés au lait artificiel, mais elle s'inverse ensuite. Ils sont donc plus gros au début et plus minces à un an. Il n'y a pas d'enfants, nourris librement au sein, qui soient obèses dans la deuxième année de vie ni plus tard. Laissez-les se nourrir à leur gré et trouver comment adapter leur prise alimentaire à leurs besoins.

Le début de la lactation

Pendant les derniers mois de grossesse et les premiers jours de la vie du bébé, les seins sécrètent du colostrum, épais liquide jaune orangé. Trois ou quatre jours après la naissance, le volume de lait augmente brutalement, le colostrum s'éclaircit progressivement et laisse la place en vingt jours environ au lait « mature » définitif. En allaitement précoce à la demande, la « montée laiteuse » n'est pas forcément intense. Les seins durcissent un peu, gardent un volume proche de celui de la fin de la grossesse. Le lait change peu à peu. C'est la solution idéale quand la mère est totalement détendue.

Plus souvent, vers le troisième jour, les seins durcissent, deviennent un peu douloureux. Avec les anciennes méthodes d'allaitement, donc les retards aux premières mises au sein, on voyait à ce stade de véritables engorgements graves avec douleur majeure et température : la « fièvre de lait » de nos grands-mères. Actuellement, cela doit pouvoir être évité.

Les difficultés de la montée laiteuse

◆ **Les engorgements**

Trois facteurs concourent à la création des engorgements :

• **Des tétées trop espacées, minutées.** Il faut laisser l'enfant téter aussi souvent qu'il le demande les premiers jours et les premières nuits. Aussi souvent que sa mère arrive à le supporter. Éviter les intervalles longs entre deux tétées. Si le bébé ne veut pas téter, la maman peut provoquer des flux en se massant les aréoles.

• **Les tétées moins fréquentes la nuit.** Nous avons tous, en milieu de nuit, un taux sanguin élevé de prolactine. La jeune mère aussi, et c'est au moment où la prolactine est la plus haute que la synthèse du lait est la plus active. Si le bébé ne prélève pas de lait à ce moment-là, le risque congestif est important. Mieux vaut donc faire téter le bébé en apprenant à se reposer et à dormir en même temps que de faire donner des biberons par une autre personne en laissant monter dans les seins une complication désagréable.

• **L'angoisse ou la peur de la mère,** la petite dépression des premiers jours, surtout, peuvent jouer un rôle sur l'engorgement, et cela est trop mal connu. La sécrétion d'ocytocine, donc de l'hormone qui fait « jaillir le lait », est très directement liée à l'état psychologique de la mère. Une émotion, une angoisse mal contrôlées peuvent ainsi bloquer l'excrétion du lait. Si l'excrétion ne peut se faire, il y a engorgement. Il faudrait donc arriver à créer un environnement tel que chaque femme puisse vivre les premières journées d'allaitement en sachant, par moments, lâcher prise et se détendre, malgré la nouveauté, le stress et l'environnement étranger de l'hopital. Il n'y aurait sans doute plus d'engorgement.

◆ **La montée laiteuse peut être tardive**

C'est rare lorsque l'enfant tète dès la naissance et de façon régulière pendant les premiers jours. Cela peut arriver, en particulier pour des femmes allaitant leur premier enfant. Les seins ne connaissent pas encore cette fonction nouvelle, mère et bébé ont tout à découvrir. Dans toutes les études publiées, il est indiscutable que le premier allaitement est le plus difficile. Mais pour une femme qui a tenu le coup, qui a allaité son premier enfant, les allaitements des suivants démarrent beaucoup plus simplement.

Il existe une cause médicale de retard de la lactogenèse de type 2 : c'est le démarrage des allaitements chez les mères diabétiques insulino-dépendantes. Le mécanisme de ce retard n'est pas encore élucidé. On sait que la montée de lait, au lieu de se produire entre 48 et 72 h, peut être retardée de 24 à 48 h, mais si le bébé tète efficacement, si on évite de le faire boire avec une tétine, tout se met en place normalement ensuite. Il ne saurait être question de parler de manque vrai de lait avant trois semaines d'un allaitement bien conduit. Il peut se passer huit, quinze, voire vingt et un jours, avant que la sécrétion de lait soit suffisante pour le bébé. En fait, si la mère ne se décourage pas et ne s'affole pas trop de ce retard, si l'enfant tète vigoureusement et régulièrement, la montée laiteuse finit presque toujours par se produire. Il faut être très patient... et donner à l'enfant quelques compléments (sans tétine) pour l'aider à bien démarrer malgré ce retard. C'est très facile. Nous verrons plus loin comment.

L'adaptation des mamelons

Les mamelons représentent une zone abondamment innervée, donc très sensible au toucher, à la pression. Le bébé qui tète correctement prend en bouche une large surface de l'aréole et la totalité du mamelon. Les premières fois, tout se passe bien.

◆ La sensibilité

Au bout de deux ou trois jours apparaît une grande sensibilité des mamelons. Elle témoigne, rappelez-vous, de la chute brutale de la progestérone. La douleur a tendance à augmenter de tétée en tétée pendant trois ou quatre jours, puis cède peu à peu. C'est très fréquent, assez inconfortable, mais il n'y a pas grand-chose à faire localement.

- Si nécessaire, un antalgique (paracétamol) pris par la maman une demi-heure avant les tétées calme la douleur, et ne présente aucun risque pour le bébé. On parle souvent à tort, dans ces cas, de crevasses ou de fissures, alors qu'il n'y a qu'une grande sensibilité et pas de lésions cutanées. Cette sensibilité ne dure guère plus de quelques jours. Si la mère a le courage de « tenir le coup », l'allaitement devient ensuite parfaitement indolore et confortable.
- Un des gros inconvénients de cette hypersensibilité, c'est qu'elle peut jouer un rôle dans l'apparition d'un engorgement. La mère a peur de mettre l'enfant au sein parce qu'elle a peur d'avoir mal. Du coup, elle se crispe, sa sécrétion d'ocytocine fléchit et l'excrétion du lait devient plus difficile. C'est un cercle vicieux à éviter.
- La préparation des seins pendant la grossesse, avec étirement fréquent des mamelons pour les habituer aux tractions, joue probablement un rôle pour s'habituer aux effets mécaniques de la succion, mais ne peut diminuer cette hypersensibilité des premiers jours. .

◆ La forme

La forme des mamelons n'a aucune importance pour la réussite d'un allaitement. Même des mamelons aplatis peuvent facilement être saisis par un bébé qui tète largement toute l'aréole du sein. Et le bébé forme en quelques jours des bouts de seins impeccables. Là encore, un peu de patience vaut bien toutes les méthodes que l'on peut avancer : téterelles, bouts de seins en verre ou en plastique. Répétons-le, tous ces artifices me paraissent absolument périmés. La bouche du bébé sera un bien meilleur « moule », vivant, que ceux que l'on peut inventer.

Il existe parfois des mamelons réellement creux, ou qui se creusent lorsqu'ils sont stimulés. Le risque, c'est que les canaux ainsi retournés « à l'envers » ne puissent laisser jaillir le lait. Il est donc important de faire pointer ces mamelons avant les tétées. C'est le plus souvent possible en appuyant avec deux doigts loin en arrière sur l'aréole et en faisant rouler entre les doigts de l'autre main le bout de mamelon que l'on a réussi à saisir. Lorsque ce geste ne suffit pas, une petite intervention chirurgicale peut être envisagée entre deux grossesses.

Les conditions d'un allaitement réussi

Pour promouvoir un allaitement maternel, le personnel travaillant dans les maternités joue un rôle fondamental. Dans une civilisation où tout est à réapprendre, il faut un guide, un appui pour retrouver les gestes. C'est le rôle de toute l'équipe de puériculture : auxiliaire de puériculture, sage-femme, puéricultrice et pédiatre. Ils ont, tous ensemble et avec des avis clairs et homogènes, à apporter deux types de soutien :

• Un appui technique et un rôle d'information pour aider les mères, les couples, à s'organiser dans leur nouvelle vie avec le bébé, résoudre leurs petits problèmes au fur et à mesure qu'ils se présentent, tout en restant très vigilants dans la surveillance du nouveau-né.

• Un appui psychologique, tout aussi important et trop souvent négligé : suivre pas à pas la relation mère-enfant qui s'établit à travers l'allaitement, encourager la mère en cas de défaillance, la rassurer, sans jamais la diriger.

Un certain nombre de conditions objectives favorisent l'allaitement maternel. Ce n'est pas en répétant aux femmes que leur lait appartient à leur enfant, que l'allaitement maternel est un devoir, qu'aujourd'hui on permettra aux femmes de choisir l'allaitement maternel si elles ne sont pas motivées au départ. C'est en les mettant dans des conditions telles que leur désir d'allaiter puisse se manifester et se réaliser librement et confortablement.

L'enfant doit être auprès de ses par.

Pour qu'une mère, un père se sentent bien avec un nouveau-né, pour réussir l'allaitement, plusieurs conditions sont importantes. Elles ont été définies par un comité d'experts de l'OMS, en 1991, sur la base d'études scientifiques solides et documentées. Ces « dix conditions » ont été mises en place dans plus de 15 000 maternités au monde, dans le programme que l'on appelle « Hôpital ami des bébés ».

◆ Le bébé reste près de ses parents

C'est la première condition fondamentale : qu'il soit dans la chambre de sa mère à l'hôpital, jour et nuit (sauf cas de fatigue exceptionnelle). La mère devient responsable de sa surveillance, de son bien-être. Elle apprend à le connaître, à repérer les signes d'éveil, les signes qu'il est prêt à téter. C'est elle qui décide du moment des mises au sein, de leur durée.

Matériellement, cela implique qu'il n'y ait pas de chambres à lits multiples (deux mères et deux nouveau-nés dans une chambre, c'est le maximum) et que la mère ne soit pas isolée, reléguée dans sa chambre. Les visites des parents, des amis, doivent être largement possibles. Chaque mère devrait pouvoir recevoir librement ses autres enfants. Un enfant de quatre ou cinq ans non enrhumé, en très bonne santé et correctement vacciné est-il vraiment beaucoup plus dangereux que le grand-père qui tousse depuis des mois ? Sûrement pas.

◆ La mère peut assister à tous les soins

Si le bébé est dans sa chambre, elle va pouvoir assister à tous les soins : changes, toilette, examen médical, pesées… Petit à petit, en présence d'une auxiliaire de puériculture, elle va apprendre tous les gestes nécessaires, les faire. Elle prépare ainsi le mieux possible son retour à la maison. Elle fait son apprentissage de mère. C'est extrêmement important. On ne devrait jamais laisser partir une jeune femme qui n'a jamais vu son bébé ou ne sait pas s'en occuper. Comment établir une bonne relation si elle se retrouve tout à coup seule avec un « inconnu » ?

◆ La mère est totalement libre de prendre son enfant

Elle doit pouvoir le toucher, le prendre dans ses bras, l'installer à côté d'elle de façon absolument libre. Il est inutile de maintenir les bébés dans des recoins vitrés où leur mère ne peut entrer, et dont on ne les sort qu'à l'heure des tétées. À quoi servirait de protéger l'enfant des microbes de sa mère ? Il va les rencontrer, comme ceux de toute la famille, vivre avec pendant de longues années. Les germes les plus dangereux sont ceux qui peuvent se transmettre d'une chambre à l'autre, d'un bébé à l'autre. Donc, le personnel soignant doit redoubler d'attention, se laver soigneusement les mains pour éviter toute contamination microbienne.

L'idéal, c'est une **aide très concrète quotidienne du personnel soignant**, la possibilité pour la mère de s'informer dans un dialogue vrai. Chaque jour, mère et auxiliaire de puériculture (appelée abusivement « nourrice » dans un certain nombre de maternités) devraient analyser la courbe de poids, discuter des mille et un petits problèmes qui peuvent se poser : une peau sèche, quelques selles un peu liquides, un bébé trop endormi, ou ictérique, ou qui sursaute, ou… Elles apprendraient l'une avec l'autre, et l'une par l'autre, à reconnaître le comportement de l'enfant, son rythme de faim et de sommeil, donc pourraient envisager la façon d'adapter ses besoins aux désirs et aux possibilités de la maman.

Un vrai appui technique pour démarrer l'allaitement

Proposer un tel appui suppose deux implications pour l'équipe soignante :

◆ **Ne pas laisser la mère seule pour les premières tétées**
Rester avec elle, l'accompagner pour toutes les mises au sein tant qu'elle ne se sent pas absolument confiante et techniquement « au point ». Il faut en moyenne quarante-huit heures à une jeune mère pour se sentir à l'aise dans l'alimentation de son nouveau-né. Pendant ces premiers jours, elle a besoin d'être soutenue, conseillée. C'est le rôle que remplissaient autrefois les grands-mères. Il est essentiel.

◆ **Enseigner les détails qui font le confort**

◆ Laisser la mère reconnaître les signes de faim de l'enfant et, donc, décider du moment de la mise au sein.

◆ **Veiller à l'environnement**, car la tétée doit être un moment de calme : pas trop de visites, surtout pas de gens porteurs d'histoires « vécues » anxiogènes qu'ils s'empressent de raconter (abcès, crevasses, manque de lait, etc.).

◆ **Bien installer la mère**. Les tétées représentent plusieurs heures par jour. La mère doit être confortablement installée, soit couchée sur le côté, son bébé allongé en face d'elle, soit assise, le dos bien appuyé sur un dossier ou des coussins, les genoux relevés au niveau du bassin, le bébé assis et, si possible, le coude appuyé.

Une tétée en position inconfortable n'est pas un drame bien sûr, et certaines femmes peuvent avoir envie de s'installer de façon plus personnelle. Mais une dizaine de fois par jour, pendant des semaines, aucun dos ne peut résister.

Il convient donc d'éviter des positions instables, prolongées, qui sont sources de contractures dorsales franchement douloureuses.

◆ **Bien installer l'enfant.** Un bébé bien installé a le visage face au sein de la mère, la bouche au niveau du mamelon, le corps parallèle à celui de sa mère. Il est assis ou allongé si elle est assise, couché le long d'elle si elle est allongée. Dans ces conditions, le bébé n'a aucune peine, en ouvrant grand la bouche, à happer non pas le mamelon mais toute l'aréole du sein. Ce qui permet une succion très efficace, et aussi une excellente prévention des crevasses pour la mère. C'est important.

◆ **Ne pas imposer des soins d'hygiène draconiens** des mamelons. Une douche quotidienne suffit. Inutile de faire quoi que ce soit avant les tétées. Tous les produits antiseptiques à odeur forte sont à proscrire formellement.

◆ Au moins pendant les premiers temps, tant que la lactation n'est pas bien établie, **faire téter l'enfant aux deux seins.** Le laisser téter complètement d'un côté, puis lui proposer un peu de lait de l'autre côté. La tétée suivante, commencer en sens inverse.

◆ Après la tétée, le bébé peut avoir besoin d'éliminer l'air qu'il a ingéré pendant la tétée. Pour cela, l'idéal est de l'installer le ventre appuyé contre l'épaule droite de sa mère ou de son père (donc, un peu penché à droite) et en avant. En lui tapotant doucement le dos, on obtient souvent un « petit rot » après quelques instants. Mais ce renvoi n'est, médicalement, pas indispensable. Si le bébé dort calmement, on peut toujours le recoucher, à condition de le mettre sur le côté. Dans ce cas, s'il régurgite un peu, il ne risquera pas de s'étouffer.

Éviter à tout prix les erreurs de technique contraires à la physiologie

◆ **Perturber les premières mises au sein**
La première erreur, bien sûr, nous l'avons dit et redit, c'est de retarder la première tétée. De même qu'imposer des durées strictes pour les tétées. Encore

plus grave, peser l'enfant avant et après les tétées a pour seul résultat de perturber et d'angoisser la maman. La pesée des tétées ne peut se concevoir que dans les services de prématurés pour suivre pas à pas les progrès d'un enfant très fragile.

◆ Introduire trop tôt des biberons de complément
L'habitude de donner des biberons d'eau sucrée ou de lait en attendant que se fasse la montée laiteuse est la deuxième erreur, une absurdité... En plus, c'est une absurdité dangereuse car la tétine facile à prendre et où le lait coule tout seul risque de fausser complètement le réflexe de succion du bébé, qui ne voudra plus prendre le sein.

Si, pendant les premiers jours et après une vraie tétée, l'enfant hurle sans pouvoir se calmer, ou si sa courbe de poids descend anormalement, il vaut mieux lui apporter un peu de lait à la cuillère ou à la tasse, ou au compte-gouttes, ou n'importe quel moyen autre que la tétine d'un biberon, afin de préserver au mieux la qualité de sa technique de langue. Si sa maman a pu recueillir un peu de son lait, il sera toujours donné en priorité. Il est inutile d'apporter une grande quantité de lait et de tenter par tous les moyens de rassasier l'enfant.

Les biberons de complément donnés à la légère sont le point de départ d'un engrenage tout à fait contraire à la réussite de l'allaitement.

Avec un biberon de complément, l'enfant tète trop facilement, s'habitue à mal sucer. Du coup, il tire moins bien sur les seins de sa mère. Donc la lactation diminue. Il trouve moins de lait dans les seins, ce qui lui déplaît, il se retourne alors vers la tétine, si facile à faire couler... et il ne veut plus entendre parler du mamelon. Si on essaye de le forcer, il hurle en se rejetant en arrière. J'ai vu ainsi des dizaines d'allaitements littéralement torpillés par des biberons de complément. Il faut absolument apprendre à s'en passer, et le plus longtemps possible.

◆ Apporter des réponses trop techniques
Troisième erreur : les services de maternité ont multiplié au cours des années les gadgets censés résoudre une partie des problèmes d'apprentissage des mères et des bébés. Malgré les vertus que leur prête volontiers le personnel soignant, leur efficacité réelle est fort contestable, leur effet pratique faible et leur effet psychologique désastreux. Après plusieurs jours, il est carrément négatif sur la lactation. Il est donc utile de bien les connaître pour... savoir les refuser ou ne les utiliser que sur de rares indications très précises.

◆ **Les coupelles d'allaitement.** Ce sont des petits récipients en forme de double demi-sphère, percés d'un orifice arrondi de 2 cm environ au centre de la sphère interne, que l'on place sur le mamelon, retenus par le soutien-gorge.

- But : recueillir le lait qui coule et provoquer passivement des flux d'éjection.
- Mauvaise utilisation : croire qu'ils peuvent donner une forme plus normale au bout de sein ; les laisser en place pendant des semaines sous prétexte que le lait déborde.
- Bonnes utilisations : recueillir le lait qui coule d'un sein quand le bébé tète de l'autre côté, pour le conserver au congélateur ou le donner à un lactarium ; faire couler les seins, même entre les tétées, pour prévenir un engorgement. Éviter les frottements sur un mamelon douloureux ou crevassé.

◆ **Les protège-mamelons en silicone.** Ce sont des sortes de « chapeaux » perforés qui se plaquent sur le bout de sein.
- But : faire écran entre le bout de sein et la bouche du bébé.
- Mauvaise utilisation : croire qu'ils facilitent la prise du bout de sein par le bébé – en fait celui-ci saisit parfois le silicone, mais l'aréole derrière n'est pas stimulée et le mamelon ne se met pas en érection. Quant à la bonne odeur d'aréole qui doit motiver le bébé, elle est totalement masquée. Leur utilisation pendant des semaines est une aberration.
- Bonne utilisation : exceptionnelle ! Lors d'une ou deux tétées, faire écran pour diminuer la douleur d'une crevasse lorsque ni le changement de position du bébé ni les antalgiques donnés à la mère ne semblent suffire.

◆ **Les tire-lait.** Il en existe de multiples modèles.
- But : malgré le nom qu'ils portent, leur but est de provoquer des flux d'éjection et non de « tirer », pomper passivement, le lait.
- Mauvaise utilisation : chercher à tirer, aspirer puissamment sur le bout de sein, au risque d'entraîner douleurs et déchirures cutanées qui bloqueraient toute éjection.
- Bonne utilisation : appliquer sur le sein de façon assez étanche (éventuellement en l'humidifiant), puis chercher l'allongement minimal de l'aréole et le rythme idéal pour « leurrer l'hypothalamus » et provoquer des flux.
- Indications bien précises : initier et entretenir une lactation lorsque le bébé ne peut s'en charger (prématuré, enfant transféré, exceptionnellement enfant trop endormi ou incompétent) ; provoquer volontairement un flux entre deux tétées pour recueillir du lait à offrir au lactarium le plus proche. Il s'agit là d'un geste d'entraide, tout aussi important que le don du sang ou le don d'organes pour sauver des vies humaines. Les prématurés et certains bébés très malades en ont absolument besoin.

La surveillance quotidienne des seins

Pendant les premiers jours d'un allaitement, il est indispensable de prévenir et dépister à temps les petites complications de démarrage. Il ne s'agit pas seulement de demander rapidement du pied du lit à la jeune mère si tout va bien. L'examen précis des seins est important : surveillance de l'apparition d'une tension mammaire douloureuse, état des mamelons. Si l'on intervient à temps, au premier signe douloureux, tout rentre dans l'ordre très vite.

◆ **Prévenir les crevasses**
La prévention est simple. J'en ai déjà cité un certain nombre de données.

◆ Ne pas décaper le mamelon et l'aréole.

◆ Se laver les mains avant chaque tétée.

◆ Faire téter l'enfant en très bonne position pour qu'il saisisse bien toute l'aréole du sein. Ainsi, les forces de traction s'exercent régulièrement sur une large surface et le bout du mamelon risque moins de se fissurer.

◆ Après la tétée, sécher très soigneusement le mamelon avec une compresse propre. L'idéal serait de laisser les seins à l'air et même, si possible, au soleil. Le soleil est un merveilleux cicatrisant. Toutes les femmes qui vivent nues au soleil n'ont presque jamais de crevasses. Un autre moyen de bien sécher le mamelon, à défaut de soleil, est l'air tiède soufflé (par un sèche-cheveux par exemple). Le mamelon sèche en profondeur, et macère donc très peu. Mais attention : trop dessécher fragilise.

◆ Éviter le frottement du mamelon sur un soutien-gorge dur, en fibres synthétiques, ou sur des vêtements râpeux. Éventuellement, les premiers temps, intercaler entre le soutien-gorge et le sein une compresse douce qui sera changée dès que le sein coule un peu, afin que les mamelons restent toujours au sec.

◆ **Soigner les crevasses**
Si les crevasses apparaissent quand même, quel va être le traitement ? C'est d'abord et avant tout de modifier radicalement la position du bébé pour que les zones d'étirement de l'aréole se trouvent inversées. Si la maman a très mal, après avoir calmé la douleur avec des antalgiques, provoquer des flux par un massage manuel de l'aréole. Celui-ci s'effectue en arrière de la zone fissurée

et doit donc être rigoureusement indolore. Le tire-lait sera évité car beaucoup plus traumatisant.

Enduire la crevasse avec le lait récolté est le meilleur geste qui soit : ce lait est stérile, bourré d'éléments de défense contre les infections, et d'hormones de multiplication cellulaire et de cicatrisation. Que rêver de mieux ?

On peut aussi, pour limiter la douleur et hâter la cicatrisation, utiliser un certain nombre de pommades cicatrisantes. Aucune d'entre elles n'a été testée dans une étude scientifique solide. Il est donc difficile de prendre parti. Chaque maternité, chaque médecin a ses habitudes. Pourquoi ne pas s'y référer ?

◆ **Prévenir l'engorgement douloureux des seins**

Il est très fréquent au moment des premières montées laiteuses, donc pendant les cinq ou six premiers jours après l'accouchement (voir p. 28). Il est essentiel et facile de l'éviter, aussi bien pour garantir une bonne lactation que pour préserver l'avenir esthétique des seins des jeunes femmes. En effet, ce sont les variations brutales de volume des seins avec tension exagérée qui sont à l'origine des vergetures et lésions du tissu sous-cutané responsables de cicatrices indélébiles.

Une femme qui allaite doit avoir des seins comme pendant sa grossesse, un peu gonflés, mais ni très tendus, ni durs, ni douloureux, et cela à aucun moment de la mise en route de sa lactation.

Comment faire ? Là encore, j'en ai déjà parlé.

◆ **Effectuer des mises au sein fréquentes**, régulières, pendant les premiers jours, quand la mère est paisible, détendue. Les tétées de nuit sont indispensables, surtout les deuxième et troisième nuits, au moment de la chute de la progestérone. En effet, nous l'avons déjà vu, la prolactine est sécrétée dans la première partie de la nuit, pendant les phases de sommeil lent profond, et ses taux élevés favorisent l'engorgement. Faire téter le bébé ou provoquer des flux au moment des taux élevés, c'est limiter la congestion vasculaire.

◆ **Provoquer manuellement des flux** quand les seins deviennent tendus, aussi souvent que nécessaire pour obtenir un assouplissement et une indolorisation totale. Ce geste très simple, mais encore inconnu de la plupart des services de maternité, a été décrit par une élève sage-femme de l'école de Poissy. Il consiste à saisir l'aréole entre les doigts loin en arrière, à la limite de la zone pigmentée, puis doucement, lentement, calmement, à effectuer des mouvements progressifs d'étirement et de pression, simulant ce que fait le bébé avec sa bouche. Les doigts ne doivent toucher que l'aréole, jamais appuyer sur le mamelon, ce qui bloquerait l'écoulement. Appuyer plus en arrière sur le sein ne devrait plus jamais se voir. Pratiqué dans un climat de détente et d'intimité, ce geste est remarquablement efficace. Il est indolore, plutôt agréable même. La maman qui voit son lait gicler en abondance a sous les yeux une merveilleuse démonstration de ce que savent produire ses seins, et la preuve que son bébé ne manquera jamais de rien[1].

Lorsque cette tétée manuelle est un peu difficile, un excellent moyen de la favoriser est de l'exécuter sous une douche chaude. La pression douce exercée par le jet et la chaleur de l'eau ont une action immédiate et prolongée permettant de décongestionner les seins sans douleur et totalement. Ces douches peuvent être renouvelées sans aucun danger aussi souvent que nécessaire dans la journée.

Je veux préciser, de plus, que ces douches ne sont pas contre-indiquées en cas de suture périnéale (épisiotomie ou périnéotomie) et ne gênent en rien la cicatrisation. Il serait souhaitable que toutes les maternités de France possèdent l'équipement sanitaire permettant ces douches régulières, d'ailleurs utiles à l'hygiène élémentaire des femmes hospitalisées.

◆ **Favoriser une détente complète de la maman.** Le Dr Lammi, pédiatre finlandais, préconise des séances de relaxation. La mère est étendue, son bébé dans les bras. Elle le berce, le sent. On lui conseille ensuite d'imaginer ce qui se passe dans son corps, l'activité de l'hypophyse avec la sécrétion des deux hormones, prolactine et ocytocine. Le thérapeute raconte l'action de la prolactine, les acini qui se remplissent de lait, puis l'action de l'ocytocine qui fait contracter les acini et donc couler le lait. Avec des mots doux, très progressifs, lentement suggérés, un peu sensuels, il recrée dans l'imagination de la jeune mère la physiologie de la lactation. Si la mère se relaxe totalement, le lait se met à couler spontanément ou arrive abondamment dès que l'on met le bébé au sein. Ce procédé me paraît excellent et devrait être largement utilisé en milieu hospitalier. Après son retour à domicile, une jeune femme peut obtenir un résultat similaire en prenant un bon bain chaud, paisible, en pensant à son bébé.

◆ **Enfin, porter un bon soutien-gorge.** Si les seins ne sont pas soutenus, un certain nombre de canaux lactifères sont comprimés, écrasés, et ne peuvent se vider correctement. D'où un engorgement localisé.

Ces moyens tout simples permettent de faire disparaître les engorgements énormes et douloureux, si fréquents dans un allaitement mal conduit. Il est tout à fait possible de supprimer l'utilisation du tire-lait, instrument douloureux et traumatisant, autant pour les bouts de seins que pour le moral des femmes.

---

1. Un film pédagogique remarquable illustrant cette technique a été tourné à l'école de sages-femmes de Poissy, Ile-de-France (tél. 01 39 79 51 11). Il s'intitule « Le massage aréolaire... comme une tétée manuelle ».

◆ **Soigner l'engorgement**

Si l'engorgement survient malgré toutes ces précautions, quels sont les moyens médicaux utiles ?

Dans tout engorgement douloureux, il y a deux éléments : une stase mécanique, et un phénomène d'œdème et d'inflammation réactionnels qui aggrave la stase. D'où un véritable cercle vicieux. Comment le rompre ?

Puisque la situation est bloquée, il faut savoir intervenir sur tous les paramètres du blocage en même temps. Calmer la douleur alors que l'hyperpression interne de la glande empêche toute fonction ne peut suffire. Donner des anti-inflammatoires à une jeune femme affolée et prête à tout arrêter ne résoudrait rien non plus. Le but, le seul but à atteindre, c'est de réussir à provoquer des flux, un bon écoulement, deux ou trois fois de suite, sur deux ou trois heures consécutives. Dans un traitement bien conduit, la douleur cède dès le premier flux réussi et la stase disparaît en moins d'une demi-journée.

◆ **Calmer la douleur** car, tant que la mère souffre, les flux sont nuls ou de mauvaise qualité. L'administration de paracétamol une demi-heure avant de tenter de provoquer un flux est un bon moyen.

◆ **Créer un climat de réassurance et de détente absolue.** L'engorgement n'est qu'un incident transitoire qui va disparaître en quelques heures. Les techniques de yoga, de sophrologie, de détente expérimentées pour l'accouchement ont ici toute leur place.

◆ Si les signes sont importants, **donner des anti-inflammatoires,** locaux ou par voie générale, en prenant garde à une éventuelle toxicité pour l'enfant par leur passage dans le lait : efficace et peu toxique, le plus simple à utiliser est à base d'ibuprofène, à donner de préférence après les tétées et dans les intervalles où la mère veut qu'on la laisse tranquille.

◆ **Apaiser le bébé** pour que ses cris et ses pleurs ne s'ajoutent pas à la panique de sa mère.

◆ Quand ces quatre points sont réalisés, et alors seulement, **provoquer des flux,** le maximum de flux, rapprochés d'une ou deux heures, avec la technique que la maman préférera : massage aréolaire, douche ou tire-lait. Chaque fois qu'il est disponible, c'est bien sûr le bébé qui devra se charger de ce « travail ».

◆ **Les erreurs à ne pas faire**

Plusieurs vieilles habitudes sont à éviter absolument car inutiles, inconfortables et parfois dangereuses. Pourtant on continue trop souvent à donner ces mauvaises indications de traitement de l'engorgement.

◆ **Ne pas boire, ou boire moins, ou donner des diurétiques...** cela donne soif ! Le pourcentage d'eau du corps baisse peut-être très légèrement, mais, comme les seins se servent en priorité, ils gardent, eux, tout leur stock.

◆ **Comprimer, bander, serrer les seins,** c'est provoquer une douleur intolérable et augmenter la pression interne, donc bloquer toute fonction. L'inverse du but recherché.

◆ **Attention aussi à la toxicité pour le bébé** de médicaments (antiprolactine, anti-inflammatoires) prescrits normalement pour bloquer totalement la lactation. Ils sont efficaces sur un engorgement, bien sûr, mais passent dans le lait. Mieux vaut que le bébé en reçoive le moins possible.

Ce qu'il faut dire et redire, c'est que l'avenir de l'allaitement maternel se joue souvent dans la première semaine. Si la lactation démarre bien, si la mère évite toute crevasse ou engorgement important ou si ceux-ci sont rapidement amendés, le risque de complications ultérieures est à peu près nul et l'allaitement deviendra très vite facile, agréable, satisfaisant pour la mère et l'enfant.
C'est le rôle de tous, parents, personnel soignant des maternités, médecins, d'obtenir une qualité de soins telle que les difficultés des premiers jours soient le plus rare possible.

Petites difficultés
de démarrage

Comme toute expérience humaine, l'allaitement maternel nécessite un temps d'apprentissage, un temps de rodage pourrait-on dire. Tout n'est pas aisé d'emblée. Les petites difficultés de démarrage sont bénignes et faciles à résoudre, mais peuvent être ressenties par une jeune mère déprimée et angoissée comme de véritables drames. Trop de femmes arrêtent brutalement un allaitement dans les premiers jours parce que c'est vraiment trop difficile et douloureux. Alors qu'il suffirait d'un peu de patience, d'une présence amicale et de quelques conseils judicieux pour atteindre la phase d'équilibre où mère et enfant sont parfaitement adaptés l'un à l'autre.
Il ne faut pas rêver d'un allaitement maternel idéal d'emblée. Au début, il y a des jours où le lait déborde, d'autres où le bébé ne trouve pas son compte. Des jours où le bébé dort calmement et tète à heures régulières, et d'autres où il pleure constamment sans que rien, pas même le sein, n'arrive à le consoler. Il y a des

jours où la mère est paisible, heureuse, d'autres où la fatigue et le manque de sommeil la laissent au bord des larmes. Il y a aussi le bébé qui tarde à comprendre comment il faut téter, et celui qui rejette de grandes quantités de lait quand on le recouche. Il y a...

Le passage brutal au biberon ne règle rien. On prive définitivement l'enfant d'une alimentation qui lui est merveilleusement adaptée et d'une relation unique pour résoudre quelques petites difficultés passagères. Comme c'est dommage !

Je voudrais trouver les mots pour expliquer, rassurer, donner aux mères envie de poursuivre sans crainte un allaitement, même si tout n'est pas idyllique. Comment convaincre que ce temps de rodage ne dure jamais longtemps, qu'il faut tenir le coup « encore quelques jours » pour atteindre le « jardin des délices » ? Ce n'est pas plus difficile que d'apprendre à marcher, par exemple. Regardez les enfants vers un an, ils hésitent, ils tombent, ils pleurent, ils essayent en riant de suivre un jouet, ils trébuchent et recommencent. Et puis, un jour, ça y est. Ils marchent et, d'un coup, savent dans leur corps, profondément. La marche est programmée depuis toujours dans leur cerveau, dans leur corps. Il a seulement fallu l'apprendre. C'est pareil pour l'allaitement. La technique du bébé et la lactation de la mère existent au fin fond de notre code génétique comme dans celui de tous les mammifères.

Il faut donner aux corps des femmes, aux bouches des enfants le temps de se retrouver et de parfaire un véritable équilibre. Avec un peu de patience et un climat d'aide chaleureuse pour la mère, c'est toujours possible.

Éviter les mauvais conseils

C'est la première condition pour résoudre les petites difficultés de démarrage. Ce détail apparemment banal n'est pas, en réalité, le plus facile à suivre. Le rituel social autour des naissances reste très fort, même de nos jours. Parents, grands-parents, amis, personnel soignant vont allègrement jouer les marraines-fées autour du berceau et accabler la nouvelle mère de prescriptions et recommandations plus ou moins sensées : « Attention, il va avoir froid. Tu ne tiens pas assez sa tête... Il mange vraiment trop ; il va être malade. Comment, tu le nourris aussi la nuit ? Mais tu vas le gâter, lui donner de mauvaises habitudes ! »

Pour tout ce qui touche à l'allaitement, j'ai envie de dire qu'il n'existe qu'une seule solution : se boucher systématiquement les oreilles. Sauf pour les phrases prononcées par une femme qui a vécu et réussi un ou des allaitements. Ce sont les seuls conseils précieux. Les autres n'ont aucune valeur. Les parents ou amis qui n'ont pas vécu l'allaitement ne peuvent colporter que des idées reçues, plus ou moins fausses et presque toujours émaillées d'échecs.

Un mari n'est pas objectif. Il participe de trop près aux émotions de la naissance et de l'allaitement. Ce qu'il peut apporter – et c'est fondamental – c'est une présence calme, chaleureuse et encourageante. En cela, il aide réellement sa compagne, bien davantage que s'il cherche des recettes dans un livre ou veut la conseiller « utilement ».

Bien souvent, les jeunes mères qui réussissent un allaitement paisible aideront les médecins et le personnel soignant à comprendre ce « temps de vie », à mieux regarder ce qu'elles vivent avec leur bébé.

Donc, si vous connaissez une femme ou des femmes heureuses d'avoir allaité leurs bébés et de l'avoir fait longtemps, n'hésitez pas à les rencontrer, à parler avec elles. Il ne peut y avoir que des mots justes pour décrire une expérience profondément réussie. Elles connaissent nécessairement les petites difficultés de démarrage, et elles ont su les résoudre. Il existe dans de nombreuses villes de France des groupes de femmes qui répondent bénévolement au téléphone à des mères inquiètes et se réunissent pour parler d'allaitement.

Je vais essayer de passer en revue les différentes situations difficiles, leurs causes et les moyens simples d'y remédier.

Pour connaître les bénévoles les plus proches de chez vous, vous pouvez vous adresser :

• *À l'association Solidarilait : par écrit, 26, boulevard Brune, 75014 Paris. Téléphone général : 01 40 44 70 70. Un répondeur vous dira qui contacter.*

• *À la Leche League : par écrit, BP 18, 78 260 L'Étang-la-Ville. Téléphone : 01 39 58 45 84 (répondeur).*

De nombreux groupes plus informels existent dans plusieurs villes. Les services de maternité peuvent vous en donner les coordonnées. Vous pouvez aussi chercher à la maison des associations de votre cité. S'il n'y a aucun groupe à proximité de chez vous, créez-le ! Les associations ci-dessus sont très disponibles pour vous aider.

Difficultés venant de l'enfant

◆ L'enfant qui refuse le sein

La difficulté la plus angoissante pour la mère, c'est l'échec de la mise au sein. C'est-à-dire un nouveau-né qui pleure, manifestement affamé, et qui pourtant refuse le sein. Soit il refuse totalement de téter, soit il n'arrive pas à attraper correctement le mamelon, soit encore il tète quelques secondes, se rejette en arrière en hurlant, retète, crie à nouveau... Il est alors inutile d'essayer de convaincre le bébé de téter et encore moins, bien sûr, de le contraindre.

Tenir un bébé trop fort, lui appuyer la tête sur le sein, c'est courir à la catastrophe. Son premier réflexe sera de se rejeter en arrière pour libérer son cou, sa tête. Et, à la tétée suivante, il se souviendra d'un « danger », d'un « inconfort » lié à l'approche du sein. Très vite alors surviendra la panique mutuelle de la mère et du bébé, et donc l'échec de l'allaitement. Comment faire ?

◆ D'abord ne jamais mettre sur le sein de la mère de produit d'hygiène à odeur forte qui gêne le bébé dans sa reconnaissance du sein.

◆ Laisser l'enfant maître de ses mouvements, **ne jamais lui tenir la tête fermement**. Il suffit de la soutenir légèrement.

◆ S'il n'a pas envie de téter, le laisser contre sa mère, sans chercher à poursuivre la tétée, **le laisser s'apaiser**, se retrouver.

◆ Ne pas donner de biberons de complément... Ce serait du sabordage.

◆ Surtout, il faut que la mère se persuade que **ce n'est pas grave**. Que l'enfant ne risque rien à attendre un peu et qu'il mangera mieux un moment après, quand il sera calmé. Mieux vaut réessayer tranquillement quand chacun sera en meilleure forme.

◆ **L'enfant qui tète mal**

C'est fréquent pendant les tout premiers jours, surtout pour les enfants un peu prématurés ou fatigués. Si l'examen neurologique global est correct, il va apprendre et apprendre vite, il n'y a aucun souci à se faire. Au début de chaque tétée, il faut le laisser longuement sentir le mamelon, éventuellement le promener sur ses lèvres pour qu'il apprenne à le reconnaître. Inutile de lui ouvrir la bouche. Il le fera tout seul et ne tardera pas à téter. Il suffit d'un peu de patience. L'enfant plus grand peut téter moins bien par périodes : parce qu'il a moins faim, parce qu'il a surtout envie de dormir, parce qu'il est fatigué. Même si apparemment il ne mange presque pas, tant que sa courbe de poids est correcte il n'y a pas lieu de s'inquiéter.

◆ **L'enfant qui ne prend pas assez**

Trois signes peuvent faire penser qu'un enfant n'est pas assez nourri : des urines et des selles très rares ; une courbe de poids franchement inférieure à la norme, et cela pendant plusieurs jours ; ou encore un enfant qui pleure désespérément après toutes les tétées sans pouvoir s'endormir.

◆ La principale cause, c'est **la faible production de lait par la mère,** soit parce que la lactation n'est pas encore franchement établie, soit parce qu'elle subit une petite diminution transitoire (après une fatigue excessive ou une émotion, par exemple).
Dans ce cas, il est essentiel de multiplier le nombre de tétées, de tirer éventuellement le lait entre elles, pour donner aux cellules glandulaires le signal qu'il faut plus de lait. Si la mère tire du lait, on pourra le donner au bébé après une tétée, et à la cuillère.

◆ Si la courbe de poids n'est pas bonne malgré une lactation abondante et une bonne succion, il vaut mieux consulter un pédiatre pour éliminer toute cause pathologique associée.

◆ **L'enfant qui pleure beaucoup**
Un bébé pleure pour des tas de raisons. Si ce n'est pas de faim, que se passe-t-il ?

◆ La cause la plus fréquente et la plus méconnue, c'est **la perte de ses repères.** Un nouveau-né peut pleurer d'inquiétude, parce qu'il ne sait plus où il est. Il était habitué à un milieu clos et chaud, habité de bruits réguliers. Il se retrouve dans un berceau inconnu. Le prendre dans les bras pour le rassurer, le calmer n'est pas le gâter. Il a besoin de tendresse.

◆ Deuxième raison, qui aggrave la première, c'est **le rythme d'éveil.** Quand un bébé dort peu, il a beaucoup de temps pour pleurer car il est incapable, dans les premières semaines de vie, de passer de longs moments d'éveil calme et attentif. Il y a des bébés qui dorment deux fois plus que d'autres... donc des parents qui ont plus ou moins de chance. Un bébé ne choisit pas.

◆ Souvent, il ressent un **petit inconfort passager** : couches mouillées qui l'irritent, petites coliques douloureuses, transit intestinal rapide un peu sensible.

◆ Plus tard, le bébé pleure parfois d'ennui, d'envie de se promener, de changer de position. Il est bien facile de répondre à sa demande.

◆ **L'enfant qui se réveille mal**
Il peut exister des enfants vraiment trop endormis, un peu hypotoniques, qui ne se réveillent pas tout seuls et dont la courbe de poids chute profondément

ou reste stationnaire. C'est souvent le cas des enfants prématurés à trente-sept ou trente-huit semaines. Parfois, c'est le propre d'une pathologie à rechercher. Mais c'est une éventualité rare, nécessitant l'avis d'un pédiatre.

Beaucoup plus souvent, les parents s'inquiètent, parlent d'enfant endormi devant un nouveau-né plein de santé, à courbe de poids satisfaisante, au comportement parfait. De toute évidence, il s'agit d'un enfant paisible, qui aime dormir, qui mange peu souvent, mais en prenant une ration correcte. Bien entendu, il faut respecter son rythme... et le laisser dormir.

◆ **L'enfant qui vomit**

Presque tous les nouveau-nés « rejettent » un peu après les tétées, soit juste après, soit au moment où ils se réveillent pour un nouveau repas. Les petites régurgitations même répétées ont une signification banale. L'enfant a un peu trop bu et rejette le « trop-plein ». Inutile d'être préoccupé. Nos grands-mères le savaient bien, qui mettaient un bavoir aux bébés et trouvaient cela normal. L'aurions-nous oublié à l'ère des super-bébés élégants et impeccables ?

En revanche, si les renvois sont très abondants, fréquents, longtemps après la tétée, et que la courbe de poids n'est pas satisfaisante, il vaut mieux consulter un médecin. Il peut s'agir d'une anomalie nécessitant un traitement médical.

Difficultés venant de la mère

Elles sont fréquentes et passagères. Mais, au moment où elles apparaissent, elles s'accompagnent d'un inconfort physique ou psychologique tel qu'il peut compromettre l'allaitement. Il faut les prendre en compte sérieusement. J'ai déjà parlé des crevasses et engorgements. Quelles sont donc les autres difficultés ?

◆ **La fatigue**

Autrefois, les nouvelles accouchées avaient ordre de rester au lit pendant près d'un mois, sans jamais se lever, leur bébé en permanence à côté d'elles. Il y avait nécessairement quelqu'un du voisinage ou de l'entourage pour venir tenir la maison à leur place. En ces temps-là, presque toutes les femmes allaitaient, et facilement ! Il y a sûrement un lien entre le repos, la disponibilité et la facilité à mettre en route un allaitement.

Actuellement, le séjour hospitalier n'est pas très favorable à un vrai repos : passages multiples dans les chambres, visites fréquentes, bruits dans les couloirs, pleurs des bébés. Il est beaucoup plus facile de se reposer, de dormir après le retour « à la maison ». Une petite sieste par-ci, un petit bout de nuit par-là, en s'adaptant au sommeil de l'enfant.

Mais, dans presque tous les cas, à peine rentrées chez elles, les femmes essayent de vaquer à leurs occupations, comme si rien ne s'était passé. C'est une erreur. Un accouchement fatigue, les modifications hormonales qui suivent également. La mise en route de l'allaitement certainement aussi.

Prendre en compte cette fatigue et aider les jeunes mères à se reposer à leur retour de maternité est un vrai problème de société. L'entraide spontanée des voisines ou des grands-mères n'existe à peu près plus dans les grandes villes. C'est une duperie de parler de promouvoir l'allaitement maternel sans soulever le problème de fatigue et d'isolement des jeunes accouchées. Il n'y aura guère d'allaitement maternel prolongé pour la majorité des femmes tant qu'un moyen d'aide efficace n'aura pas été trouvé. Inutile de se leurrer.

Et l'aide nécessaire n'est pas forcément la présence de quelqu'un pour s'occuper du bébé. Ce travail revient à la mère et au père. Ce qu'il faut, c'est libérer les femmes de leurs tâches ménagères pour qu'elles puissent, un certain temps, se consacrer à l'enfant... et aux autres enfants. Pour eux, le retour de la mère, avec un « nouveau », n'est pas toujours chose simple. Ils ont besoin d'une mère disponible.

Qui posera le problème à nos gouvernants ? Et, en attendant, que faire ?

L'erreur de trop de mères est de reprendre dès les premiers jours un rythme d'avant la grossesse. Rien n'est plus fatigant.

Il n'y a qu'une solution : il faut que la mère se repose si elle est épuisée. Dormir les seins nus, le bébé contre elle, le laisser prendre aussi souvent que cela lui viendra est certainement le plus simple. Rattraper par quelques siestes quotidiennes les nuits hachées, écourtées est une nécessité absolue.

Si vraiment la maman veut dormir et ne veut plus entendre parler de ce bébé une nuit entière, il est toujours possible de faire nourrir le bébé par quelqu'un d'autre. Il est bien préférable de donner une fois du lait artificiel à l'enfant pour que sa mère dorme une longue nuit calmement, plutôt que de s'en tenir à un fanatique « le sein rien que le sein ». L'allaitement est beaucoup plus facile le lendemain... et il a plus de chances de pouvoir durer. Ce point aussi est important. Si en plus on lui donne ce repas sans y mettre une tétine, tout est parfait.

◆ **Les bouts de seins mal formés**

C'est une terreur des jeunes mères... peu justifiée pourtant. Les mamelons réellement invaginés, que l'enfant ne peut absolument pas téter, sont rarissimes. Pour ma part, je n'en ai jamais vu après plusieurs années de travail en maternité. Un enfant affamé arrive toujours à téter. Il faut démythifier cette idée du bout du sein « mal formé » qui affole la maman, et risque de répondre à point nommé à ses angoisses d'être une « mauvaise mère ».

Trop souvent, on parle de mamelon mal formé, imprenable, lorsque, au troisième ou quatrième jour, la jeune mère a des seins gonflés, durs, et donc un mamelon tendu et aplati. Bien sûr, si l'on a attendu aussi longtemps pour mettre le bébé au sein pour la première fois, il va y avoir quelques difficultés... alors qu'au moment de la naissance tout aurait été tellement plus simple ! Si les aréoles sont tellement aplaties, tendues qu'il n'est pas question de les mettre en bouche, faire couler manuellement un peu de lait les assouplira. Bébé fera le reste.

Au moindre doute sur les « bouts de seins », il suffit de **veiller à placer le bébé en très bonne position, face au sein de sa mère**. Il peut très bien téter l'aréole même si le mamelon est invaginé ou aplati. Et le simple fait de téter forme les mamelons de sa mère en quelques jours.

Encore une fois, mieux vaut éviter à tout prix les téterelles, tétines et autres intermédiaires entre la mère et l'enfant. L'enfant doit tirer très fort et se fatigue. Et rien ne forme le mamelon. Ce n'est pas la solution. Si l'enfant n'arrive vraiment pas à téter, sa mère peut l'aider en vidant un peu le sein avant la tétée et en tirant légèrement sur le mamelon avant de le lui présenter. En général, cela suffit.

Nos grands-mères connaissaient bien le meilleur remède : faire téter ces mamelons difficiles à saisir par un enfant déjà grand (deux ou trois mois, par exemple). À cet âge, il arrive toujours à téter, et sa succion forme facilement les mamelons. Il n'existe actuellement plus de femmes qui « échangent » quelques minutes leurs nourrissons au sein. C'est probablement dommage, mais les doutes sur la transmission par le lait de certaines maladies virales n'autorisent plus ces échanges.

◆ L'hypogalactie transitoire

Le mot « hypogalactie » signifie exactement : lait insuffisant. Dans les livres de médecine, on parle d'« hypogalactie primaire » pour désigner une montée laiteuse lente à s'établir et d'« hypogalactie secondaire » pour désigner la diminution de volume du lait chez une femme qui jusque-là avait une lactation normale.

◆ **L'hypogalactie primaire** ne devrait pratiquement jamais se rencontrer. Il n'existe qu'une cause pathologique vraie empêchant totalement la lactation : la destruction de la région hypothalamo-hypophysaire où sont sécrétées les deux hormones (prolactine et ocytocine). Dans ce cas, d'ailleurs, il vaudrait mieux parler d'agalactie – absence de lait – que d'hypogalactie. C'est une éventualité extrêmement rare et souvent déjà connue par ses autres manifestations cliniques. L'hypogalactie primaire isolée, sans cause hypophysaire, n'est guère plus fréquente. Pour tous les spécialistes ayant fait des recherches dans les pays où les femmes allaitent systématiquement, l'impossibilité d'instituer une lactation correcte ne se produit que dans trois à cinq cas pour mille. C'est donc très rare. Alors qu'en France, actuellement, le taux moyen d'hypogalactie primaire est estimé à 15 % (enquête auprès des obstétriciens français, avril 1980) mais avec des variations énormes : de 3 % à 50 % suivant les services... Soit 10 à 50 fois plus que les chiffres obtenus dans les pays à taux élevé d'allaitement. Pourquoi une telle différence ? Il semble qu'il y ait deux vraies raisons : les allaitements mal conduits, et en particulier les mises au sein rares et tardives, causes malheureusement trop fréquentes ; et la peur des femmes d'allaiter leur bébé. Dans de très nombreux cas, le manque de lait est prétexte à un arrêt précoce de l'allaitement au sein. Cet arrêt soulage et satisfait pleinement certaines jeunes mères, qui avaient envie d'arrêter sans oser le dire et en désespère d'autres....

◆ **Les hypogalacties secondaires** sont bien plus fréquentes, surtout les trois ou quatre premières semaines : une grande fatigue, une émotion, un changement de rythme de vie, un effort physique intense, un voyage, une mauvaise nuit où le bébé a beaucoup pleuré, la maladie d'un autre enfant, un mari grognon, ou même un simple petit coup de spleen et ça y est : plus de lait ou presque ! Le retour à la maison après le séjour en maternité en est un excellent exemple. Les femmes, fatiguées et un peu angoissées en rentrant, manquent souvent de lait pendant quelques jours. Dès qu'elles retrouvent leurs habitudes, le plaisir d'être chez elles, la production de lait augmente de nouveau. Ces hypogalacties sont aussi bénignes que fréquentes, c'est-à-dire qu'elles ne durent pas, et sont contrôlées par des moyens très simples. D'abord et avant tout, ne pas s'affoler à la moindre fluctuation. Le lait va revenir, et revenir d'autant plus vite que la jeune maman reste calme.
Pour une femme qui a profondément envie d'allaiter son bébé, le traitement de l'hypogalactie est simple.

◆ **Faire téter le bébé le plus souvent possible**, autant qu'il réclame, toutes les heures si nécessaire. C'est la succion du mamelon qui stimule la montée laiteuse, je ne le répéterai jamais assez. Par ailleurs, et cela aussi a déjà été dit, moins on complète avec des tétines, plus on garde de chances de voir la lactation se rétablir sans problèmes puisque le bébé tète mieux, garde sa technique et cherchera plus goulûment à satisfaire son désir de succion.

◆ **Veiller à provoquer de vrais flux, complets**, avec du lait qui jaillit vraiment.

◆ **Se reposer au maximum.** Rester au lit, faire la sieste, laisser tomber toutes les tâches ménagères « pas tout à fait indispensables ». Plus une mère se fatigue, moins elle peut avoir de lait, et plus il lui faut de temps pour « récupérer » de la grossesse et de la naissance.

◆ Contrairement aux discours populaires, boire abondamment est illusoire pour lutter contre l'hypogalactie (autant que ne pas boire pour prévenir l'engorgement). Même si elle ne boit pas, la mère puisera dans ses propres réserves la quantité de liquide nécessaire, et après... elle aura soif. C'est aussi simple que cela ! **Boire à sa soif, sans se forcer, est donc la meilleure solution.**

QUE BOIRE ?

Dans la tradition populaire, la bière et le lait ont des vertus galactogènes très grandes. Qu'en penser ? Même peu alcoolisée, la bière ne devrait pas être d'utilisation journalière. Elle n'est pas plus efficace sur la montée laiteuse que d'autres liquides. Je conseillerai plutôt quelques jus de fruits chaque jour, car la vitamine C qu'ils contiennent favorise une bonne lactation. En revanche, la bière apporte de l'alcool dont le bébé n'a vraiment pas besoin.
Mais la meilleure boisson est sûrement l'eau, l'eau sous toutes ses formes : eau fraîche, tisanes, thé léger. Les tisanes réputées efficaces sont la bourrache, le fenouil, l'anis, le basilic et le cumin. Il n'y a aucune limite de quantité. Inutile de se rationner ni de se forcer.

◆ Enfin, pour rétablir sans tarder une montée laiteuse efficace, l'essentiel est peut-être de l'attendre calmement. Une mère qui s'inquiète ne sait plus comment nourrir son bébé, entre dans une sorte de cercle vicieux : peu de lait → soucis → encore moins de lait, etc., dont il est difficile de sortir. Alors qu'une mère paisible, patiente, a cent chances sur cent de voir sa lactation remonter en quelques heures ou en un à deux jours.

◆ Il n'y a théoriquement pas d'autre traitement utile. Il existe pourtant des **médicaments pour stimuler la lactation.**
   • Le Galactogyl® est une association de trois produits simples : des plantes (galega, cumin, fenouil) considérées comme galactogènes ; du diphosphate tricalcique, qui aide à compenser les pertes de la mère en phosphate et en calcium ; du malt, qui favorise le transit intestinal et aussi la lactation. Ce médicament n'a aucune toxicité. Il peut être pris à doses régulières (trois cuillerées à soupe par jour) pendant plusieurs semaines sans aucun risque. Son efficacité réelle est cependant contestable. Il agit sûrement autant comme appui psychologique que comme galactogène vrai. Mais, puisqu'il est sans danger, pourquoi pas ?

- Les dopaminobloquants (Motilium®, Dogmatil®) ne sont en revanche à utiliser qu'avec les plus extrêmes précautions. Ils ont une action élective sur le système nerveux central et induisent parfois des écoulements de lait chez certains patients (hommes ou femmes !) en dehors de toute grossesse. C'est logique puisqu'ils agissent sur la dopamine cérébrale, donc sur le facteur inhibiteur de la prolactine. Mais la dopamine est un des neuromédiateurs cérébraux fondamentaux, jouant un rôle dans tout l'équilibre psychologique. Mieux vaut éviter tout traitement agissant sur le cerveau de l'enfant à cet âge où il se construit.
- Les anxiolytiques et sédatifs sont souvent prescrits pour permettre à la mère d'être un peu plus paisible. Ils présentent peu de risques directs, mais peuvent entraîner une somnolence de l'enfant gênant la succion.

Puisque leur efficacité est discutable, n'est-il pas préférable de se passer de médicaments ? Une bonne technique, des tétées fréquentes et un vrai repos maternel sont tellement plus efficaces. L'allaitement n'est pas une maladie... Il n'a pas besoin de médicaments.

Les seins qui débordent, qui coulent tout seuls

C'est une éventualité assez fréquente, là encore pendant les premières semaines, tant que la sécrétion d'ocytocine n'est pas bien adaptée. Un sein peut couler pendant que le bébé tète de l'autre côté. Les deux seins peuvent se mettre à couler en dehors de toute mise au sein : parce que la mère entend son bébé pleurer, en cas de variations brusques de température ou d'altitude, au moment d'une émotion, d'un rapport sexuel, ou même sans aucune cause apparente.

Il est évidemment désagréable de se retrouver en pleine réunion sérieuse avec une robe inondée, ou de se réveiller le matin dans une mare de lait... Mais ces petits désagréments ne durent généralement pas. Il n'y a rien d'autre à faire que de placer au fond du soutien-gorge un coussinet de coton pour absorber le lait qui coule. Et changer ce coussinet dès qu'il est mouillé pour éviter toute macération du mamelon, donc tout risque de crevasse. Je rappelle que le port de coupelles d'allaitement entretient au long cours des écoulements abondants, donc est le pire moyen à utiliser en continu pour éviter de déborder.

Si l'écoulement du lait se produit à un moment franchement inopportun, il est possible d'arrêter le jet en appuyant fortement sur le bout du mamelon. Mais ce moyen est à employer rarement, car il pourrait à la longue entraîner l'engorgement de certains canaux...

Si l'écoulement de lait est réellement très abondant et se poursuit au-delà du premier mois, un médecin pourrait prescrire un traitement hormonal pour diminuer cette lactation excessive. Heureusement, ce n'est presque jamais nécessaire.

Toutes ces difficultés de démarrage, regroupées ainsi en un long chapitre, peuvent paraître constituer une série vraiment insurmontable. En réalité, il n'en est rien. Si la mise en route de l'allaitement est correcte, ces ennuis sont très passagers et ne représentent qu'un inconfort temporaire. Avec un peu de patience, tout va rentrer dans l'ordre. Mère et enfant, heureux, détendus, bien adaptés l'un à l'autre, vont alors atteindre la phase d'équilibre, le temps du bonheur d'allaiter et d'être allaité...

CHAPITRE VII

Les problèmes
médicaux de l'allaitement
lésions des mamelons
et des seins

Celui qui est venu au monde pour ne rien déranger ne mérite ni égards, ni patience.

René Char

Puisque nous sommes désormais en charge du devenir de notre portion d'Univers, nous devrions être capables de répondre à la question : que sera demain ?

Albert Jacquard, *La Légende de la vie*,
Flammarion, 1994, p. 270

Pendant toute la période d'allaitement, les seins ont une intense activité fonctionnelle. Le sang circule plus vite et plus abondamment dans les vaisseaux dilatés, le lait est sécrété en permanence. La succion du bébé entraîne des mouvements de traction, d'étirement du mamelon souvent importants. Tous ces éléments concourent à une fragilité temporaire des seins, celle-ci pouvant conduire à des troubles ou à des problèmes médicaux vrais si l'allaitement est mal conduit.

Dans l'esprit de chaque femme qui allaite traîne une sourde angoisse à l'idée d'une possible complication. Notre enfance a été bercée d'histoires d'abcès, d'infections graves, d'interventions chirurgicales, de drainages atrocement douloureux. Les conversations de square ou les bavardages inconsidérés autour des jeunes accouchées ne nous font grâce d'aucun détail. Pourtant, une oreille exercée reconnaît très vite parmi toutes ces histoires les très rares cas où il y a eu complication médicale réelle. Des centaines de femmes racontent ce qu'on leur a dit être un abcès du sein et qui n'était qu'une banale lymphangite. Beaucoup trop de médecins conseillent l'arrêt immédiat et définitif de l'allaitement à la moindre rougeur ou à la moindre fièvre, dans la crainte de ne savoir repérer une difficulté réelle. Ces complications existent parfois, c'est certain, mais elles sont tout à fait exceptionnelles à condition d'éviter les erreurs de démarrage et surtout les interventions médicales inadaptées lors des petites difficultés.

Il faut trouver le juste équilibre pour traiter au mieux ces complications lorsqu'elles se présentent et éviter un sevrage inutile. Ce serait trop dommage : dommage pour l'enfant qui bénéficiait sans risque d'un lait excellent, dommage pour la mère chez qui un sevrage brutal a toutes les chances d'augmenter les risques de complications.

Je vais donc essayer de passer en revue les différents problèmes qui peuvent se poser, et la meilleure façon de les résoudre avec l'aide d'un médecin compétent et attentif.

Les difficultés fréquentes

Nous les avons déjà longuement examinées dans le chapitre sur la mise en route de l'allaitement. Je voudrais juste compléter quelques points. Il y a deux difficultés de base : les crevasses du mamelon et les engorgements des sinus lactifères ou des acini (localisés ou généralisés), qui, s'ils évoluent mal, provoquent une lymphangite.

Les crevasses

Une fois le mamelon habitué à la succion et en bon état, l'enfant peut téter des mois (ou des années, et même avec des dents !), sans le moindre inconvénient pour la mère. Donc, les crevasses sévères se rencontrent surtout lors des premiers allaitements. Pour les bébés suivants, le mamelon a déjà pris l'habitude.

Les crevasses sont des problèmes qui ne se posent que les deux ou trois premières semaines.

Les crevasses sont plus fréquentes chez les femmes à peau claire, à cheveux roux ou blonds, et dont l'aréole en fin de grossesse reste peu pigmentée. Mais même les mamelons les plus fins et les plus sensibles permettent un allaitement sans problème si le démarrage est bien conduit.

◆ **Il y a crevasse et crevasse**
On parle de crevasses, le plus souvent, dès que le mamelon devient sensible au cours des tétées. C'est une erreur. Il y a en fait plusieurs niveaux de gravité.

◆ **Mamelon douloureux** lors des tétées, mais sans aucune lésion cutanée visible. C'est banal les tout premiers jours de l'allaitement, et cela ne présente aucun risque, sinon une douleur vraie qui va disparaître au bout d'une dizaine de tétées. Il faut un peu de courage et de patience.

◆ **Gerçures du mamelon,** minuscules traînées rouges à la surface du mamelon, sensibles au frottement et lors des tétées. Un seul traitement : laisser les seins à l'air.

◆ **Fissures radiées,** profonds sillons rouge vif divisant la surface du mamelon. Elles sont très douloureuses au moment de la succion, et même entre les tétées.

◆ **Érosions** du sommet ou de la base, zones où le revêtement cutané a été arraché, déchiré par la succion. Au maximum, tout le mamelon peut être érodé, rouge vif, framboisé, extrêmement douloureux et saignant lors des tétées.

◆ **Les crevasses importantes ont trois inconvénients**

◆ **Une douleur extrême**, difficile à supporter par la mère. Les tétées risquent de devenir source d'angoisse, de panique devant la douleur, d'où crispation, mauvaise éjection du lait, début d'engorgement, donc augmentation de la douleur, etc. Ainsi s'installe un véritable cercle vicieux qu'il faut savoir éviter.

◆ **Des saignements**, fréquents quand les lésions cutanées sont importantes. Ils sont très rarement visibles en dehors des tétées. Le signe le plus courant, et qui affole à tort tout le monde, c'est de trouver du sang dans le lait régurgité par l'enfant. On croit à une maladie hémorragique de l'enfant, alors qu'il s'agit seulement de sang qu'il a bu lors d'une tétée. Tant que les saignements restent limités au temps des tétées et peu abondants, il est tout à fait possible de laisser l'enfant au sein. Le sang de la mère ne présente pour lui ni danger ni toxicité. C'est la douleur de la mère qui doit guider la thérapeutique, pas l'allure des régurgitations du bébé.

◆ **La plaie cutanée des crevasses.** C'est une porte d'entrée pour les microbes, donc la voie éventuelle d'une complication infectieuse du sein. Toute crevasse, même débutante, devra donc s'accompagner de soins d'hygiène rigoureux pour éviter une surinfection.

◆ **Les facteurs favorisant les crevasses**
Je les ai déjà cités. Mais il me paraît important de les exposer en quatre groupes essentiels.

◆ Mauvaise mécanique de la succion :
  • Enfant mal installé, de travers ou trop bas, pas assez de face par rapport à l'aréole.
  • Enfant ne sachant pas placer sa langue. Celui qui pince le mamelon et tire dessus au lieu de téter correctement.

◆ Macération ou dessèchement excessif du mamelon :
  • Mauvais séchage entre les tétées. Seins qui coulent, vêtements ou compresses mouillés en permanence sur le mamelon.
  • Trop de séchage à air chaud.
  • Seins toujours habillés, couverts, parfois avec des tissus synthétiques ou plastiques imperméables à l'air.

◆ Mauvaise hygiène :
  • La première erreur, c'est de ne pas faire attention (mains non lavées de la mère ou du personnel soignant, seins jamais nettoyés).
  • La deuxième erreur, peut-être encore plus fréquente, c'est de vouloir trop bien faire : l'aréole du sein est recouverte de petites glandes sécrétant un liquide lubrifiant et désinfectant.

Le lait lui-même, grâce à tous ses facteurs immunologiques, est un excellent antiseptique local. Il est également cicatrisant. Il ne faut pas supprimer ces défenses naturelles, décaper le sein six à huit fois par jour avec de l'eau savonneuse ou, pis, une lotion alcoolisée. L'organisme a ses défenses naturelles. Respectons-les.

◆ Il existe aussi des crevasses liées à une candidose du mamelon. Celui-ci est rouge, vernissé, extrêmement douloureux. Au début de la tétée, la douleur prend souvent la forme d'une brûlure intense. Les lésions peuvent être bilatérales. Le bébé a parfois un muguet buccal.

L'analyse de la localisation exacte de la crevasse et de la date de son apparition apporte des éléments précis pour trouver le facteur déclenchant :
  • Si la lésion se situe à la jonction mamelon-aréole, chercher une cause d'étirement vers l'arrière (doigt sur le sein, mauvaise position du bébé...).
  • Si la crevasse est sur la pointe du mamelon, chercher une mauvaise position de langue : frein de langue, bébé qui n'ouvre pas assez la bouche...
  • Si les lésions sont diffuses et précoces, chercher une mauvaise mécanique de succion.
  • Si les lésions sont tardives et diffuses, penser à une candidose, une erreur d'hygiène (trop de décapages savonneux) ou une allergie à un produit mis sur les seins.

◆ **Comment prévenir les crevasses ?**
Connaissant les causes habituelles des crevasses, il est facile d'en déduire la meilleure conduite à tenir pour les éviter. Il est bon de suivre quelques conseils.

◆ Dans la mesure du possible, faire « travailler » un peu le mamelon (étirement, succion...) pendant les derniers mois de la grossesse. Attendre que l'enfant ait bien faim et le faire téter dans une très bonne position.

◆ Au début, programmer des tétées fréquentes en réglant le temps sur l'apparition de la douleur et des signes cutanés. Entre les tétées, laisser si possible les seins à l'air. En prévention, éviter les pommades couvrantes grasses qui favorisent la macération.

◆ Ne pas nettoyer les seins s'il y avait eu une crème ou un produit médical après la tétée précédente. Prendre en revanche une bonne douche quotidienne pour l'hygiène générale de la mère. Un savonnage des seins chaque jour suffit largement. Éviter les soutiens-gorge très serrés, en fibres synthétiques, dont les frottements risquent d'érailler le mamelon.

◆ En fin de tétée, étaler un peu de lait sur le mamelon. Ses composants feront merveille.

◆ **Comment traiter les crevasses ?**
Malgré toutes ces précautions, des crevasses peuvent apparaître pendant les premiers jours. Que faire ?

◆ En traitement aussi, on peut étaler très fréquemment un peu de lait que la mère fait couler. Il contient tout ce qu'il faut :
• Des désinfectants adaptés.
• Le meilleur des cicatrisants : le facteur de croissance épithéliale.
• Des graisses pour protéger les cellules du dessèchement et donc, là encore, accélérer la cicatrisation.

◆ On peut toujours :
• Appliquer quelques glaçons sur le mamelon dix minutes avant chaque tétée ; le froid est un bon anesthésiant.
• Favoriser une bonne détente de la mère : relaxation, respiration rythmée comme pendant l'accouchement, ou toute autre solution personnelle.
• Après désinfection, recouvrir la plaie d'un fin film lipidique : pommade ou pansement gras. Ne pas multiplier les essais. Un seul produit à la fois et pendant trois ou quatre jours au moins, pour pouvoir juger de son efficacité.
• Diminuer la douleur lors des tétées : paracétamol avant la tétée, port d'un protège-mamelon pendant quelques tétées sont efficaces.

◆ **Si ces moyens ne suffisent pas,** il faudra mettre le mamelon au repos. Surtout ne pas remplacer une tétée normale par un tire-lait, qui aggraverait les lésions. L'idéal est de laisser le sein au repos complet six à douze heures ; pendant ce temps, le bébé tète du côté non atteint. L'idéal est le port de coquilles. Il n'y a plus de frottements, et la plaie baigne dans le lait frais cicatrisant. Penser seulement à les vider et nettoyer toutes les vingt-quatre heures.

◆ **Dans les cas extrêmes,** on peut être amené à arrêter totalement les tétées pendant quelques jours. Il est toujours possible de tenter de nouvelles mises au sein quand le mamelon est bien cicatrisé.

◆ **Les crevasses à répétition**
Dans de rares cas, les femmes peuvent présenter des crevasses à répétition pendant plusieurs semaines ou, au contraire, voir apparaître des crevasses et se retrouver avec des mamelons douloureux après plusieurs semaines – ou mois – d'un allaitement sans problèmes. Il faut rechercher une cause extérieure.

◆ La plus fréquente est l'infection à candida, la candidose, facilement diagnostiquée s'il existe du muguet dans la bouche du bébé. Il se manifeste sous forme d'un enduit blanchâtre, en plaques, adhérant sur les faces internes des joues, des gencives et du palais. Le traitement doit être double : sur les seins de la mère et sur la bouche de l'enfant, pour arrêter l'évolution et voir disparaître les crevasses.

◆ Plus rarement, d'autres problèmes cutanés chroniques de la mère peuvent être en cause : eczéma du mamelon, psoriasis, etc. Il sera alors utile de consulter un dermatologue.

Les engorgements et canaux bouchés

◆ **Le risque est majeur pendant la première semaine**
Lors de la mise en route de l'allaitement, beaucoup de facteurs interviennent pour inhiber un bon réflexe d'éjection : la fatigue, l'isolement à la maternité, une mise en route un peu difficile, l'anxiété ou l'inconfort de la mère, les mamelons douloureux, un soutien-gorge trop serré, les difficultés psychologiques pour s'adapter à un nouveau bébé, les éventuelles difficultés familiales, etc. Tous ces éléments, isolés ou imbriqués, favorisent les engorgements.

Contrairement aux crevasses, les engorgements peuvent se rencontrer à tout moment d'une lactation.

Plus tard, une lésion du mamelon, un traumatisme du sein, une compression répétée peuvent entraîner un blocage localisé, nommé souvent « canal bouché ».

◆ **Il peut y avoir d'autres périodes critiques**

◆ Chaque fois que l'enfant tète peu ou mal, en particulier quand il est malade, s'il a mal aux dents, s'il est enrhumé, etc.

◆ Les périodes de retours de règles, ou même simplement après le troisième mois, quelques jours tous les mois correspondant schématiquement aux dates de menstruations inapparentes. Il semble qu'à ce moment-là le mécanisme soit lié à une rétention d'eau et de sel excessive par l'organisme sous l'influence des modifications hormonales.

◆ Le sevrage, surtout s'il est précoce et trop rapide. Il peut alors s'accompagner de périodes de tension mammaire douloureuse. Nous en reparlerons au chapitre 9.

◆ Enfin, un dernier élément mal connu : au début d'une lactation, certaines femmes présentent des engorgements douloureux des glandes mammaires satellites. En particulier sous les bras. On dirait de volumineux ganglions douloureux, arrondis, durs, sous une aisselle (ou les deux). Ces glandes mammaires n'ont pas de sinus lactifères débouchant dans le mamelon. Et la sécrétion du lait se tarira donc d'elle-même puisque le lait ne peut s'évacuer. En attendant, on ne peut que proposer un traitement antalgique local : compresses chaudes ou pommades anti-inflammatoires.

◆ **Comment prévenir l'engorgement ?**
Oserai-je le redire encore une fois ? Prévenir un engorgement, c'est :

◆ D'abord et avant tout faire téter l'enfant le plus tôt possible après sa naissance et le faire téter aussi souvent qu'il le réclame pendant la première semaine. Si les seins sont régulièrement et bien stimulés, le risque d'engorgement est à peu près nul.

◆ Tout aussi important : une maman paisible, détendue, heureuse et fière de donner le sein à son bébé aura un réflexe d'éjection efficace et régulier. Il est indispensable de créer un environnement tel que la mère se sente « bien dans sa peau », bien avec son bébé, chaudement entourée...

◆ **Comment traiter un canal lactifère bouché ?**
On le reconnaît facilement. La douleur et la zone congestionnée sont fixes, au même endroit sur le sein depuis plusieurs heures ou plusieurs jours. La mère a souvent un petit point blanchâtre, dur, non mobilisable à l'ouverture d'un des pores du mamelon. Il y a des épisodes inflammatoires répétés dans la zone concernée pouvant amener à d'authentiques tableaux de lymphangites fébriles à répétition.
Le traitement consiste à évacuer le « bouchon », sorte de dépôt épais de caséines et de graisses agglomérées.
• Dans un premier temps faire téter le bébé le plus fréquemment possible.
• Si cela ne suffit pas, tenter d'enlever le petit point blanc de l'aréole en le pressant fermement puis faire téter le bébé.

• Au maximum, on peut être amené à faire une sorte de « stripping », un massage profond sur la longueur du canal. Ce geste est momentanément très douloureux, mais permet d'éradiquer le problème : on voit sortir un petit filament blanchâtre, dur, parfois long de plusieurs centimètres qui obstruait le canal.

◆ **Comment traiter un engorgement diffus ?**
Lorsque les soins classiques de prévention n'ont pas suffi et que les seins sont devenus durs, tendus, douloureux, plusieurs choses seront utiles :

◆ **Le repos :** le mieux pour la mère est de rester au lit, son bébé à côté d'elle. Repos au lit, tranquillité, cataplasmes tièdes sur les seins (ou douches ou bains chauds) et tétées très fréquentes peuvent régler le problème.

◆ **Un petit truc utile :** pour favoriser l'écoulement, la mère peut s'installer carrément au-dessus de son bébé couché à plat dos, les seins pendant vers le bas. C'est un peu acrobatique et peut-être inélégant, mais, pour une tétée ou deux, profiter ainsi de la gravité est très efficace.

◆ Si ces moyens simples ne sont pas efficaces, la prescription d'**anti-inflammatoires** peut être envisagée (dérivés de l'ibuprofène).

◆ **Ne pas laisser évoluer un engorgement**
C'est capital. Les vaisseaux mal vidés, distendus, bloqués, présentent trois risques vrais à ne jamais négliger :

◆ Premier risque, bien sûr : la douleur. Un sein engorgé peut faire mal, très mal. La douleur est source de fatigue, d'épuisement psychologique. De plus, la douleur fausse la physiologie de la lactation, entretient un cercle vicieux : douleur, peur, inhibition, blocage aggravant la douleur, etc. Un allaitement bien conduit ne doit pas faire mal.

◆ Deuxième risque : tout engorgement vrai se caractérise par un gonflement brutal des seins, et cette variation de volume distend trop vite les tissus cutanés de soutien. D'où vergetures, ruptures du tissu élastique pouvant entraîner des lésions esthétiques irréversibles. Étant donné le rôle des seins dans notre civilisation, c'est un argument de poids.

◆ Troisième risque et c'est le plus important : un sein engorgé se surinfecte facilement. L'engorgement est la source des complications infectieuses. Pour peu que le mamelon gercé, crevassé, favorise l'entrée des germes, l'aggravation est imminente. Et l'aggravation, c'est le premier stade de l'infection du sein : la lymphangite.

La lymphangite (ou mastite inflammatoire)

Malheureusement encore fréquentes quand la mise en route de l'allaitement est défectueuse, les lymphangites devraient devenir exceptionnelles et surtout ne devraient pas évoluer vers les infections sévères du sein. C'est un point capital. Quand les premières difficultés sont traitées à temps et bien traitées, le risque de complications est minime.

◆ Les symptômes

Toute femme allaitant qui présente brutalement de la fièvre, une fatigue générale intense, des douleurs diffuses, doit à priori et jusqu'à preuve du contraire être considérée comme atteinte d'une lymphangite. Bien sûr, il peut ne s'agir que d'une banale grippe. Il importe de le prouver.

Dans la majorité des cas, une lymphangite se manifeste en outre par des signes mammaires très importants : gonflement global extrêmement douloureux d'un sein, douleur ou rougeur localisée en placard ou en traînée sur le sein, extrêmement sensible au toucher ou à la pression des vêtements. Parfois gonflement également douloureux des ganglions axillaires (sous le bras), que l'on sent nettement rouler sous les doigts à l'examen.

◆ Que se passe-t-il ?

Le mot lymphangite recouvre en fait deux problèmes médicaux tout à fait différents :

◆ **La lymphangite inflammatoire** (environ 95 % des cas). C'est une réaction interne du sein, purement inflammatoire, pour nettoyer un œdème, une stase liquidienne après un engorgement. La localisation du placard rouge renseigne souvent sur la cause du blocage : soutien-gorge trop serré, appui des doigts pendant la tétée, mauvaise position pour dormir...

◆ **La lymphangite infectieuse exceptionnelle.** Elle complique souvent le tableau précédent si l'on n'a pas conduit correctement le traitement. Il s'agit d'une bataille rangée. Des germes dangereux ont pénétré dans le sein et l'organisme met toutes ses batteries anti-infectieuses en action pour empêcher leur installation. Leur défaite aboutirait à une infection vraie, mais le corps d'une femme en bonne santé, bien nourrie, qui gère bien son allaitement, a en lui tous les éléments pour gagner la bataille, à condition de ne pas gêner les facteurs de défense (cf. paragraphe suivant).

Le lait maternel est tellement riche en éléments anti-infectieux qu'il est peu probable, dans des conditions normales d'hygiène, que les germes puissent remonter par les canaux galactophores, à partir des pores du mamelon. Les quelques microbes qui s'y aventureraient seraient immédiatement bloqués, et leur multiplication serait impossible. Le lait maternel contient souvent quelques germes, mais en très petit nombre, et sans aucun risque pour le bébé.

◆ **Comment traiter une mastite inflammatoire ?**

Dans une mastite inflammatoire, 95 % des cas, je le rappelle, il ne faut surtout pas arrêter l'allaitement :
• Le lait n'est pas infecté. Même dans les lymphangites infectieuses, il n'y a jamais d'infection du lait avant plusieurs jours d'évolution.
• Le tire-lait n'est pas favorable à une bonne vidange du sein, donc à la diminution des symptômes. Le bébé est bien plus efficace, et un bon drainage du sein règle le problème.
• Les anti-inflammatoires accélèrent le retour à la normale.

Il convient donc de :
• Mettre l'enfant au sein le plus souvent possible, au moins dix à douze fois par vingt-quatre heures.
• Commencer les tétées par le côté malade. Sur le moment la tétée est très douloureuse, mais ensuite le sein dégorgé est moins sensible.
• Là encore, les principaux facteurs de guérison sont : repos au lit absolu de la mère, son bébé à côté d'elle, prêt à téter à tout moment, plus pansements ou cataplasmes humides et chauds sur le sein. Éventuellement vessie de glace pour certaines mères que le froid soulage mieux.

Normalement, les signes de lymphangite disparaissent spontanément en quelques heures.

◆ S'il n'y a pas d'amélioration au bout de vingt-quatre à trente-six heures de ce traitement simple, il sera bon de consulter un médecin car il faut prévoir un traitement antibiotique de sécurité qui doit répondre à trois conditions :
• Le médecin prescrira un antibiotique à priori efficace sur le staphylocoque, germe le plus souvent en cause. Donc, éliminer les traitements à la pénicilline ou aux ampicillines qui sont inefficaces et très dangereux, car ils favorisent la pullulation du microbe qu'ils sont censés combattre.

- Prévoir un traitement prolongé : au moins dix jours. Les traitements courts (cinq ou six jours) décapitent les signes cliniques mais ne règlent pas le problème infectieux, qui risque de redémarrer quelques jours ou semaines plus tard sous forme d'une complication sévère. C'est de cette manière que l'on fabrique les abcès du sein.
- Laisser l'enfant au sein. Le lait est et reste bon. Il suffit de choisir des antibiotiques qui n'ont pas de toxicité pour l'enfant.

◆ **Les lymphangites à répétition**
Certaines femmes enchaînent les lymphangites. Ce qui semble être deux ou trois lymphangites successives n'est en réalité le plus souvent qu'une seule atteinte qui disparaît, puis réapparaît parce que la mère n'a pas fait assez attention, n'a pas pris soin d'elle-même assez longtemps, parce que le traitement a été trop court ou mal suivi, le repos incomplet.

◆ Si réellement les lymphangites se répètent anormalement, Mary White, une des fondatrices de la Leche League, conseille aux femmes de s'interroger pour comprendre ce qui ne va pas. Voici ses questions :
- Le bébé tète-t-il assez souvent (au moins dix à douze fois par vingt-quatre heures) ?
- Le bébé est-il aussi allaité la nuit ?
- Tète-t-il des deux côtés à chaque repas ?
- Ne manquez-vous pas de fer ou de vitamine ?
- Êtes-vous anémique ? Avez-vous eu une numération sanguine en cas de doute ?
- Allaitez-vous votre bébé encore plus souvent aux premiers signes d'une lymphangite ?
- Vous reposez-vous réellement, couchée dans votre lit, et pensez-vous à mettre des pansements chauds sur la région atteinte ?
- Prenez-vous de la vitamine C ? (Il semble qu'un supplément de vitamine C pendant toute la maladie et même une semaine après soit une bonne initiative.)
- Ne prenez-vous pas trop d'antibiotiques ? Ils peuvent empêcher l'organisme de construire ses propres défenses immunitaires. (Nous pensons que **presque toutes les lymphangites traitées à temps peuvent se passer d'antibiothérapie**. Il est impératif, en revanche, de consulter un médecin si les signes n'ont pas disparu au bout de vingt-quatre heures.)
- Buvez-vous énormément de lait (riche en sel, et allergisant pour de nombreuses personnes, ce qui peut favoriser un engorgement) ?
- Êtes-vous en période de règles ? Les quelques jours qui précèdent sont des moments critiques (à cause de la rétention saline).

- Êtes-vous heureuse d'allaiter et de vous occuper de votre enfant ?
- Avez-vous des problèmes avec votre mari ou votre entourage au sujet de l'allaitement ?
- Ne voulez-vous pas faire trop de choses : ménage, loisirs, etc.?
- Dormez-vous suffisamment ? Faites-vous la sieste dans la journée ? Gardez-vous votre bébé au lit avec vous la nuit pour ne pas perdre de sommeil ?
- Donnez-vous des sédatifs à votre bébé ? Si oui, arrêtez.
- Traitez-vous les mamelons douloureux attentivement et bien à fond ?
- Avez-vous éliminé tout ce que votre bébé mange ou tète d'autre que le lait maternel ? Avant six mois, les bébés n'ont besoin que du lait de leur mère. Moins ils auront d'autres aliments, mieux cela vaudra.

J'ai cité intégralement ce long questionnaire, car il me paraît résumer parfaitement les principales causes de cette affection et le moyen d'y remédier.

◆ **Un symptôme peut en cacher un autre.** Les lymphangites à répétition peuvent être le signe d'appel d'une infection inapparente à distance, dont les bactériémies ensemencent le tissu lymphatique mammaire. En ordre de fréquence : les abcès dentaires, les endométrites chroniques et les infections urinaires. Il est donc utile de prévoir une consultation dentaire et une consultation médicale gynéco-urologique devant toute rechute inexpliquée de lymphangite.

Les infections sévères du sein

Les germes qui pénètrent peuvent arriver au sein par deux voies différentes :
- Soit par une effraction cutanée du mamelon ou de l'aréole. Les microbes pénètrent, mais seront vite « repérés » par les mécanismes de défense interne du sein.
- Soit par le sang à partir d'un foyer infectieux à distance : infection urinaire, abcès dentaire, infection utérine traînante...

Les microbes dangereux sont captés par le système lymphatique du sein, dans lequel ils vont être inhibés, ou détruits, par les cellules de lutte contre l'infection (polynucléaires, macrophages, lymphocytes) et par les anticorps que la mère fabrique instantanément contre eux. Les germes en cause sont le plus souvent des staphylocoques ; plus rarement des streptocoques, des germes pyogènes Gram négatif. C'est important à savoir pour la décision du traitement ultérieur.

Les infections sévères du sein ne devraient plus se rencontrer, ou dans des cas tout à fait exceptionnels. Pourtant, elles existent, principalement lorsque les conditions de vie de la mère sont trop dures : travail épuisant, nombreux enfants, alimentation insuffisante, mauvaise hygiène générale. C'est aussi, hélas, quand les conditions socio-économiques sont les plus dures que l'allaitement maternel est le plus nécessaire à l'enfant... Comment sortir de cette impasse ?

Les infections sévères apparaissent sous deux formes successives : la phase de mastite infectieuse et l'abcès du sein. Toutes deux ont la même signification. L'infection a franchi les barrières lymphatiques du sein et se propage dans la glande mammaire. À ce stade, le lait contient des microbes pathogènes.

La phase de mastite infectieuse

Elle apparaît trois à quatre jours après le début d'une lymphangite mal traitée. La mère a un peu de fièvre (38-38,5 °C). Le sein malade est tendu, modérément douloureux.

◆ Un diagnostic simple

Ce qui caractérise cette phase, c'est la présence de pus dans le lait. Avant tout traitement, il faut identifier le germe en cause, donc prélever du lait purulent pour examen cytobactériologique et antibiogramme. C'est essentiel pour adapter les antibiotiques et donc avoir un traitement efficace.

◆ Le traitement

À ce stade, il comprend :

• Un maintien de l'allaitement : du côté atteint, multiplier des flux d'éjection par massage aréolaire léger ou utiliser le tire-lait en plus des tétées.

• Une antibiothérapie adaptée et prolongée (au moins quinze jours) associée à des anti-inflammatoires. Il est conseillé de commencer systématiquement par un macrolide (type Rovamycine®), ou par une bêtalactamine efficace sur les staphylocoques (type Bristopen®). Si la disparition de tous les signes n'est pas franche et rapide (moins de quarante-huit heures), l'antibiothérapie sera nécessairement adaptée en fonction de l'antibiogramme.

• Un repos strict au lit de la mère pour l'aider à lutter contre l'infection.

◆ Peut-on poursuivre l'allaitement ?

Si l'état général de la mère lui permet d'envisager de ne pas arrêter l'allaitement, il est toujours possible de faire téter le bébé, à condition bien sûr de choisir des antibiotiques qui ne lui poseront pas de problèmes.

Sous l'effet de ce traitement, la mastite infectieuse guérit le plus souvent. Dans le cas contraire, on assiste à une évolution vers l'abcès du sein.

L'abcès du sein

La fièvre de la mère remonte à 39 ou 40 °C, les douleurs sont très vives, lancinantes, empêchent le sommeil. La mère est épuisée, très pâle. À l'examen, on perçoit dans un sein très sensible un noyau dur, extrêmement douloureux, très nettement visible en échographie. La numération sanguine montre des signes d'infection grave (beaucoup de leucocytes, essentiellement des polynucléaires).

◆ **Le traitement**
À ce stade, il doit associer dès que possible, suivant les signes cliniques :
• Une antibiothérapie adaptée à l'antibiogramme et très prolongée.
• Une incision chirurgicale de l'abcès pour drainer le pus qui s'est collecté.

◆ **L'abcès froid**
Parfois, surtout lorsqu'il y a eu des traitements antibiotiques insuffisants, l'abcès peut prendre une autre forme. C'est ce que l'on appelle l'abcès froid. La mère n'a pas, ou n'a plus, de fièvre, le sein est peu douloureux, mais on y palpe un noyau sensible, contenant quelques centimètres cubes de pus. Là encore, il faut vider l'abcès chirurgicalement. S'il est possible de bien nettoyer toute la zone infectée, il ne sera pas indispensable d'y ajouter des antibiotiques. Quand l'infection est ainsi collectée, « refroidie », ils n'ont plus grande utilité. Certains praticiens préconisent maintenant une vidange de l'abcès à l'aiguille, avec lavage soigneux, sans incision. C'est souvent suffisant et les suites sont beaucoup plus simples.

◆ **Peut-on poursuivre l'allaitement ?**
Si l'état de fatigue de la mère le permet, et si elle a très envie de continuer à allaiter son bébé, elle peut le faire du côté non malade. À condition de multiplier les précautions d'hygiène (douches, lavages des mains, changements fréquents de linge...) pour éviter tout contact de l'enfant avec les germes de cette infection.
Une femme qui désire profondément allaiter peut reprendre l'allaitement même après un abcès au sein à condition :
• D'attendre au moins deux à trois semaines après la disparition de tous les signes cliniques ; la cicatrice doit être parfaite.
• D'avoir au moins deux prélèvements bactériologiques de lait stérile, à huit jours d'intervalle.

- Entre-temps, de provoquer des flux régulièrement par massage aréolaire doux ou en utilisant le tire-lait pour éviter une reprise évolutive à partir d'un nouvel engorgement.

Une femme qui a eu un abcès n'a aucune raison d'en avoir un autre lors d'un nouvel allaitement.

Un abcès du sein est un accident. La conséquence d'une erreur thérapeutique. Un antécédent d'abcès n'est pas du tout une contre-indication définitive à l'allaitement. La mère peut choisir librement si elle désire ou non essayer de nourrir son prochain enfant. Elle a toutes les chances, au contraire, d'allaiter cette fois sans problèmes.

Allaitement et pathologie mammaire

C'est un sujet mal connu, sur lequel de nombreuses publications médicales essayent de faire le point. L'allaitement joue-t-il un rôle dans la prévention ou dans l'apparition des tumeurs du sein ? Une femme ayant subi des interventions chirurgicales sur un sein peut-elle encore allaiter ?

Les tumeurs du sein

Après trente ans, de nombreuses femmes présentent une pathologie kystique des seins : tumeur bénigne isolée ou mastose kystique étendue, plus ou moins généralisée. Le signes cliniques sont connus : douleur des seins avant et pendant les règles, présence dans les seins de petites masses arrondies de la taille d'un petit pois. Dans ces cas, aucun doute, l'allaitement ne pose aucun problème et l'allaitement est bénéfique. Non seulement il y a moins de tumeurs bénignes chez les femmes qui allaitent leurs enfants, mais, en plus, les signes kystiques diminuent souvent au cours d'un allaitement et peuvent même disparaître, évitant à la mère un geste chirurgical toujours en suspens.

Dans les semaines, ou mois, qui suivent l'arrêt d'un allaitement, certaines femmes présentent dans le sein une ou deux masses kystiques arrondies, non douloureuses, sans aucun signe clinique ni douleur, ni signe inflammatoire, ni saignement... Ces galactocèles correspondent simplement à des lobules restés pleins de lait, très dilatés. Il n'y a aucun risque, aucun problème évolutif. Ces petits kystes de lait disparaissent spontanément en quelques mois. Il suffit de ne pas y toucher.

On a souvent dit que l'allaitement maternel avait un rôle préventif dans les cancers du sein. Pendant ces trente dernières années, les études ont été contradictoires, d'où les avis, également contradictoires que l'on peut entendre ou lire. Un certain nombre d'études récentes ont permis de faire le point : la fréquence des cancers du sein est moindre chez les femmes qui allaitent que chez les autres. Le niveau de protection est proportionnel au temps total d'allaitement sur une ou plusieurs grossesses. Plus longtemps on allaite, plus la probabilité de cancer est faible.

Allaitement et chirurgie mammaire

Un certain nombre de jeunes femmes ont subi avant leur grossesse des interventions sur la glande mammaire, soit pour des raisons esthétiques, soit pour soigner des kystes ou autres masses glandulaires. Seule la plastie de réduction mammaire peut poser de vrais problèmes.

◆ **L'allaitement est-il encore possible ?**
La réponse ne peut être donnée que par le chirurgien. Il y a deux questions à poser :
- L'intervention a-t-elle sectionné un nombre important de canaux galactophores ?
- L'intervention a-t-elle détruit une large part de l'innervation de l'aréole ? Plus l'intervention est récente, plus ce défaut d'innervation posera problème. En effet les nerfs « repoussent », et une opération qui date déjà de trois, cinq ou dix ans peut ne gêner en rien la physiologie de la lactation.

Si la réponse à ces questions est négative, ce qui est le cas avec les techniques chirurgicales récentes, l'allaitement est parfaitement possible. Ne pas oublier, dans la décision de tenter ou non une lactation, le préjudice esthétique ultérieur possible d'un engorgement. D'où l'intérêt de bien choisir comment être accompagnée après la naissance.

Les implants de silicone, glissés sous la peau pour augmenter le volume et la bonne tenue des seins par certains chirurgiens, ne gênent pas non plus la lactation. La grossesse et l'allaitement n'auront aucune incidence sur ces interventions esthétiques.

CHAPITRE VIII

Les mille et une tétées
ou la phase d'équilibre

Mon Bien-Aimé est pour moi un bouquet de myrrhe qui repose entre mes seins.

Cantique des Cantiques, 1,13

Sein gauche si rose et si insolent, je t'aime
Sein droit si tendrement rosé, je t'aime
Mamelon droit couleur de champagne non champagnisé, je t'aime
Mamelon gauche semblable à une bosse du front d'un petit veau qui vient de naître,
je t'aime.

Apollinaire, *Poèmes à Lou*

Le jardin des délices

Il ne me paraît pas possible, ni opportun, de disserter longuement sur ce qui se vit entre une mère, son enfant et le reste de la famille lorsque tous les problèmes, toutes les difficultés passagères des premières semaines sont aplanis.

Le bonheur ne se met guère en mots. Chaque mère, chaque père va le vivre à sa manière. Il n'y a pas de modèle, pas de théorie possible. Les expériences sont multiples, uniques et irremplaçables. C'est pourquoi je laisserai dans ce chapitre la parole à un certain nombre de jeunes parents de mon entourage qui ont vécu un allaitement prolongé et heureux – témoignages tout simples d'un merveilleux moment de vie.

Après quelques semaines d'allaitement, mère et enfant atteignent une nouvelle phase. C'est le début du bonheur paisible, de la grande quiétude heureuse. La fatigue de l'accouchement et des premiers jours s'estompe. La mère est plus confiante, nourrit et baigne son bébé sans angoisse, connaît ses rythmes de faim et de sommeil. En même temps, le bébé se transforme, acquiert sa personnalité. Il devient capable de regarder, de sourire, de reconnaître. Il sait manifester son plaisir lorsque sa mère le prend dans ses bras. C'est le début des vrais échanges : échanges de regards, échanges de rires, échanges de jeux, échanges de caresses pendant les tétées. L'enfant devient très actif, joue avec le sein, le prend, le laisse, le reprend, s'amuse des paroles de sa mère et gazouille pour y répondre. Il découvre le reste de la famille, appelle son père ou ses frères et sœurs, relève la tête pour regarder son univers. Il cherche à attraper les jouets colorés qu'on lui présente. Dans le bain, il tape des pieds et des mains pour arroser son entourage. Tout son éveil n'est qu'un jeu, une recherche douce de plaisir.

Au plus profond de lui-même, il sait que sa mère comble ses désirs et ses besoins. Les appels de faim sont plus de simples avertissements souvent joyeux et patients.

Si l'enfant a été nourri réellement à la demande pendant les premières semaines, il n'a plus peur de manquer.

Il n'a guère besoin de pleurer, toutes ses journées chantent la joie de vivre : vocalises, gazouillements, sourires, mimes des gestes de l'entourage. L'enfant aime de façon immense, infinie. Pourquoi ne parle-t-on que d'amour maternel ? Dans cet échange, il y a au moins trois amours : la mère, le père et l'enfant.

Josée : 30 ans, sage-femme ; deuxième enfant ; allaitement, 14 mois

Comme il m'avait semblé évident d'allaiter Emmanuel le plus tôt possible après sa naissance, il m'a paru aussi naturel de prolonger après trois mois ce qui marchait si bien et convenait à toute la famille. Chacun y trouvait son compte. Le consommateur en personne tétait avec bonheur et poussait comme une belle plante. Donc, la mère était contente, le père était content que la mère et l'enfant soient contents, et le frère aîné était également satisfait puisque tout le monde était content...

Je n'avais pas du tout prévu la durée de l'allaitement, laissant au bébé le soin d'improviser au jour le jour selon ses désirs, ses besoins. Au hasard de nos repas, il a progressivement goûté, à la cuillère, des fruits écrasés, des légumes...

Vers un an, il voulait manger tout seul à la cuillère. Rien à voir avec ce qu'un médecin généraliste m'avait prédit (enfant capricieux, difficile à nourrir, refusant la cuillère, etc.). Il a gardé jusqu'à quatorze mois la tétée du petit matin : vers 6 h 30 toute la maison sommeille, Emmanuel escalade son lit à barreaux et vient se lover contre moi, à la recherche de son repas matinal. Il tète avidement – le lait est abondant le matin – et se rendort jusqu'à l'heure du lever familial.

François : 25 ans, étudiant en agronomie ; premier enfant

On a toujours pensé qu'il était aussi beau parce que NOUS l'allaitions. Je n'ai pas douté une seconde de la réussite. C'était une évidence.

Germaine : 80 ans, ne travaillait pas, mari industriel ; 9 enfants, tous allaités 1 an

J'ai eu neuf enfants et je les ai tous allaités pendant un an environ. L'allaitement, c'était merveilleux, un moment très doux. J'aimais ce temps seule à seul avec le bébé. Parfois je disais que le bébé avait besoin de silence et de tranquillité pour téter. Je montais dans ma chambre, fermais la porte à clé, prenais un bon livre... J'allais m'asseoir confortablement, le bébé tétant à côté de moi. Et je vivais un long moment paisible, heureuse dans mon corps, heureuse d'être libérée un temps des charges de la maison. Je n'aurais jamais pu être aussi tranquille avec un biberon à préparer et à réchauffer. D'ailleurs, j'ai toujours pensé très fort qu'en allaitant mes enfants je leur « fabriquais une santé », qu'ils ne pourraient pas être malades grâce à moi.

Thérèse : 20 ans, ne travaille pas, mari ouvrier ; deuxième enfant ; allaitement encore en cours à 15 mois

Ce que j'apprécie le plus, c'est quand Pierre est là, avec moi, quand je nourris Élodie. J'ai l'impression que nous allaitons ensemble, tant son regard est rempli de tendresse et d'amour. Pouvoir vivre intensément et merveilleusement ce plaisir que l'homme n'a pas m'a procuré un certain équilibre. J'apprécie mieux mon corps de femme et ses privilèges. Si je refais un jour un autre enfant, ce sera pour le plaisir de l'allaiter.

Gérard : 25 ans, directeur commercial ; deuxième enfant

L'allaitement, c'est l'harmonie, l'harmonie parce que l'évidence, parce que la simplicité, parce que la liberté, parce que je voyais l'enfant s'épanouir. Je n'arrive pas à cerner où l'allaitement pourrait être un problème pour moi.

Élisabeth : 30 ans, ouvrière ; 3 enfants tous allaités ; le troisième a 1 an, en cours d'allaitement

Florence est arrivée et tout de suite elle a tété. J'ai les bouts de seins ombiliqués, ce qui fait qu'au début c'est drôlement difficile. Trois semaines de crevasses et d'engorgements. Heureusement qu'il y a des barreaux au lit, et le moral... !

En premier, en dernier et partout, le bébé et le plaisir réciproque qu'on se donne. C'est très sexuel et c'est mieux que ça, sans arrière-pensée, sans retenue et sans raison. C'est merveilleux d'avoir ce petit bout à soi, tout chaud dans les bras, qui tète bien sûr, ce qui est très agréable, mais qui se pelotonne et s'abandonne aux caresses et au plaisir, qui de ses mains grattouille le côté du dos, tire les poils, pince la peau du sein et du mamelon ; qui règle son propre désir à sa façon d'empoigner le sein à pleine bouche et à pleines mains.

J'aime me déshabiller devant elle et me voir appréciée... C'est tellement différent des hommes qui te déshabillent. Elle prend du plaisir à me toucher, à me sentir, et je prends du plaisir à être découverte centimètre carré par centimètre carré... à la voir se remplir de moi.

Ce qui est chouette, c'est qu'en grandissant, de goulue et gourmande elle est devenue gourmette, et qu'en me voyant, elle sait exactement le plaisir qui l'attend, et elle sait comment elle pourra le moduler et en tirer le maximum.

C'est une relation très, très forte, mais en même temps, comme moi, ça ne l'empêche pas de vivre sa vie. Je trouve même qu'elle a bien passé le cap des huit mois.

Alain : 30 ans, ouvrier ; premier enfant

Chaque matin, je me levais au premier cri de Guillaume et le portais contre Martine. Il se mettait à téter sans même se réveiller, et moi, je les caressais tous les deux, la mère et l'enfant. C'était un grand moment de tendresse à nous trois... Ce qui ne m'empêchait pas de le voir évoluer sans vouloir le garder à l'état de bébé.

Je voudrais brièvement, dans les pages qui suivent, répondre aux quelques questions qui peuvent se poser pendant cette période, dire ce qui est normal, ce qui est médicalement possible, tant pour la mère que pour l'enfant. Là encore, traditions, habitudes, recettes médicales et nécessité vraie sont allègrement confondues, formant un vaste halo « technique » plus ou moins exact. Essayons de préciser les points importants.

Le nourrisson qui va bien

Il est facile de reconnaître au premier coup d'œil un bébé en bonne santé et bien nourri. Il est tout rose, les lèvres bien colorées. Il dort calmement. Quand il se réveille, il est tonique, ouvre grand les yeux, tient bien sa tête et son dos, hurle vigoureusement si on le dérange, mais se calme très vite quand on le caresse, quand on lui parle doucement. Les deux premiers mois, il est le plus souvent « en flexion », c'est-à-dire bras et jambes pliés, poings fermés, dos arrondi. Petit à petit, il détend ses membres, apprend à les étaler et, au contraire, à mieux tenir son dos, sa tête. Il apprend à sourire, à gazouiller, puis à rire.

Rythme et horaire des tétées

Dans la diététique traditionnelle, un nourrisson à terme était nourri à heures fixes, six fois par vingt-quatre heures, avec un jeûne nocturne prolongé (neuf heures environ). On le passait à cinq repas lorsqu'il atteignait 5 kg, et à quatre repas à 7 kg environ.

Une telle rigueur n'a aucun sens. En allaitant à la demande, le rythme spontané moyen des enfants est très différent. Au début, la majorité des nouveau-nés réclament huit à douze repas par vingt-quatre heures, et très peu d'entre eux ne demandent pas de tétées la nuit. Ils restent au même rythme pendant six à huit semaines, puis, brutalement, et presque du jour au lendemain, ils sont capables de patienter, de modifier leur rythme, d'allonger des temps de sommeil.

◆ **Le problème des tétées de nuit**

Les passions se déchaînent. Les partisans d'une éducation « ferme » sont formels : « Pas de repas la nuit, sinon l'enfant va s'habituer ! »

Mais, au juste, s'habituer à quoi ? À réclamer à manger lorsqu'il a faim ? Je n'arrive pas à trouver cela anormal. En revanche, le laisser crier pendant des heures pour le déshabituer d'avoir faim ne lui apprend rien... et me paraît bien inhumain ! Toutes les études sérieuses sont concordantes. À trois mois, les enfants nourris à la demande dorment aussi bien, aussi longtemps que les enfants soumis à une discipline sévère. Répondre à la demande d'un tout-petit, l'assurer qu'il ne manquera de rien, n'est pas, ne peut pas être, le gâter. Sa personnalité se construit au tout début sur la sécurité. Pas sur les brimades.

◆ **L'horaire des tétées de jour**

Il est, lui aussi, très irrégulier. Certains enfants réclament à intervalles réguliers, toutes les trois heures ou toutes les quatre heures. Mais un certain nombre d'entre eux s'installent différemment. Par exemple : trois tétées rapprochées le matin (toutes les heures environ), six à sept heures de sommeil paisible, trois ou quatre tétées rapprochées le soir et de nouveau six à sept heures de sommeil pendant la nuit.

Pourquoi pas ? Si la courbe de poids est bonne, il n'y a aucune raison d'imposer un autre horaire. Seules la fatigue de la mère ou les difficultés d'organisation matérielle constituent des arguments valables contre. L'enfant qui mange quand il le désire ne risque rien.

◆ **Le bébé peut ne pas avoir faim, mais soif**

La toute première raison des pleurs répétés d'un bébé, bien plus fréquente que la diminution du lait de sa mère, c'est la soif. Nos bébés français sont, en moyenne, beaucoup trop couverts : brassière de laine, pantalons chauds, couvertures pliées en quatre même l'été, chambre trop chauffée. Le seul moyen dont dispose un enfant pour lutter contre la chaleur est de réclamer à boire très souvent... Sinon il risque de se déshydrater. Il en a absolument besoin – et très souvent – s'il est trop habillé. Bien sûr, l'idéal est d'apprendre aux mères (et aux grands-mères) qu'un enfant n'a nul besoin de tant de lainages et qu'il n'a pas à être plus habillé que les adultes qui l'entourent. Ce n'est guère facile à faire admettre.

Si un bébé ayant suivi un horaire régulier se met à pleurer très souvent, plus de huit à dix fois par jour, la première question à se poser est : « N'a-t-il pas trop chaud ? »

Durée des tétées

Elle peut être éminemment variable. Beaucoup de mères s'inquiètent parce que l'enfant tète quelques minutes et s'endort calmement ensuite. Une tétée courte de quatre ou cinq minutes peut être tout à fait satisfaisante du point de vue nutritif.

La majorité des enfants préfèrent rester au sein beaucoup plus longuement, souvent vingt ou trente minutes. Ils y trouvent alors non seulement un peu de lait, mais l'immense plaisir de sucer, de téter librement, de jouir du corps de leur mère. Si celle-ci est bien installée, paisible, a tout son temps pour répondre à la demande de l'enfant, pourquoi vouloir leur imposer, à l'un et à l'autre, un temps de bonheur limité ? L'enfant pourrait virtuellement rester au sein vingt-quatre heures sur vingt-quatre sans aucun risque pour lui. Il ne peut ni se « dilater l'estomac » ni craindre diarrhées graves, troubles du sommeil, troubles psychologiques ou autres maux d'origine faussement médicale.

C'est à la mère, et à elle seule, de décider librement du temps qu'elle peut, et veut, passer avec l'enfant au moment des tétées. Il semble, d'ailleurs, qu'il existe un parallélisme précis entre la durée des tétées et les coliques douloureuses des tout-petits : les enfants de moins de trois mois pleurent souvent, semblent avoir mal au ventre. Ils se calment si on les berce, si on leur caresse le ventre doucement ou s'ils éliminent quelques gaz. Ces troubles digestifs minimes, appelés coliques par les grands-mères, sont beaucoup plus rares et modérés si l'enfant peut téter à sa guise... (d'où l'invention fort contestable de la sucette !). Ne vaut-il pas mieux leur offrir le sein aussi souvent que la mère peut être disponible ?

Et si ces troubles apparaissent le soir, à la tombée de la nuit, il ne s'agit pas de coliques, mais du premier signe que le bébé ressent, commence à ressentir, la différence entre le jour et la nuit. Tout un **apprentissage du temps** qui débute !

Courbe de poids des premiers mois

On ne devrait plus voir, dans chaque chambre de nourrisson, un énorme pèse-bébé qui trône sur la table, rappelant à la mère la nécessité impérieuse de chiffres et de poids...

Si l'enfant va bien – et je l'ai déjà dit, cela se voit –, il est absolument inutile de le peser chaque jour. Une fois par semaine pendant le premier mois si le démarrage est laborieux, puis une fois par mois.

Une mère qui doute de la quantité de lait absorbée par l'enfant n'apprendra rien en pesant les tétées. Si l'enfant semble avoir faim, la seule technique possible est de le remettre au sein plus souvent. En réalité, dès la fin du premier mois, une pesée mensuelle, lors de l'examen médical systématique de l'enfant, est bien suffisante.

◆ **Quels sont les chiffres normaux de prise de poids d'un enfant ?**
Il existe dans les premières pages des carnets de santé, remis aux parents à la naissance de chaque enfant, des courbes de poids, taille et périmètre crânien. Il est très simple d'y dessiner, mois après mois, l'évolution pondérale de l'enfant. Inutile d'en faire plus. Ces courbes sont des courbes moyennes.

◆ Un enfant peut demeurer à la limite inférieure de la normale en étant en parfaite santé. C'est fréquemment le cas des enfants au sein, jugés souvent menus. Pourquoi menus ? Parce qu'on les compare aux gros bébés nourris au lait de vache (trop riche pour eux) ou bourrés de farines. Une seule chose est certaine : les gros enfants ne sont pas les enfants en meilleure santé. Il y a en particulier beaucoup moins de pathologies respiratoires (bronchites, pneumopathies...) chez les enfants menus que chez les gros bébés.
Il est bon de rappeler que les courbes de croissance des enfants sont des courbes statistiques et ont été élaborées au début des années 1970 sur une large population d'enfants. Or, à cette date, 98 % des enfants d'un mois et

près de 100 % des enfants de trois mois étaient nourris aux laits artificiels ou au lait de vache. Elles sont donc partiellement fausses par excès.

◆ Si la courbe de poids d'un enfant paraît excessive, trop verticale, le premier geste à faire est de la **comparer à la courbe de taille**. S'il grandit aussi vite qu'il grossit (donc si les deux courbes sont grossièrement parallèles), il n'est sûrement pas obèse. Il s'agit seulement d'un enfant à croissance rapide... Rien là que de normal. J'ai vu conseiller des « régimes amaigrissants » pour des enfants magnifiques et réellement minces, parce qu'ils étaient trop lourds (en les comparant à des chiffres théoriques). En réalité, le médecin ou la puéricultrice avait oublié de les regarder, et de s'apercevoir qu'ils n'étaient pas gros, mais grands, donc plus lourds que la moyenne de leur âge. C'était pourtant une évidence !

◆ Dernier point essentiel : **les enfants nourris au sein et à la demande** ne sont pas, **ne risquent pas de devenir obèses**. Le lait maternel, même absorbé en grandes quantités, n'apporte pas à l'enfant des calories excessives qui lui constitueraient des réserves graisseuses importantes.
Sauf cas pathologiques rarissimes, les enfants obèses sont des enfants mal nourris (laits trop riches et farines), et surtout des enfants que l'on force à terminer leur ration. Les nourrissons au sein règlent très bien leur appétit sur leurs besoins.

Vaccinations chez l'enfant au sein

Quand l'enfant est nourri par sa mère, faut-il le vacciner ? Peut-on le faire normalement ? C'est une question essentielle et pourtant mal connue.
Nous l'avons vu, le lait de la mère est riche en immunoglobulines, mais celles-ci restent dans l'intestin du bébé (peinture d'anticorps) et ne le protègent que des infections digestives ou à porte d'entrée intestinale. L'enfant n'est donc pas armé contre la plupart des maladies que l'on cherche à lui éviter : tuberculose-diphtérie-tétanos-coqueluche-rougeole-poliomyélite. Il est donc préférable de ne pas retarder ces différentes vaccinations.

L'enfant qui a des dents

Je ne sais quels mythes et fantasmes ont imposé dans de multiples civilisations le sevrage brutal des enfants dont les dents apparaissent. Il est vrai que cette apparition correspond à une certaine maturité générale et digestive. L'enfant peut commencer à goûter d'autres aliments, à s'en nourrir. Mais il n'y a aucune urgence, aucune raison impérative de le sevrer. Il peut très bien continuer à téter... et pendant de longs mois. En plus, cela ne pose aucun problème à sa mère. Un mamelon qui a « servi » régulièrement pendant quatre à six mois est très résistant, ne souffre pas du tout de « morsures », ne risque pas d'être blessé gravement. Il n'y a pas de craintes à avoir. Les premières dents à pousser sont presque toujours les incisives médianes de la mâchoire inférieure (les dents du bas). En tétant, l'enfant avance sa langue pour tirer le mamelon entre sa gencive supérieure en haut et sa langue en bas. Les premières dents ne sont donc nullement au contact du mamelon.

Aucun enfant, dans aucune histoire crédible, n'a jamais « dévoré » le sein de sa mère. Oublions les contes fantastiques et leurs rêves de mutilation. Ils n'ont rien à voir avec la réalité.

En revanche, un jour ou l'autre, l'enfant dont les dents ont poussé va tester le geste de mordre, l'essayer pour voir quelles sensations lui viennent et comment réagit sa mère. Ce sera à elle d'imposer, fermement, clairement, un interdit absolu à recommencer car cela lui fait mal.

◆ **En résumé**

Allaiter un bébé, c'est simple, extrêmement simple. Inutile de se préoccuper d'heure, de poids, d'âge, de maladies possibles. Tout est simple, la sécurité est totale. L'enfant bénéficie de la meilleure nourriture qui soit au monde pour lui ; il jouit de la présence de sa mère, de sa tendresse. Harmonie parfaite qui peut durer aussi longtemps qu'ils le désirent l'un et l'autre...

La mère qui va bien

Pour la mère, la phase d'équilibre correspond à la période de régulation autocrine. Le sein fonctionne de façon autonome, fabrique du lait au moment où l'enfant tète, et juste à la quantité désirée. Le corps de la mère retrouve peu à peu son équilibre hormonal d'avant la grossesse. Ovulation et retour de couches deviennent possibles. Quelles sont les différentes questions qui peuvent se poser ?

L'alimentation de la femme qui allaite

La nutrition de la mère ne pose aucun problème. Il est inutile d'en parler longuement. Il suffit que son régime soit riche en protéines (viandes, œufs, poissons), en laitages, en fruits et légumes frais. Il n'y a aucune contre-indication absolue. Certains légumes (chou, ail, asperges) donnent une saveur un peu forte au lait pendant quelques heures, mais n'est-ce pas le meilleur moyen d'habituer l'enfant en douceur aux goûts de ses futurs aliments ? Contrairement à ce qui se dit et s'écrit, je ne crois absolument pas que des troubles digestifs de l'enfant puissent être rattachés à la nourriture de sa mère. Par exemple qu'un enfant aura la diarrhée si sa mère mange trop d'oranges ou sera constipé si elle mange du chocolat ! Il n'y a aucun lien direct. Que la mère mange ce qui lui fait plaisir, sans excès, et tout ira pour le mieux.

◆ **Éviter l'alcool et les excitants** (thé, café) à fortes doses est la seule précaution. Là encore, seul l'excès est dangereux. Un verre de vin au cours du repas et un café après sont tout à fait compatibles avec un excellent allaitement.

◆ Dernier détail : pour fabriquer du lait, il faut de l'eau. **Une femme qui allaite doit boire chaque fois qu'elle a soif.** C'est la seule nécessité de son régime. Il n'y a aucune limite de quantité. Et il n'y a pas lieu de se forcer car, rappelons le, boire plus ne donne pas plus de lait...

La mère peut-elle s'absenter ?

Une des grandes craintes des jeunes femmes concernant l'allaitement maternel est de devenir prisonnière de l'enfant, de ne plus pouvoir sortir librement. Cette crainte est totalement injustifiée. Dès que la lactation est bien établie, régulière, il est tout à fait possible de moduler les tétées de façon très souple.

Par exemple, une jeune femme qui désire s'absenter une journée peut, la veille et avant de partir, tirer son lait et remplir deux ou trois biberons. Ceux-ci se conservent très bien dans le freezer d'un réfrigérateur pendant vingt-quatre à trente-six heures.

Savez-vous que certaines femmes tirent régulièrement un peu de leur lait qu'elles conservent au congélateur ? Elles disposent ainsi d'un stock de lait maternel dont l'enfant peut bénéficier si sa mère doit s'absenter ou a envie de partir en voyage quelques jours. Si la congélation du lait est bien faite, c'est sûrement là un très bon moyen.

À ce stade, normalement, une femme qui ne fait pas téter son bébé pendant plusieurs jours n'a pas de problème d'engorgement, de tension anormale puisque le lait est sécrété uniquement lorsque le bébé tète. Si les seins deviennent un peu gonflés, sensibles, il est facile de les vider par expression manuelle ou avec un petit tire-lait mécanique. Il suffira, quelques heures ou jours plus tard, de refaire téter l'enfant pour voir la lactation réapparaître normalement. Un seul risque : que l'enfant ait pris goût à la tétine entre-temps et préfère clairement le biberon... Cela arrive, mais pas très souvent. Le sein est tellement plus doux !

Allaitement, retour de couches et contraception

◆ **Le retour de couches n'altère en rien le lait**
Celui-ci ne devient ni moins bon, ni impur, ni dangereux pour l'enfant, ni moins abondant. Tous les racontars à ce niveau sont absurdes et moyen-âgeux, comme les histoires de mayonnaise qui ne veut pas monter, de vin qui se pique ou de lait qui tourne dans la crèmerie quand les femmes de la maison ont leurs règles... Oublions vite ces aberrations qui circulent encore.

◆ **La protection contraceptive liée à l'allaitement est liée à des conditions très strictes**
Une femme allaitant son nourrisson et ne désirant pas une nouvelle grossesse rapide ne peut se contenter d'une vague information. Pour avoir une efficacité contraceptive équivalente à celle d'une pilule ou d'un stérilet, l'allaitement doit répondre à des critères précis ayant pour but le maintien d'une fréquence élevée de pics de prolactine.

• Que l'allaitement soit exclusif avec des tétées fréquentes : au moins six, si possible dix ou douze par 24 heures.
• Que la stimulation de la succion sur les seins soit longue : au moins 90 mn par 24 h, si possible 120 mn. Donc un bébé qui téterait huit fois par jour, mais pendant 5 mn, ne permet pas une protection satisfaisante.
• Qu'il n'y ait pas d'intervalle long entre deux tétées : pas plus de 4 h dans la journée et 6 h la nuit. Si le bébé dort une nuit complète de 8 ou 10 h sans téter, une ovulation risque de se produire.
• Que le bébé ne mange rien d'autre pour entretenir une lactation abondante.
• Qu'il n'y ait pas de retour de couches.

Si toutes ces conditions sont réunies, l'allaitement protège bien jusqu'à six mois après la naissance.
Ces conditions ont été élaborées par un groupe d'experts de l'OMS, dans une conférence en 1988 dont le rapport est nommé : « consensus de Bellagio. »

Il vaut mieux ne pas attendre le retour de couches, qui peut être tardif du fait de la lactation. Celui-ci, d'ailleurs, peut être précédé d'une ovulation, donc d'un risque de nouvelle grossesse (3 à 10 % des femmes allaitant sont à nouveau enceintes avant le retour de couches). De plus, le cycle qui suit le retour de couches est toujours ovulatoire : 100 % des femmes sont fécondes dans les semaines qui suivent. Donc, il est indispensable de prévoir une méthode contraceptive au plus tard dans les cinq jours qui suivent la réapparition des règles.

ÉVOLUTION DE LA PROLACTINE DANS LES PREMIERS MOIS ET FÉCONDITÉ

① *Allaitement complet, intensif, tétées très fréquentes : la prolactine reste élevée, bloque l'ovaire. La fécondité est pratiquement nulle.*

② *Allaitement complet, mais tétées irrégulières, courtes, espacées : la prolactine descend progressivement, la lactation se poursuit sans problèmes, les cycles ovariens reprennent, ce qui suppose ovulation et retour de couches. La fécondité reprend.*

③ *Allaitement qui « végète ». La prolactine s'effondre, la lactation s'arrête. Ovulation et retour de couches en dix à quinze jours. Risque élevé de fécondité.*

④ *Pas d'allaitement. Blocage de la lactation par antiprolactine. Retour de couches avec ou sans ovulation en quarante jours environ.*

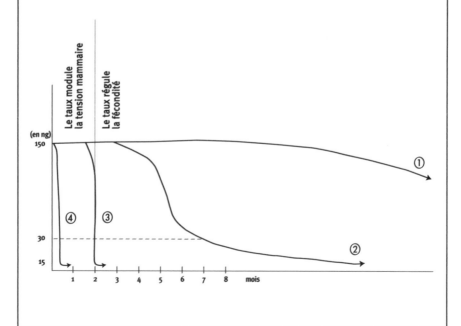

Si l'une des conditions n'est pas remplie, ou si l'enfant a plus de six mois, mieux vaut prévoir un moyen contraceptif.

◆ **Quelle méthode contraceptive choisir ?**
Là encore, les avis divergent.

◆ Les préservatifs et autres moyens locaux sont efficaces, mais plutôt réservés aux deux premiers mois qui suivent la naissance, période où le risque de fécondation est faible.

◆ Les dispositifs intra-utérins (stérilets) constituent le meilleur moyen de contraception. Ils n'altèrent en rien la lactation et semblent même l'augmenter (en quantité et en durée). Ceci pourrait résulter de la persistance d'une sécrétion d'ocytocine, liée à la stimulation mécanique de l'utérus par le stérilet. Les stérilets peuvent être insérés relativement tôt après l'accouchement (deux à six semaines). Il faut savoir que plus ils sont mis en place précocement, plus le risque de rejet est grand. Une surveillance régulière s'impose donc durant les premières semaines pour s'assurer que l'appareil est toujours en bonne place. Dans ces conditions, les échecs sont très rares (4 femmes sur 1000, au bout d'une année d'emploi, sur une statistique de 150 00 femmes).

◆ Les moyens hormonaux. La plupart des recherches effectuées ces vingt dernières années dans tous les pays du monde ont abouti aux mêmes conclusions : une contraception hormonale est possible, mais peut comporter un certain nombre d'inconvénients.
  • Les pilules œstroprogestatives normales ne sont plus utilisées. Elles entraînent une diminution franche de la quantité de lait produite par la mère, et peut-être le lait sécrété est-il un peu moins riche (moins de protéines, de lactose, de graisse, de calcium et de phosphore).
  • Les minipilules et micropilules, très faiblement dosées en œstroprogestatifs, ne sont pas conseillées pendant l'allaitement. Elles aussi diminuent la lactation.
  • Les hormones progestatives pures, en continu, ne semblent modifier ni la quantité ni la qualité du lait de femme. Certaines femmes allaitent au contraire mieux et plus longtemps sous ces hormones. On peut donc les utiliser pendant toute la période d'allaitement, soit en pilule continue, soit en injections. Il n'y a aucune contre-indication pour l'enfant. Pour la mère, les inconvénients majeurs sont la prise de poids fréquente, l'absence de règles vraies et de petites hémorragies survenant à n'importe quel moment. Cet ennui survient plus souvent lorsqu'on utilise des doses importantes par voie injectable.

◆ Quelle que soit la méthode hormonale choisie, le meilleur moment pour démarrer la contraception dépend du mode d'allaitement.

• Si celui-ci est complet, avec des tétées efficaces, fréquentes, aussi bien le jour que la nuit, que le bébé grossit bien et prolonge avec bonheur sa succion, il n'y a pas d'urgence.

• Si, en revanche, l'allaitement végète un peu, si le bébé est un gros dormeur et reste de longues périodes (plus de six heures) sans téter, si la mère veut s'absenter une journée complète ou dormir douze heures d'affilée, une contraception s'impose dès la fin du premier mois.

D'ailleurs, pour pallier tout risque, la plupart des médecins prescrivent une contraception dès le quinzième jour, ou même dès le retour à la maison. C'est sans doute excessif si l'allaitement a bien démarré.

Allaitement et « remise en forme »

Une femme qui allaite devrait se reposer longuement les premières semaines pour établir une lactation abondante et correcte. C'est certain, mais cela ne veut pas dire qu'elle ne peut plus rien faire. Il est bon de prévoir sans tarder une reprise progressive des différentes activités sportives pour retrouver une musculature périnéale et abdominale solide. Actuellement, de nombreux médecins prescrivent des séances de kinésithérapie dès la sortie de maternité. L'allaitement ne doit pas les faire retarder. Pour toutes les femmes, il est important de retrouver un corps agréable et musclé sans délai, ce qui est tout à fait possible, même en allaitant.

Allaitement et sexualité

La sensualité de l'allaitement, l'immense plaisir partagé entre la mère et son bébé sont des facteurs d'épanouissement, d'échanges. Pourquoi tant de femmes ont-elles peur, ou honte, du lait qui ruisselle quand elles font l'amour ? Pourquoi tant de civilisations ont-elles interdit la sexualité pendant toute la durée de l'allaitement ?

En réalité, si l'on ne se réfugie pas derrière des tabous moraux ou des théories faussement médicales, l'allaitement constitue une partie intégrante de la sexualité des couples, et pas seulement des femmes. Toutes les caresses, tous les plaisirs sont possibles. Il n'y a pas d'interdit, pas de risques. À condition de l'accepter, de reconnaître que le nouveau corps de la jeune mère, que ses seins pleins de lait sont une nouvelle source de plaisir, de connaissance, et non une période à passer le plus vite possible.

Une jeune femme : *Il y a un moment angoissant, une minute de vérité, c'est la première fois où l'on refait l'amour après l'accouchement. J'avais peur, peur d'avoir mal, peur de ne plus être pareille. Nous avons vécu un mois de timidité, de pudeur, de reconnaissance de quelque chose d'inconnu. Notre plaisir, c'était autre chose qu'avant la naissance, mais c'était bien. J'ai découvert que je n'étais pas cassée, pas changée de manière négative. J'étais plus épanouie, mes hanches plus rondes. Mes seins de nourrice, tout gros, au début ça l'excitait beaucoup. Et j'étais fière, de façon presque animale, du lait qui coulait partout, qui me parlait d'« abondance », de l'abondance de notre plaisir...*

Un jeune père : *Au début, elle avait sommeil, elle était souvent fatiguée. Je la voyais heureuse pendant les tétées et j'avais l'impression que cela lui suffisait, la comblait totalement. J'avais peur que cela dure trop. Et puis, nous nous sommes retrouvés. J'aime son corps nouveau, j'aime ses seins trop sensibles qui m'amènent à inventer d'autres façons de faire l'amour. J'aime son lait... et j'aime encore plus lui donner du plaisir... !*

Une mère, un nourrisson, une famille et la société

Quand on parle d'allaitement comme je le fais dans ce livre, on fausse une importante réalité en plaçant mère et enfant au centre du monde, en créant un peu artificiellement un univers clos autour de leur relation. En pratique, il n'en est rien. La vie continue. Les autres frères et sœurs sont présents, participent à l'allaitement. Tout autour, le monde des amis, celui du travail, celui des loisirs interpellent sans cesse la mère et l'enfant. Allaiter un bébé, c'est aussi un acte « social ».

Élisabeth : *Mes filles aiment que je donne à téter à Florence parce que c'est une occasion de revenir à leur âge de bébé et de parler de ce qui a pu se passer ou ne pas se passer. Elles comprennent le plaisir qu'on a quand le bébé est petit, le plaisir que nous avons eu avec elles, à l'époque. Elles ont pu goûter aussi au lait et n'avoir pas de regrets de n'être plus bébés. C'est révolu. À travers Florence, elles revivent leur propre histoire... Finalement, en allaitant Florence, je fais une sorte de prise en charge collective...*

Josée : *Yann était satisfait de l'allaitement du petit frère, car cela nous a permis pendant l'été des tas de sorties en montagne qui auraient été impossibles avec des biberons. Donc, pas de dimanches enfermés et limités à cause du bébé. C'était important pour Yann, resté pendant huit ans enfant unique. Parmi ses petits copains – et surtout les filles – qui assistaient à une tétée par hasard, certains, gênés, n'osaient pas regarder ou bien sortaient de la pièce en s'excusant, tout honteux d'avoir surpris une scène aussi intime. Au contraire, Yann considérait les seins, le lait, avec naturel... sachant qu'il avait été nourri de la même façon !*

Élisabeth : *J'aime pouvoir allaiter Florence dehors, au supermarché, par exemple, pour montrer qu'on peut le faire. Les femmes, avant, n'étaient pas si arriérées et avaient un sacré bon sens que j'aime retrouver, alors que tant de femmes ne pensent même pas à l'éventualité de le faire maintenant. Quand je donne le sein à la crèche avant de laisser Florence, ça l'aide à se sentir chez elle, et donc elle n'est pas gênée par la séparation. En plus, ça peut faire des adeptes ! Je veux aussi montrer aux autres qu'on peut travailler et allaiter un bébé. Qu'en sachant se débrouiller pour ne pas se faire marcher sur les pieds, pas de problèmes ; qu'une fois démarré, ce n'est pas crevant. Je n'ai même jamais été aussi en forme après une grossesse et un accouchement. D'être heureuse vaut largement les prescriptions de vitamines. Ce n'est pas une question de courage. C'est idiot de dire ça. C'est au contraire une solution de facilité. La vie continue comme avant. Il ne faut pas prendre les enfants comme prétexte à son inaction.*

Germaine : *Je ne suis jamais rentrée à la maison pour allaiter. Où que nous allions, j'emmenais le bébé avec nous. J'avais aussi toujours un foulard dans mon sac. Quand l'enfant avait faim, je mettais le foulard sur mon épaule et je mettais l'enfant au sein, n'importe où, même à la terrasse d'un café. J'étais fière et je me sentais très bien ! Un soir, je suis allée danser. Je suis rentrée à minuit pour faire téter l'enfant, puis je suis repartie danser. Mes amis s'amusaient gentiment de moi : « À danser comme ça, ce n'est pas du lait que tu vas lui donner, mais du beurre ! »*

Josée : *Et maintenant, que reste-t-il de ces quatorze mois d'allaitement ? De toute évidence et en premier lieu, un petit bonhomme bien campé sur ses jambes, au corps harmonieux, épanoui, et tout... Et pour nous, de beaux souvenirs... mais on ne peut guère en parler. Comme dit son père, ça se passait tellement bien qu'à la limite on n'a pas grand-chose à en dire.*

Quelques cas particuliers

Dans tout ce qui précède, je n'ai évoqué que les allaitements simples d'un enfant heureux, dans une famille heureuse. Il n'en est pas toujours ainsi. Certaines femmes vont se trouver confrontées à des situations beaucoup plus difficiles, personnelles, médicales ou sociales.

Naissance de jumeaux ou de triplés

Il est en théorie tout aussi facile – du strict point de vue de la lactation – d'allaiter deux ou trois enfants qu'un seul. Si les enfants sont mis au sein très régulièrement, la quantité de lait s'adapte à leurs besoins à tous, et la mère a toutes les chances d'arriver à une lactation suffisante.

Il est conseillé d'allaiter des jumeaux ensemble, chacun d'un côté, et en changeant de sein à chaque tétée. Ce n'est pas très facile au début, il faut apprendre comment s'installer, mais c'est rapidement aisé. Bien entendu, on est obligé d'imposer un horaire commun.

En revanche, les triplés ne pourront être allaités que l'un après l'autre, ou d'abord deux, puis un. Inutile de décrire le travail et le temps que cela représente pour la mère. Comme en plus, ils sont toujours prématurés et au début ne savent pas téter, le démarrage est un véritable exploit.

En fait, le vrai problème – et il est fondamental – c'est celui de la fatigue maternelle. Seule une femme en excellente santé, ne travaillant pas au-dehors, et pouvant se faire largement aider à domicile pendant de longs mois, peut, à mon avis, entreprendre un tel allaitement. Si toutes ces conditions ne sont pas réunies, mieux vaut ne pas risquer un épuisement rapide, préjudiciable à l'équilibre de toute la famille.

Hospitalisation de l'enfant

Si l'enfant tombe gravement malade, il a encore plus besoin du lait de sa mère que lorsqu'il était en bonne santé. Ce n'est pas le moment de le sevrer. Les parents peuvent, et doivent, exiger la poursuite de l'allaitement au sein, donc que la mère puisse rester librement à côté de l'enfant, qu'elle puisse continuer à le nourrir. Nul ne peut le lui interdire. L'enfant en a besoin pour se rétablir, pour ne pas se sentir totalement perdu, isolé à l'hôpital. S'il n'a pas peur, s'il se sent en sécurité avec sa mère, il guérira plus vite.

Dans quelques cas très exceptionnels, l'enfant ne peut plus être alimenté pendant quelques jours. La mère est donc amenée à tirer son lait. C'est dur, mais nécessaire. L'enfant en aura besoin dès qu'il pourra manger à nouveau. C'est le lait de sa mère qu'il supportera le mieux lors de la reprise alimentaire.

Parfois, l'enfant est hospitalisé depuis sa naissance, donc depuis de longues semaines. C'est le cas des grands prématurés ou des enfants ayant présenté à la naissance un état de détresse sévère. Il me paraît fondamental que la mère puisse se libérer de toutes les autres charges familiales ou professionnelles pour allaiter cet enfant fragile le plus souvent possible. C'est lui donner alors la meilleure chance de survie.

Au début, il est souvent indispensable de tirer le lait et de l'apporter à l'hôpital régulièrement. Mais, dès que l'enfant est assez fort pour être sorti quelques instants de sa couveuse, dès que son réflexe de succion devient énergique, sa mère pourra tenter de le mettre au sein. Quelles merveilleuses retrouvailles pour l'un et pour l'autre !

Lorsqu'une mère doit tirer son lait au long cours pour un bébé malade, quelques connaissances l'aideront :

- Tirer le lait des deux côtés en même temps fait gagner beaucoup de temps et la lactation est plus abondante.
- Il convient de tirer le lait au moins six fois par 24 h, mais pas obligatoirement sur des horaires réguliers.
- Il convient de maintenir le tire-lait jusqu'à l'arrêt total de l'écoulement, d'aller jusqu'au bout du flux.
- Quand la lactation semble diminuer, faire des « jours de pointe » où la mère tire son lait dix ou douze fois pour relancer la production.
- Si le bébé est malade ou prématuré, la mère, pendant le premier mois, aura pour but d'obtenir une lactation maximale (très supérieure à ce que son bébé peut manger à ce moment-là) pour que la production se calibre bien sur ce dont aura besoin l'enfant quand il aura un, deux ou trois mois.

Hospitalisation ou maladie de la mère

Une jeune mère peut être atteinte, au cours de son allaitement, d'une affection sévère : urgence chirurgicale, maladie grave, accident parfois. Là encore, le sevrage de l'enfant n'est généralement ni urgent ni obligatoire.

Certaines maladies infectieuses de la mère et certains médicaments posent de réels problèmes. Mais chaque cas est particulier et ne peut donc être détaillé ici. Il est possible d'en parler calmement avec le médecin traitant.

Nouvelle grossesse

L'apparition d'une nouvelle grossesse au cours d'un allaitement a été considérée, dans toutes les civilisations, comme une raison impérieuse de sevrage immédiat. La crainte n'est pas tant que le lait devienne mauvais et fasse tort au nourrisson. La peur est pour l'enfant à venir : « Le premier enfant suce les pieds de celui qui est à venir », disent les vieilles femmes.

Certaines femmes nous démontrent, au contraire, qu'il est tout à fait possible de continuer l'allaitement pendant la grossesse, puis de nourrir ensuite les deux enfants (en faisant téter chaque fois le nouveau-né en premier). Ces co-allaitements, lorsqu'ils sont calmement et clairement désirés par tous, sont de merveilleux moments de bonheur, et l'on évite souvent la jalousie de l'aîné envers le petit qui tète. Une seule question à se poser : est-ce que le nouveau-né a bien une place, toute sa place ; la mère n'a-t-elle pas une difficulté anormale à se détacher du plus grand pour faire de la place au tout-petit ? Si la réponse est non, il n'y a aucun problème.

Un petit point à connaître : le lait d'une femme enceinte se modifie et a une composition chimique intermédiaire entre celle du colostrum et celle du lait mature. Il est donc moins adapté à l'enfant qu'auparavant et ne peut plus constituer une alimentation exclusive équilibrée. Mais lorsque la mère est à nouveau enceinte, l'enfant aîné est déjà grand et en alimentation diversifiée possible.

Rétablir une lactation

Une femme ayant allaité longtemps après son retour de couches, dont les seins ont appris à fonctionner de façon autonome, a la possibilité théorique de rétablir une lactation plusieurs semaines, voire plusieurs mois après l'arrêt de l'allaitement. Certaines mères ne gardent-elles pas spontanément du lait dans leurs seins pendant des années...

Il suffit, pour relancer la lactation, d'avoir une envie immense d'allaiter un autre enfant, et d'être aidée au début par un compagnon ou des amies compréhensifs. Il faut stimuler les seins longuement chaque jour un peu longuement, au tire-lait ou en massages aréolaires, pour stimuler une nouvelle montée laiteuse.

Il existe à l'heure actuelle de nombreux témoignages de femmes ayant repris un allaitement soit après un sevrage précoce (par exemple si l'enfant tombe gravement malade), soit même pour nourrir un enfant adopté. Une femme américaine raconte comment elle a nourri un enfant adopté sept ans après le sevrage de son premier enfant. C'est probablement possible, avec beaucoup de courage et de persévérance (et en apprenant comment compléter astucieusement la quantité de lait si elle est insuffisante !).

La mère qui se retrouve seule

Que dire à une jeune mère confrontée soudain à une crise aiguë : départ du compagnon, perte d'une personne chère, problème familial majeur ? Il n'y a pas de recettes, pas de fausses consolations. L'allaitement, la douceur, l'amour et l'intimité avec l'enfant peuvent aider à traverser cette période difficile... mais ne régleront pas le problème. Si la mère a très envie d'allaiter, elle y arrivera certainement après une période transitoire où sa lactation risque d'être un peu perturbée.

◆ **En résumé** ─────────────────────────────

*L'allaitement est possible, même dans des situations difficiles ou aberrantes. **Fabriquer du lait est l'une des capacités permanentes, réelles, importantes, d'un corps de femme.** Puisque tant de femmes dans le monde arrivent (avec des grossesses successives) à fournir du lait pendant quinze à vingt ans de leur vie, pourquoi les jeunes femmes de France ont-elles peur de ne pas y arriver pendant un ou deux mois ?*

Il est temps de retrouver, de reconnaître cette formidable puissance qui est en nous... Et d'apprendre à en jouir !

CHAPITRE IX

Le sevrage,
un nouveau pas
vers la liberté

Les dents qui leur viennent annoncent que la nature a parlé et que leur estomac encore faible est pourtant assez fort pour digérer les aliments plus solides que le lait.

J. Ballexserd, 1762

L'enfant grandit et fut sevré, et Abraham fit un grand festin le jour où l'on sevra Isaac.

Genèse, 21-8

Un mot et un moment difficiles à définir

Un mot différent suivant les lieux et les époques

Si vous ouvrez *Le Petit Larousse illustré*, au mot « sevrer » vous apprenez :
- Que l'étymologie latine est le mot *separare*, qui signifie séparer.
- Que le sens courant est « cesser d'alimenter un enfant ou un petit animal pour lui donner une alimentation plus solide ».
- Que, au sens figuré, sevrer c'est priver, et l'exemple donné est « sevrer quelqu'un de caresses ».
- Que, en horticulture, sevrer une marcotte, un greffon, c'est « le séparer du pied mère après qu'il a pris racine ».

Quant au *Petit Robert*, il apporte dans sa définition un élément nouveau : sevrer c'est « cesser progressivement d'allaiter, d'alimenter en lait, pour donner une nourriture plus solide ».

Dans toutes les définitions, il n'y a pas d'ambiguïté. Sevrer un enfant, c'est l'alimenter « comme un grand », de nourritures solides, de purée, de viande, de fruits, de fromages. C'est passer réellement à l'alimentation diversifiée.

Pourtant, dans la tradition populaire, ce mot a pris un autre sens. Sevrer, c'est arrêter l'allaitement au sein, c'est le passage précoce à l'allaitement artificiel : laits en poudre et biberons. Dans ce sens-là, le sevrage retrouve son étymologie latine : *separare*. C'est la séparation de la mère et de l'enfant.

Sevrage précoce et sevrage tardif

Quelle différence existe-t-il entre un sevrage précoce (avant trois mois) et un sevrage tardif (après six mois ou un an) ? En fonction de l'âge de l'enfant, le mot sevrage recouvre des réalités totalement différentes. Il faudrait trouver des noms pour définir ce qui se passe, soit pour un bébé de deux mois, soit pour un nourrisson de deux ans. Ce qu'ils vont vivre n'a rien de commun, ne peut en aucun cas être comparé.

◆ **Avant trois mois**

Le sevrage, c'est **le changement de lait**. Ce changement peut se traduire par quelques difficultés digestives temporaires. Mais si le passage est progressif, si la mère reste présente, câline, et que l'enfant continue à percevoir toute sa tendresse, sa chaleur, ce « sevrage provoqué » peut se passer de façon tranquille, presque naturelle, sans difficultés.

◆ **Après trois mois**

Les bébés commencent à manifester clairement ce qu'ils aiment ou n'aiment pas, à avoir des préférences et à ne pas accepter facilement d'être dirigés. Souvent, un bébé allaité par sa mère et qui trouve près d'elle ce « jardin des délices » dont parle G. Mendel ne voit aucune raison d'accepter l'intrusion d'une tétine en caoutchouc au mauvais goût et à la forme inconnue ou une cuillerée de légumes. D'ailleurs, sa mère ne se déshabille plus pour le nourrir. Au lieu de la douceur de sa peau, de sa chaleur, de l'odeur qu'il aime tant, il se frotte la tête, la joue sur un vêtement inconnu, plus ou moins agréable au toucher, pas toujours très confortable.

Comment un bébé équilibré et conscient pourrait-il ne pas manifester son désaccord devant de tels changements ?

Si un bébé pleure, refuse le biberon, il donne là une preuve merveilleuse de son amour pour sa mère... et aussi de son intelligence, de sa mémoire et – pourquoi pas ? – tout simplement de son « bon goût ».

Mais pas de craintes inutiles. Le choix d'un bébé n'est jamais irréductible et définitif. S'il est sûr d'être aimé, s'il est câliné davantage, s'il découvre d'autres temps de « corps à corps », de « peau à peau » pour être bien avec ses parents ; en d'autres termes, s'il n'a pas à vivre la perte de sa mère, la séparation, mais seulement un changement d'alimentation, de lait et de tétines, il l'acceptera sans grandes difficultés en bien peu de temps. Il ne demandera qu'un tout petit peu de patience et beaucoup d'amour.

◆ **À partir de huit-neuf mois**

Le problème est encore différent. Notre petit bonhomme, notre petite bonne femme commencent leur vie d'« explorateurs ». À quatre pattes, debout, à plat ventre, ils tentent de visiter et de « goûter » le monde qui les entoure. Ils sont curieux de tout connaître, heureux des découvertes, ravis de participer mieux à la vie de toute la famille. Ils touchent à tout, mangent tout ce qui leur tombe sous la main et découvrent avec ravissement le plaisir des nouveaux repas. C'est le moment des vrais changements : repas plus solides, plus consistants, plus colorés, plus savoureux, plus différenciés. Tout est bon à goûter, à inventorier. Et spontanément, progressivement, en visitant le monde, **le petit d'homme s'éloigne, se sépare de sa mère**. Il peut très vite, en quelques semaines, arrêter de téter, prouvant clairement qu'il préfère les yaourts ou le gratin de légumes. Il peut aussi, s'il est moins entreprenant, garder encore quelques mois la sécurité de l'allaitement, tout en dévorant déjà de solides rations de légumes, viandes et desserts. À ce stade de « sevrage spontané », c'est l'enfant qui choisit calmement le moment où il a pris racine et peut se libérer de sa mère.

Cette séparation peut très bien se vivre pour l'un comme pour l'autre dans un accord profond, une plénitude, la certitude d'avoir partagé jusqu'au bout un échange exceptionnel.

On a trop parlé de sevrage en termes de privation, de rupture, de séparation. Le sevrage n'est pas un divorce. Oublions le *Petit Larousse*. Retrouvons la joie et la sagesse millénaires des anciens Hébreux. En hébreu, le mot qui signifie **sevré** est le mot **comblé**.

Le « *sevrage provoqué précoce* »

Pourquoi les jeunes mères françaises choisissent-elles le plus souvent le « sevrage provoqué précoce » ? Un peu plus de 50 % des femmes allaitent leur nouveau-né à la maternité, mais parmi elles 30 à 40 % le font encore à un mois, 12 % à trois mois, et il n'y a que très peu d'enfants français de six mois allaités par leur mère. Ce fait est très spécifique de notre pays. Dans les statistiques scandinaves ou américaines, près d'une femme sur deux ayant allaité à la maternité allaite encore six mois après.

Pourquoi de tels chiffres : nécessité ou coutume ? Cet arrêt rapide des allaitements est en fait lié à toute une évolution historique et socioculturelle de notre pays. On peut la décrire en quatre temps :
• Les femmes de l'aristocratie de l'Ancien Régime avaient recours aux nourrices pour nourrir leur bébé pendant qu'elles reprenaient leur place à la cour et dans les salons. Au moment de la Révolution française, un certain nombre de femmes de la bourgeoisie ont trouvé normal d'imiter ce comportement.
• Les guerres napoléoniennes, extrêmement meurtrières, ont vidé les villes et les campagnes de toute une génération de jeunes hommes. Les femmes les ont donc remplacés sur les postes de travail, ce qui a favorisé la création de tout un circuit marchand de nourrissage. Une femme aisée confiait son enfant à une nourrice, qui à son tour confiait le sien à une femme encore plus pauvre... Il existait ainsi une cascade d'emplois nourriciers en fonction des possibilités économiques des familles,
• Au cours de la guerre de 1914-1918, pour remplacer tous les jeunes hommes morts dans les tranchées, les femmes sont appelées à travailler en grand nombre en

usine. Pour que leur maternité ne pèse pas sur le marché du travail, de nombreuses campagnes d'information essayent de démontrer qu'il est tout à fait possible, et justifié, de nourrir les nouveau-nés au lait de vache, et qu'il convient de les « sevrer » dès les premières minutes.

• Parallèlement, pendant les premières décennies du xxe siècle, deux grands changements de mentalité surviennent : l'apparition des mouvements féministes qui, dans leurs revendications d'émancipation et de libération, rejettent dans un premier temps les charges de la maternité et militent pour l'abolition de l'allaitement ; et l'évolution de la médecine qui, en quelques années, est très grande. Connaissances scientifiques et nouvelles théories envahissent les facultés et écoles dans le but de diminuer la mortalité infantile, encore majeure à cette époque. Du même coup, les médecins (hommes !) s'intéressent à la grossesse et au nouveau-né, domaines jusque-là réservés aux « bonnes femmes ». Et les nouveaux spécialistes, obstétriciens et pédiatres, rejettent violemment les traditions et habitudes des sages-femmes et des médecins de famille.

Dès le début du siècle, les pédiatres américains, à la suite de Emmet Holt, se mettent à prôner « l'élevage scientifique » des nouveau-nés et des nourrissons : les laisser dans leur lit, ne pas les bercer, adopter des horaires fixes, des rations fixes, être une mère rigide. Il convient d'être efficace et non plus d'aimer pour être une « bonne mère ». C'est le début de la crainte morbide des microbes, des bonnes courbes de poids théoriques imposées comme normes pour tous les nouveau-nés, des hôpitaux inhumains où les enfants se laissent dépérir de solitude et de manque de tendresse. Tout vaut mieux que de laisser mères et enfants libres au risque de se « gâter » mutuellement.

Et bien sûr, dans cette optique, les premiers laits en poudre, réussite de la technique moderne, sont hautement considérés. Ils ne peuvent être que supérieurs au lait de « ces femmes pleines de microbes et qui ont parfois des abcès » ! À partir de là, se crée tout un engrenage conduisant en bien peu d'années à l'oubli de l'allaitement et à la diversification précoce de l'alimentation.

◆ **Des raisons extérieures**

Il y a indiscutablement des raisons extérieures qui ne permettent pas aux jeunes mères de choisir librement la durée de l'allaitement.

◆ **La reprise du travail**, après dix semaines de congé maternité, est souvent un des arguments clés. Tout le monde pense qu'il n'est pas possible, surtout dans les grandes villes (s'il y a d'autres enfants, de longs trajets quotidiens), de concilier allaitement et travail. Beaucoup de jeunes femmes préfèrent donc avoir terminé le sevrage de leur bébé avant de reprendre leur travail. Et, pour ne pas brusquer l'enfant, elles introduisent les premiers biberons dès la fin du premier mois. En réalité, il serait tout à fait possible d'allaiter matin et soir,

D'une façon générale, les femmes qui savent qu'elles vont retravailler et faire garder leur enfant commencent à sentir une diminution de leur lactation dans les quinze jours qui précèdent.

tout en reprenant le travail, de constituer des stocks de lait en avance pour les premières semaines de garde. Les associations de soutien à l'allaitement sont, là, des aides précieuses.

Il est certain que les femmes qui peuvent prolonger leur congé de maternité par leurs vacances (les enseignants par exemple) ou prendre des congés sans solde (parce qu'elles sont de milieux socialement favorisés) vivent le sevrage de façon plus sereine. Elles ne constatent pas qu'elles « n'ont plus de lait »... Elles décident du moment du sevrage : « Parce que je trouve que ça suffit », « Parce que j'en ai assez », « Parce que je voudrais faire autre chose ».

◆ **L'isolement des jeunes mères, la fatigue** sont très certainement des raisons fréquentes d'arrêt précoce de l'allaitement. Il est beaucoup plus facile d'allaiter longtemps si l'on est entouré d'autres femmes, d'amies, de mères ou de grands-mères qui ont déjà vécu cette expérience. En plus de l'aide matérielle, celles-ci apportent chaque jour la possibilité de parler, de calmer les doutes, les angoisses, d'aplanir les difficultés. Dans notre pays, cette aide un peu tribale a pratiquement disparu et les jeunes mères se retrouvent seules avec leur bébé, isolées dans une société où l'allaitement est à peu près inconnu. Cesser d'allaiter, c'est imiter les autres femmes, rentrer dans la norme... et ne plus avoir peur.

Je l'ai déjà dit, les médecins et puéricultrices qui connaissent mal l'allaitement prolongé ne sauront guère conseiller une jeune mère qui aurait envie de nourrir longtemps son bébé. Leurs conseils vont très souvent dans le sens d'un sevrage précoce et d'une alimentation diversifiée rapide. Nous connaissons tous des enfants magnifiques qui ont été élevés sans problèmes et sans troubles digestifs avec les laits en poudre modernes.

À coup sûr, la tentation est grande de tout arrêter à la première difficulté, de sevrer bébé bien vite et de passer sans risque au biberon.

La publicité sur les farines, les petits pots, est très répandue. Beaucoup de femmes (souvent poussées par le médecin) pensent encore que les farines sont indispensables à l'alimentation de l'enfant de 2 mois. Or, comment donner ces farines si ce n'est dans un biberon de lait artificiel ? Il y a quelques années, on prescrivait de façon systématique les « petits pots légumes-viande » à partir de 2 mois. Les femmes ont souvent l'impression qu'elles n'ont pas le droit de refuser à leur enfant les progrès de la diététique moderne, qu'allaiter exclusivement au sein c'est retourner à des temps antérieurs où la mortalité infantile était plus importante. Elles se sentent donc inquiètes, et souvent coupables...

◆ **Des raisons plus personnelles**

Même si toutes les difficultés extérieures étaient aplanies, beaucoup de jeunes mères ne prolongeraient pas l'allaitement de leur bébé. Il existe donc aussi des causes personnelles à cette décision.

◆ Un premier argument indiscutable est **la place du sein dans notre mentalité**. Pour nous, la poitrine est, d'abord et avant tout, un organe érotique. Nous l'avons déjà dit. Les jeunes femmes n'acceptent pas toujours longtemps de voir leurs seins transformés en « mamelles » nourricières. Surtout si l'allaitement est vécu comme un devoir, une « sainte nécessité », et non pas comme un merveilleux plaisir réciproque de la mère et de son enfant.

◆ Par ailleurs, **le père joue souvent un rôle dans le sevrage.** S'il n'a pas « trouvé sa place » dans la relation avec le tout-petit, il revendique (hélas trop souvent de façon enfantine et jalouse) le corps de sa femme pour lui tout seul... et impose un arrêt plus ou moins brutal de l'allaitement. Reprenons la thèse de Françoise Julien : « L'un d'eux m'a dit : "Si vous me demandez mon avis, l'intellectuel que je suis vous dira qu'il l'a bien vécu, par contre l'amant s'est sûrement senti frustré..." Un autre : "Je me sens complètement exclu de cette relation mère-enfant. Ils se suffisent à eux-mêmes. Je n'ai pas de place..." Un autre : "J'ai vécu l'allaitement comme le prolongement de la grossesse. Ça ne me concernait pas directement. Alors je me sentais à la fois esclave de l'enfant et dépossédé." »

◆ Deuxième raison évidente, **la peur de mal faire**, de faire courir des risques à l'enfant. Dans notre société, nous sommes encore très persuadés de la validité des habitudes alimentaires de diversification précoce. Il est dur de changer les comportements nutritionnels de tout un pays. Et encore plus dur pour les mères de s'y opposer individuellement. Il est vrai que l'entourage supporte mal à notre époque une mère qui allaite longtemps.

Peur de mal faire aussi pour l'équilibre psycho-affectif de l'enfant. La diffusion de notions psychologiques et psychanalytiques sommaires ou déformées sur le sevrage a entériné la notion d'un « cap dangereux », d'une « privation frustrante », d'une séparation mutilante pour l'enfant. Les mères de la génération actuelle redoutent au plus haut point ce temps de rupture, redoutent l'affrontement avec leur enfant. Et elles préfèrent « régler le problème » le plus tôt possible, avant que bébé ne manifeste trop clairement ses désirs.

◆ Dernier argument possible : le rêve des parents d'avoir le plus beau bébé, le plus intelligent, le plus éveillé, le plus dodu, le plus précoce, le plus heureux. La diversification précoce de l'alimentation est souvent exploitée, à tort, comme un moyen de valoriser l'enfant, de montrer sa supériorité. « Il fera mieux que la petite fille de la voisine qui mangeait du jambon à quatre mois ; on lui en donnera à trois mois à peine... »

Est-il possible d'allaiter longtemps ?

Il existe aujourd'hui dans le monde un grand nombre de bébés nourris au sein pendant un an et parfois même deux ou trois ans. En France, cette démarche est encore exceptionnelle. Ailleurs, deux grands groupes de femmes vivent et réalisent cet allaitement prolongé.

◆ Les femmes du tiers-monde n'ont aucune alternative technique et économique. Nourrir longuement leur bébé, c'est lui donner la seule chance d'éviter les diarrhées graves, souvent mortelles, et surtout la seule chance d'échapper à une malnutrition protidique sévère, c'est-à-dire à la redoutable maladie de Kwashiorkor dont sont atteints ces enfants affamés, au visage osseux, aux bras et aux jambes décharnés, à l'énorme ventre gonflé. Ces bébés marchent tard, se développent difficilement et meurent par centaines à la première épidémie, décimés par la tuberculose ou la moindre rougeole. Si l'alimentation diversifiée ne peut apporter que des céréales ou des légumes, cette malnutrition s'installe en moins de deux ans.
La seule façon de sauver ces enfants, c'est de leur conserver le plus longtemps possible l'excellent apport protéique du lait de leur mère. Malheureusement, celles-ci sont souvent elles-mêmes mal nourries, dénutries. L'allaitement prolongé aggrave leur état nutritionnel et risque d'entraîner à tout moment des carences graves.
Cette sous-nutrition des mères et de leurs enfants est la plus grande urgence sociale et politique de notre temps. Le 12 octobre 1979, l'Organisation mondiale de la santé a lancé un appel pressant aux différents gouvernements et communautés internationales pour promouvoir dans les plus brefs délais une politique mondiale permettant d'équilibrer les ressources nutritionnelles et d'améliorer les conditions de vie des trois quarts de l'humanité, en particulier celles des femmes et des jeunes enfants. Dans cet appel, l'allaitement maternel prolongé aussi longtemps que possible et une meilleure alimentation des mères sont considérés comme la première issue valable à la malnutrition chronique et irréductible de millions d'êtres humains. L'avons-nous entendu ?

◆ La situation est tout autre pour le deuxième groupe de mères. Depuis quelques années, dans différents pays, mais en particulier aux États-Unis et dans les pays nordiques, les femmes de milieux sociaux très favorisés ont pris conscience de leur « identité de femmes ». Dans le cadre des revendications féministes, le droit à disposer et à jouir librement de leur corps, la redécouverte des plaisirs de la maternité les reconduisent directement à l'allaitement. Et très souvent, ce plaisir de nourrir l'enfant s'inscrit dans la durée. La même évolution, pour des raisons différentes, se retrouve dans les groupes écologiques des pays européens.

J'ai vu des enfants australiens, finlandais ou américains courir et jouer dans une salle de réunion puis revenir vers leur mère, défaire eux-mêmes les boutons du corsage et la fermeture du soutien-gorge et se mettre à téter voluptueusement.

J'ai vu une petite fille de vingt mois demander avec un adorable sourire : « Encore, maman ! » J'ai vu de très beaux enfants dévorer à belles dents un solide bifteck et une assiette de frites, aller trouver leur mère pour un grand câlin et une petite tétée, puis partir jouer sereinement entre eux.

Bien sûr, ces images idylliques ne doivent pas cacher la réalité. Pour la majorité des femmes occidentales, les conditions nécessaires ne sont pas réunies : être bien dans son corps et totalement épanouie dans sa maternité ; pouvoir être disponible à un enfant sans gros soucis, ni financiers ni personnels ; se sentir soutenue, aidée par un mari, un compagnon, des amies favorables à cette merveilleuse expérience ; ne pas travailler ou avoir un métier ni trop fatigant ni trop astreignant... et puis, peut-être, tout simplement savoir que c'est possible et avoir envie de le vivre.

Néanmoins, décrire ces deux tableaux n'est pas inutile. Aux deux bouts de l'échelle sociale, pour des raisons totalement différentes et avec des mentalités également très différentes, les femmes allaitent leur bébé, et cela pendant des années. Nous avons ainsi la preuve formelle qu'il est possible :
• D'avoir du lait pendant des mois, des années, aussi longtemps que le bébé tète et que sa mère en a envie.
• D'avoir des nourrissons, de très jeunes enfants magnifiques, nourris au lait maternel puis progressivement sevrés sans grandes difficultés.

Les avis des experts pédiatriques

L'unanimité des experts sur la durée optimale de l'allaitement est maintenant bien acquise. Devant la multiplication des pathologies allergiques chez l'enfant et l'adulte, devant la multiplication des maladies infectieuses, en particulier ORL, de la première année, devant l'épidémie croissante de l'obésité infantile, les prises de position sont devenues plus claires. En effet, pour toutes ces maladies, les recherches scientifiques ont montré de manière indiscutable un véritable effet protecteur de l'allaitement maternel. Et cet effet dépend de la durée. Plus les bébés sont allaités longtemps, plus la prévalence de ces maladies diminue. Il convient donc de soutenir l'allaitement le plus longtemps possible.

L'OMS recommande un allaitement EXCLUSIF, sans aucun autre apport alimentaire pour SIX MOIS environ. Puis une diversification progressive, en conservant si possible le lait de mère comme apport lacté jusque vers 2 ans. Cette position est maintenant la position officielle de très nombreux organismes, partout dans le monde, dont l'Académie américaine de pédiatrie, le Consensus des pédiatres suisses et le Comité de nutrition de la Société française de pédiatrie. Reste à persuader les parents, leur environnement, les médecins de famille et les décideurs politiques du bien-fondé de cette recommandation.

Quelques notions
de bon sens

Première notion toute bête et pourtant difficile à définir individuellement : pour réussir un sevrage, il faut choisir le meilleur moment et ne pas se presser.

Choisir le meilleur moment

Il n'y a pas de « **meilleur moment théorique** » qui se chiffrerait en jours, en semaines ou en mois. Le meilleur moment du sevrage d'un bébé, c'est le moment choisi par ses parents, celui qui leur convient le mieux, celui qui paraît le meilleur pour eux ou pour l'enfant, sans se laisser convaincre trop tôt... qu'il est plus que temps ! Pourquoi se laisser impressionner par les conseils plus ou moins objectifs de l'entourage ? Les réactions seront multiples : « Comment ! François a trois mois et tu n'as pas encore commencé les farines. Mais il va te réveiller toutes les nuits... et puis tu sais, il ne voudra plus jamais accepter un biberon. »

Inévitable ! « Comment, Anne tète encore à neuf mois ? Mais vous êtes folle, elle va vous mordre... elle vous épuise. Et puis c'est indécent de l'allaiter ainsi dans un jardin public. »

Plus grave, un médecin peut-être insuffisamment informé : « Mais regardez sa courbe de poids, madame, vous pourriez faire beaucoup mieux en mettant des farines tout de suite, et des légumes dans deux semaines... »

Le plus classique, une mère ou une belle-mère : « Tu sais, ma chérie, Mathilde au même âge pesait 800 grammes de plus. Je me demande si tu n'as pas tort de vouloir continuer à allaiter. Tu n'as pas l'impression que Lucie est quand même un peu maigre ? Elle me paraît fragile ! »

Résister à un tel environnement et ne pas se laisser convaincre par cette multitude d'arguments contradictoires devient un véritable exploit. Pourtant, la relation avec un bébé est unique. Elle vaut la peine de ne pas se laisser envahir.

Si une mère a envie d'allaiter très longtemps, sachant que cela sera compatible avec sa vie familiale ou professionnelle, il lui faudra fermer ses oreilles aux commentaires alarmistes ou négatifs dont elle va être assaillie. Elle jouira alors calmement, aussi longtemps qu'elle le voudra, de cette merveilleuse rencontre. Un bébé grandit vite et l'allaitement n'a qu'un temps. Nul ne doit le lui gâcher.

Comme pour l'allaitement, seul un sevrage choisi librement, au moment le plus propice, peut être réussi.

◆ **Les éléments du choix**

Quels sont pour une femme, pour un couple, les éléments du choix de ce meilleur moment ?

◆ En premier lieu, **prévoir de disposer de temps**, de préférence de plusieurs semaines. C'est la condition absolue pour ne pas être angoissée si le bébé refuse quelques jours son nouveau mode d'alimentation. Pour avoir le temps de le câliner, de compenser par la présence, la tendresse, le manque qu'il va ressentir en abandonnant le sein. Avec du temps, la mère n'a pas à se forcer ni à forcer son bébé.

Quand un bébé doit être laissé en garde de longues heures, il vaut mieux, pour lui, avoir retrouvé son équilibre. Un sevrage réussi, je l'ai déjà dit, ne doit pas être synonyme de séparation, d'abandon. Il faut au bébé le temps d'apprendre les « retrouvailles », la nouvelle forme de relation avec ses parents, sa famille.

◆ **Est-il possible de concilier allaitement et travail ?** C'est une question importante. Reprise du travail n'est pas synonyme de sevrage obligatoire. Certaines mères peuvent bénéficier d'un mi-temps pendant quelques semaines ou quelques mois. À condition d'en faire la demande assez tôt.

D'autres pourront bénéficier d'horaires souples. Une femme qui allaite a droit pour ce faire à une heure par jour de liberté sur son temps de travail. Cette disposition peut permettre de revenir dans la journée donner le sein à l'enfant, de commencer par celle du matin ou au contraire de rentrer chez soi plus tôt le soir. L'allaitement, donc, est possible si les déplacements ne sont pas très longs, si le travail n'est pas trop fatigant, si la mère est aidée chez elle. Le choix est fonction de la situation de chaque famille.

◆ Dans toute la mesure du possible, **éviter les périodes de fatigue, de « déprime »**, les moments de mal aux seins ou de mal au dos. Un sevrage brutal n'est jamais la bonne réponse à ces difficultés. Mieux vaut se faire aider : par un compagnon, des parents, des amies, des femmes qui ont déjà connu cela, qui peuvent vous dépanner dans certaines tâches matérielles. Pourquoi avoir honte de demander de l'aide ?
Il est infiniment préférable d'attendre d'être mieux, d'avoir récupéré, d'avoir réglé les différents problèmes posés pour entamer le sevrage. Un bébé accepte d'autant mieux une nouvelle alimentation qu'il sent sa mère gaie, épanouie et totalement détendue avec lui.

◆ Le meilleur moment pour chaque mère est aussi **celui où elle a envie de vivre autre chose.** Même si la relation avec un bébé est très riche, très belle, un jour ou l'autre, elle souhaite s'évader. Elle a envie d'avoir du temps pour elle, pour se promener, pour voyager, pour se sentir libre, de retrouver son corps d'avant ; envie d'abandonner le plaisir de l'enfant pour mieux retrouver son compagnon, son mari ; envie d'une autre disponibilité pour les autres enfants.
Un jour vient l'envie de voir grandir ce « tout-petit », de le regarder évoluer, s'éveiller, s'éloigner. Il a besoin de ce regard pour grandir, pour s'épanouir. Là encore, si un bébé sent ses parents heureux, paisibles et fiers de lui, il ne voudra pas les décevoir. Et il s'émerveillera des découvertes qu'il peut faire en acceptant une nouvelle alimentation.
Ainsi, même le sevrage devient un temps de dialogue, un plaisir réciproque.

◆ **Et pour l'enfant, quel est le meilleur moment ?**

◆ **Première évidence. Il n'y a jamais d'indication médicale urgente de** sevrer un enfant (sauf la galactosémie congénitale, maladie héréditaire tout à fait exceptionnelle). Trop souvent encore, un médecin conseille de sevrer pour une courbe de poids limite, des difficultés à téter, un ictère traînant, oubliant que le lait maternel est le meilleur pour l'enfant, sans comparaison possible avec ce que l'on apportera en échange. Si un enfant a des difficultés pour démarrer, on peut le nourrir plus souvent, tirer un peu de lait et le lui donner en complément à la cuillère ; chercher avec le médecin les causes de son ictère, de son manque de tonus ou de ses troubles digestifs, mais la solution n'est en aucun cas le sevrage : comment pourrait-on l'aider en remplaçant une nourriture parfaitement adaptée à son organisme par un lait artificiel dont la digestion va demander un surcroît d'énergie et de travail ? Là encore, souvent, les parents devront clairement exprimer ce qu'ils savent être bon.

◆ Deuxième évidence. Pour un bébé, comme pour sa mère, il vaut mieux **éviter de démarrer le sevrage en période de fatigue**, de maladie, ou de déséquilibre.

Le meilleur moment, c'est celui où le bébé est en pleine forme, ni enrhumé, ni sujet à une poussée dentaire, ni même simplement maussade ou grognon. Comme les adultes, les nourrissons ont des périodes de fatigue, de ralentissement. Vous l'avez sûrement remarqué. En quelques jours ou quelques semaines, ils font des progrès fantastiques, s'éveillent, rient, communiquent, puis, les jours suivants, ils paraissent rester sur leurs acquis, inventent moins, et parfois même oublient des mots ou des gestes qu'ils avaient appris. Il faut savoir respecter ces temps de repli, de repos (il n'est pas facile de « devenir grand »), et attendre qu'il soit à nouveau tonique et heureux, prêt à conquérir son univers.

◆ **L'idéal, si c'est possible, est certes d'attendre le moment où bébé lui-même réclamera autre chose à manger.** Vers l'âge de six mois, il attrape déjà parfaitement les objets et les porte à la bouche. Il va faire très vite la différence entre le jouet en plastique ou en bois et le succulent biscuit qui fond dans la bouche. Si on lui propose dès cette période des petits morceaux de pain, de fruit, de fromage, il commencera à les sucer, à les goûter avec délice. Petit à petit, avec l'arrivée des dents, il va prendre plaisir à mâcher, à mastiquer, à se nourrir réellement lui-même. L'enfant décide alors tout seul de délaisser le sein de temps à autre, guidé doucement par sa mère, et progressivement il diminuera son nombre de tétées. Cette diminution peut s'échelonner sur plusieurs mois (et pourquoi pas, sur plusieurs années). Même s'il mange un peu de tout, le lait maternel reste l'aliment de complément idéal.
Et quel réconfort pour lui de savoir, lorsqu'il part explorer le monde, qu'il peut à n'importe quel moment revenir vers sa mère et retrouver dans ses bras, contre sa peau, la douceur, la tendresse et le lait qu'il aime tant. S'il a cette sécurité absolue, il apprendra d'autant plus vite l'indépendance et l'autonomie.
Je pourrais résumer tous ces critères en un seul : le moment du sevrage doit être tout simplement un **temps de fête**.

Ne pas se presser

Bébé aime téter, sa mère aime l'allaiter. Il serait dommage et dangereux de bousculer trop vite une si douce habitude.

◆ Le bébé n'apprécie pas trop cette nouveauté

◆ Souvent, la première fois où on lui présente un biberon ou une cuillerée de purée, bébé est étonné, désagréablement surpris. S'il pleure, s'il refuse de goûter, surtout **ne pas le forcer**. Le temps du repas était, et doit absolument rester, un moment de détente et de joie. Pourquoi faire un drame de son refus ? Mieux vaut le consoler, le faire rire, rire avec lui : il associera bientôt rire et nouvelle alimentation. Il aura envie d'essayer, envie de recommencer.

◆ **Ne pas oublier les temps de câlins**, de caresses. Il serait aberrant et dangereux de laisser bébé dans son berceau avaler tout seul un biberon calé par des oreillers. Il s'éloigne du sein, de sa mère, il a encore plus besoin de ses bras, de sa peau. Il aura besoin de jeux, de paroles, de promenades. Pourquoi, par exemple, ne pas se baigner avec lui pour retrouver dans l'eau un autre plaisir, une autre rencontre ?

◆ **Les habitudes nouvelles ne sont pas faciles à prendre.** Une à la fois suffit. Ne jamais présenter le même jour, pour la première fois, une assiette de purée, une compote et un biberon. Bébé ne comprendrait plus rien, aurait peur et se mettrait à hurler. Pour la nourriture aussi il a besoin de s'apprivoiser. Rappelez-vous *Le Petit Prince*. Apprivoiser : « Cela signifie créer des liens [...] On ne connaît que les choses que l'on apprivoise [...] Il faut être très patient [...]. »
En lui offrant les nourritures nouvelles l'une après l'autre, les parents apprennent à connaître non seulement les goûts de leur enfant, mais aussi ce qui, par hasard, ne lui conviendrait guère. S'il a les fesses rouges, une éruption de boutons, une petite diarrhée, on retrouve plus facilement l'aliment responsable.

◆ **Un bébé a le droit de ne pas avoir faim**
S'il se contente de quelques cuillerées de légumes et d'un peu de lait, là encore, il ne faut pas le forcer. Cela ne signifie en rien qu'il est malade ou que le sevrage le dégoûte. Depuis sa naissance, ce qu'il mange est très variable d'un jour à l'autre, d'une tétée à l'autre. Laissons-le faire. Il sait ce qui est bon pour lui. Tant qu'il reste gai et rose, que sa courbe de poids ne descend pas, il ne risque rien.

◆ **Ne pas faire des repas un enjeu**
S'il sent ses parents inquiets, angoissés, s'il les voit prêts à dépenser une très grande énergie pour le faire manger, il pourrait bien un jour ou l'autre, quand il ne sera pas très en forme, utiliser ce moyen pour les garder auprès de lui, les retenir habilement « prisonniers ». Il est essentiel d'éviter toute épreuve de force au moment des repas. L'enfant ne risque rien, il ne va ni maigrir ni tomber malade.
Mieux vaut la tendresse du rire et du jeu que celle de « une cuillère pour papa, une cuillère pour maman... ». Toute la famille s'y retrouve mieux.

◆ **Le sevrage naturel et spontané d'un enfant déjà grand**
Il pose très peu de problèmes. Si l'enfant est en parfaite sécurité, il prendra la décision tout seul, quand il en aura envie. Le seul écueil à éviter est de lui offrir le sein au moindre problème, à la moindre contrariété. Donc de faire de l'allaitement un camouflage des problèmes qu'il peut avoir. À cet âge, la solution, c'est de lui parler, d'essayer de le comprendre, d'élargir son univers.

◆ Un enfant toujours seul, qui sort peu, s'ennuie, et, comme un adulte, cherche quelque chose à manger pour se distraire. Il aimerait sans doute tout autant un nouveau jeu, une promenade, une histoire ou un câlin. S'il réclame à téter trop souvent, il a peut-être envie de rencontrer plus longuement d'autres enfants, au jardin ou dans une garderie, ou de recevoir ses petits copains chez lui.

◆ L'enfant peut se sentir jaloux du temps que ses parents passent sans lui, ensemble, avec des amis ou à lire... et demander à téter juste pour les ramener à lui, sans avoir faim. Il n'y a aucune raison de lui présenter le sein, ce n'est pas ce qu'il demande réellement. Il lui faudra apprendre que ses parents ont envie de temps avec lui, et de temps pour eux seuls. Par contre, au moment des tétées, des « temps pour lui », il a besoin d'une disponibilité totale : que ses parents lui parlent, racontent une histoire, soient très présents.

◆ Dans une famille, l'humeur des uns retentit sur celle des autres. Plus les parents sont fatigués, tendus, impatients, plus bébé se sent insécurisé, isolé, et plus il réclame à manger.
Un remède : se reposer, se détendre... et tout rentre dans l'ordre.

Réussir un sevrage, c'est apprendre à l'enfant à séparer nourriture et besoins émotionnels. Combien d'adultes de notre génération se précipitent sur un gâteau, un énorme repas, ou « tètent » fébrilement une cigarette pour essayer d'oublier leurs difficultés personnelles, leurs problèmes de couple ou leur travail ? Ils n'ont sans doute jamais appris une autre sécurité. Serions-nous, tous ou presque, des « enfants au sevrage raté » ?
La meilleure chance que l'on puisse donner à un enfant d'être un jour une femme ou un homme équilibré, épanoui, c'est de lui apprendre que le bonheur n'est pas la nourriture. Manger est bon, manger peut être un merveilleux moment de la vie collective et sociale. Mais le bonheur est dans la rencontre avec d'autres hommes, d'autres femmes, des vieux, des jeunes, des enfants, des amis ou des étrangers. Le bonheur, ce n'est pas le repas : le bonheur, c'est de partager un repas avec ceux que l'on rencontre.

Le lait maternel diminue
puis disparaît spontanément

Le corps de la mère va s'adapter progressivement à la diminution des tétées, comme il s'était adapté le premier mois à l'appétit de l'enfant. En prenant le temps, c'est-à-dire plusieurs jours entre chaque changement, il n'y a aucun problème. Le lait diminue au rythme que bébé et sa mère ont choisi. Et, à l'arrêt des tétées, les seins restent souples, non douloureux.

Cela ne signifie pas que le lait disparaisse du jour au lendemain. **Il est très fréquent de garder du lait** pendant plusieurs semaines, et même plusieurs mois. Les changements hormonaux de fin d'allaitement pour retrouver l'état d'avant la grossesse sont très progressifs. Il est ainsi possible, nous l'avons vu au chapitre 8, (p. 221) de rétablir une lactation même après de longues semaines d'interruption totale des tétées.

Ce lait qui reste dans les seins ne présente aucun risque, ni pour la mère ni pour l'enfant. Tout ce qui se dit sur les abcès, le lait qui « devient rance », le danger pour un enfant de téter après trois ou quatre jours (ou semaines) d'arrêt, tout ce que l'on peut entendre n'est que baliverne. Les seins ne sont pas de quelconques bouteilles dans lesquelles le lait est stocké et risque de s'abîmer. Nous l'avons vu, la diminution du nombre de tétées va s'accompagner d'une réouverture des « jonctions serrées » entre les cellules glandulaires productrices. Donc, le lait qui se fabrique encore est régulièrement réabsorbé dans la circulation sanguine de la mère. Ce que boit le bébé lorsqu'il tète, même après un intervalle de plusieurs jours est du lait « tout frais ». Si bébé a envie, un jour, d'une « petite dernière tétée », il n'y a pas de raison de la lui interdire.

Une fois bébé complètement sevré, les seins vont retrouver leur taille et leur forme d'avant la grossesse. La mère a souvent l'impression qu'ils sont devenus beaucoup plus petits et plus mous parce qu'elle les a vus pendant de longs mois gonflés et fermes. C'est le moment de réapprendre leur vrai aspect, leur nouveau volume. En quelques semaines, si l'allaitement a été bien conduit, et en particulier si tout engorgement a été évité, ils vont retrouver leur fermeté.

Comme tous les changements physiques et hormonaux, cette période de fin de sevrage s'accompagne parfois d'**un temps de réadaptation psychologique** un peu difficile. Arrêter une relation d'amour est toujours très émouvant. La mère peut avoir l'impression de perdre son enfant, peur de le voir vivre loin d'elle, et elle en est un peu vulnérable, un peu dépressive. Elle se sent inutile ou solitaire. C'est normal et ce n'est pas grave. Il est dur de quitter une relation aussi belle. Mais l'allaitement n'est pas la maternité. Il reste fort à faire.

◆ **Il arrive que la lactation ne se tarisse pas facilement**
La diminution du lait ne suit pas celle des tétées, les seins sont trop pleins, engorgés, douloureux. Un peu schématiquement, on pourrait dire qu'il n'y a que deux raisons à cela.

L'ORIGINE DES RECETTES DIÉTÉTIQUES QUI REMPLISSENT NOS LIVRES DE PUÉRICULTURE ET LES CONSEILS DES MÉDECINS ET PÉDIATRES FRANÇAIS

Un peu schématiquement, on pourrait dire que celles-ci ne sont que le résultat empirique d'une réaction en chaîne pour tenter de limiter les conséquences désastreuses du postulat de base : « On peut nourrir sans problème les nourrissons avec du lait de vache. »

Le lait de vache pur est toxique pour les nourrissons du fait de sa trop grande richesse en protéines et en sodium. On a donc commencé par le « couper », c'est-à-dire l'allonger d'un tiers d'eau environ. Malgré cela, la majorité des bébés présentaient des troubles digestifs, en particulier des diarrhées importantes. On a essayé d'augmenter la proportion d'eau dans le lait, mais la ration calorique devenait alors insuffisante. Les bébés hurlaient de faim ou avalaient de gigantesques quantités de lait dilué, ce qui les faisait vomir. On a tenté d'enrichir ce lait dilué et on a donc inventé les farines, qui avaient deux fonctions : elles épaississaient le lait, donc limitaient les vomissements, et elles représentaient un apport calorique très important sous un faible volume absorbé. Mais ces farines, composées presque exclusivement de glucides, déséquilibraient le régime et entraînaient d'importants troubles digestifs :

• La majeure partie des bébés ainsi nourris étaient constipés, souffraient de coliques très douloureuses liées à une trop grande fermentation intestinale. Pour diminuer ces troubles, on a accéléré le transit intestinal en introduisant dans le régime des légumes et des fruits. (On a aussi malheureusement à cette période inventé le suppositoire à la glycérine et utilisé le thermomètre pour stimuler l'évacuation des selles ; ces deux méthodes représentent une véritable plaie pour l'équilibre digestif, et sans doute psychologique, de nos bébés.)

• Un petit nombre de nourrissons, en revanche, présentaient au bout de quelques mois de ce régime lacto-farineux une perte de poids et une baisse de l'état général liées à une diarrhée chronique sévère. Cette maladie grave, nommée maladie cœliaque, est une allergie du tube digestif à une protéine présente dans toutes les céréales : le gluten. Une fois cette allergie constituée, le seul traitement possible pour obtenir la survie et une croissance correcte des bébés atteints est un régime strict de plusieurs années, sans aucune céréale, donc pas de pain ni de biscuits, ni de pâtes... Régime très difficile à suivre dans nos familles où ces produits constituent la base de l'alimentation quotidienne. Cette allergie se constitue pendant les trois à six premiers mois, les farines étant introduites beaucoup trop tôt. C'était là leur danger.

Poursuivons notre historique. Le lait de vache, nous l'avons vu, contient du fer, mais non le système transporteur permettant son absorption intestinale. Les bébés ainsi nourris de lait coupé, de farines et de légumes présentaient souvent des anémies sévères, puisqu'ils manquaient de fer et que le fer sert à la construction de l'hémoglobine, donc entre dans la composition des globules rouges.

Pour compenser cette anémie, on a introduit la viande et le foie, qui sont effectivement tous deux riches en fer. Sous cette forme, le fer, pour son utilisation biologique, doit être modifié (ce qui nécessite une importante consommation d'énergie et un travail d'épuration du rein). Mais il peut quand même être partiellement absorbé et métabolisé. (Ne parlons pas des conseils comme donner des épinards aux bébés pour leur apporter du fer et les rendre plus costauds ! Les épinards ne contiennent pas de fer, ou à peine quelques traces... sauf dans les dessins animés américains.)

Continuons : pour éviter les diarrhées graves des premières années, on savait à juste titre, depuis longtemps, que le meilleur moyen d'avoir un lait stérile est de le faire bouillir soigneusement. Or on a découvert que cette ébullition détruisait les vitamines. D'où l'idée, très justifiée, de compenser cette disparition, et donc la prescription systématique dès la fin du premier mois de vitamines ou d'un complexe vitaminique. Cette prescription valait pour tous les enfants, parfois même pour ceux nourris au sein... En revanche, les doses nécessaires n'étaient pas bien définies : par exemple, pour la vitamine D, les normes variaient de 400 à 1 200 unités par jour suivant que l'on se trouvait aux États-Unis ou en France !

Je pourrais poursuivre longtemps : parler du calcium, du fluor, des oligo-éléments, etc. Ce serait inutile. Je veux seulement montrer à quel point toutes nos recettes diététiques sont empiriques et méritent d'être revues, repensées à la lumière des nouvelles données nutritionnelles et immunologiques d'abord, du désir de chacun de nos bébés ensuite. Dans ce domaine de l'alimentation, tout est à réécrire.

◆ Première raison : **un sevrage trop rapide.** Le corps n'a pas eu le temps de s'adapter. Il faut ralentir, attendre un peu avant de supprimer une autre tétée. Prendre le temps, le temps de son corps, et tout se passera le mieux du monde quelques jours plus tard. S'il s'agit de la dernière tétée, à la fin du sevrage, il est tout à fait facile de faire téter l'enfant un jour sur deux, puis un jour sur trois, puis beaucoup plus rarement. L'idéal est de laisser le corps, les seins, vous guider. Ils sont d'excellents juges et repères de l'évolution de la lactation.

◆ Deuxième raison, beaucoup plus fréquente qu'on ne l'imagine : **la mère n'a pas vraiment envie de sevrer.** Le sevrage a été entamé sans trop savoir pourquoi, la mère y a été poussée par une amie, le qu'en-dira-t-on, des arguments guère convaincants. Tellement peu convaincants qu'à chaque biberon la mère a envie de se déshabiller, de donner le sein, et rêve sans se l'avouer de ce plaisir qu'elle aime partager. Tout son corps, ses seins ressentent ce violent désir. Les seins gonflent, se durcissent, se font pleins de lait pour aller au-devant de son rêve. Il n'est pas possible de mentir à son corps. Pour bien sevrer, il faut en avoir envie !

◆ **Des moyens simples d'accélérer la diminution du lait**
Si c'est nécessaire, on peut :

◆ Faire donner les biberons par une autre personne. Les seins de la mère réagissent moins si le bébé n'est pas contre elle pendant son repas.

◆ Reprendre un peu plus rapidement un certain nombre d'activités.

◆ **Des moyens médicaux pour les cas urgents**
Ces moyens seront différents suivant la période à laquelle est décidé le sevrage.

◆ S'il s'agit d'un sevrage précoce et brutal, une consultation médicale s'impose. À ce stade, le traitement idéal est le Parlodel®, pendant vingt et un jours au moins, à la dose de deux ou trois comprimés par jour. On peut lui associer des œstrogènes locaux en pommade ou en gouttes pour frictionner le sein (Œstrogel® ou Percutacrine œstrogénique®).

◆ Pendant la phase d'automatisme mammaire, les inhibiteurs de la prolactine sont inefficaces puisque le taux sanguin de cette hormone est spontanément très bas. Le seul traitement efficace, ce sont les anti-inflammatoires. Normalement, à ce stade, il n'y a besoin d'aucun médicament. La lactation se tarit d'elle-même quand le bébé ne tète plus.

Sevrage et changement de lait

Le choix du lait

Le lait est la base de l'alimentation de l'enfant jusqu'à un an.
Pendant les six premiers mois, le lait seul couvre tous les apports nutritionnels de l'enfant. Bien sûr, le lait maternel est le meilleur. Mais, si la mère préfère arrê-

ter l'allaitement maternel, il est très simple de remplacer le lait maternel par un lait en poudre. Cela à trois conditions : choisir un lait diététique spécial pour nourrisson ; en apporter une quantité équivalente ; garder la souplesse des rations, proches de celles de l'allaitement au sein.

Après six mois, le lait est toujours indispensable, malgré la diversification de l'alimentation. Il convient de conserver 500 à 700 millilitres de lait par jour pendant toute la première année pour maintenir un apport de lipides, de calcium et d'acide linoléique correct pour la croissance de l'enfant.

En choisissant un lait de vache, pur ou peu modifié, même avec 700 millilitres par jour, il manque la quantité de fer nécessaire pour éviter les petites anémies cliniques et biologiques qui sont très fréquentes au cours de la première année. En augmentant les doses, on introduit un apport de protides excessif, surtout si on apporte en même temps viande, poisson ou œufs.

L'idéal, en fonction de nos connaissances actuelles, est :

◆ Soit de maintenir, jusqu'à un an au moins, 500 à 700 millilitres de lait premier âge par jour en diversifiant progressivement l'alimentation, et en veillant à compléter régulièrement l'apport de lait sous forme de yaourt, de petit-suisse ou de fromage.

◆ Soit de proposer, à partir de six mois, un lait de suite (ou lait de « type 2 ») enrichi en fer, qui peut couvrir seul, de façon équilibrée, les besoins de l'enfant (là encore, 700 millilitres au moins par jour).

Ces données sont valables aujourd'hui en fonction des laits artificiels qui se trouvent sur le marché. Il est évident que les formules vont encore s'améliorer, s'adapter. Des modifications interviendront peut-être dans les décennies à venir : les conseils diététiques sur le choix du lait seront alors à repenser entièrement en fonction des nouvelles données.

QUEL LAIT CHOISIR ?

Si le bébé a moins de six mois, choisir un lait premier âge. Quand on a déjà utilisé un de ces laits, par exemple en complément des premiers jours à la maternité, il vaut mieux reprendre le même.

Si le bébé a plus de six mois, on peut choisir soit un lait premier âge, soit un lait deuxième âge. Votre médecin vous conseillera l'un ou l'autre suivant l'appétit et la courbe de poids de l'enfant. Les laits de suite « type 2 » sont plus riches en protéines, en lipides, donc sont moins indiqués pour les enfants « tout ronds, tout dodus », qui se nourrissent très bien de lait premier âge jusqu'à un an.

Comment réaliser le changement de lait

Le changement de lait ne pose pas de difficultés. Il suffit de remplacer les tétées, une à une, par des repas de lait artificiel, en prenant son temps.

◆ Quelques conseils pratiques

◆ Pour commencer, choisir les heures de tétée où la mère a moins de lait : la plupart du temps, la fin d'après-midi puis le milieu de la matinée. Conserver plus longtemps la tétée du soir pour éviter d'avoir mal aux seins pendant la nuit. La dernière tétée avant le sevrage complet est presque toujours celle du matin, car la lactation est souvent plus abondante après le repos de la nuit.

◆ Plus la mère a du lait, plus il conviendra d'espacer l'introduction de nouveaux biberons. Attendre que les seins soient moins pleins, non douloureux, bien adaptés à ce nouveau rythme, avant de modifier encore le nombre des tétées.

◆ Pour que bébé accepte sans problème cette nouvelle alimentation, il faut qu'il ait envie de manger. Donc tout bêtement attendre qu'il ait faim, qu'il réclame son repas. Si le goût de la tétine le surprend trop, on peut, les premières fois, le masquer par une goutte de miel ou y déposer quelques gouttes de lait.

◆ Ne pas oublier que ce changement pour l'enfant est un peu difficile, désagréable. Redoubler de tendresse et de présence.

◆ Si vraiment bébé ne veut rien savoir, rejette la tétine et se tourne désespérément vers le corsage où il retrouve l'odeur de sa mère, celle du lait, il sera peut-être plus facile de demander à une autre personne de lui proposer ce biberon. Pendant ce temps, il vaut mieux ne pas rester derrière la porte à guetter ses cris, ses réactions. Que la maman aille se promener, se détende et revienne une demi-heure plus tard pour le câliner, le retrouver. Surtout, il ne faut pas avoir peur. Cette réaction hostile ne dure jamais longtemps. Bébé a besoin de temps pour s'adapter, lui aussi.

◆ Proposer un gros biberon, très supérieur à la ration théorique que bébé devrait prendre en fonction de son âge et de son poids. Le laisser prendre ce qu'il veut et, surtout, sans le forcer à terminer. S'il s'arrête de téter, ne jamais lui remettre la tétine dans la bouche « pour voir ». En revanche, s'il prend une très grosse ration, il n'y a pas de problème. Il le faisait déjà très probablement au sein... et il mangera moins la fois prochaine.

◆ **Faire très attention à la reconstitution du lait.** Elle est toujours la même : une mesure de lait pour 30 grammes d'eau. Si on dilue trop, bébé aura faim. En revanche, si on met trop de poudre, le lait sera trop concentré et risquera d'entraîner des troubles digestifs et neurologiques sévères à court terme. Le lait doit absolument être bien reconstitué. On ne fait pas grossir un bébé avec plus de poudre de lait, mais avec plus de lait bien équilibré. C'est une donnée essentielle.

◆ **Dernier conseil pratique.** Si bébé a quelques troubles digestifs, une petite constipation (fréquente avec les laits de vache même modernes), quelques vomissements, une éruption de boutons... surtout ne pas commencer d'emblée à chercher une nouvelle marque de lait. On ne changera rien, et ni la mère ni le bébé ne pourront s'y retrouver. Il faut garder le même lait et examiner avec le médecin les petits problèmes qui se présentent. Il n'est jamais bien difficile de les régler au mieux.

◆ **Si l'on choisit le biberon**
Suivant les pays, les habitudes changent beaucoup et les conseils à ce niveau – cuillère ou biberon – diffèrent totalement. En France, le biberon est d'usage absolument général, et les mères l'utilisent sans se poser la moindre question. Quelques précautions s'imposent pourtant.

◆ Il faut une **stérilisation soigneuse** de l'ensemble biberon-tétine-bouchon, après chaque repas, **pendant les premiers jours.** Ensuite, un nettoyage rigoureux avec rinçage à l'eau claire suffira. Il est bon de savoir que les diarrhées toxiques des tout-petits sont le plus souvent dues aux germes qui se développent sur les traces de lait qui traîne dans les biberons. Donc laver les biberons dès que bébé a fini de manger et bien les sécher.
Comment stériliser : l'idéal est le passage à 100 °C pendant quinze à vingt minutes, soit par ébullition, soit par la vapeur (casserole, Cocotte-Minute, stérilisateur classique ou stérilisateur électrique à vapeur). On peut également faire tremper biberons et tétines pendant une demi-heure dans une solution antiseptique faite avec un produit vendu en pharmacie. Une seule précaution : rincer abondamment à l'eau claire avant de préparer le lait.

◆ **Peut-on préparer les biberons à l'avance ?** Oui, à condition de faire très attention à la propreté au moment de la préparation. Se laver les mains. Conserver les biberons au réfrigérateur. Pas plus de vingt-quatre heures.
En partant en voyage, mieux vaut ne pas transporter les biberons pleins et chauds. Ils risquent de se couvrir de microbes. Il vaut mieux préparer les biberons stériles avec la quantité d'eau nécessaire, éventuellement gardée au

chaud dans une Thermos, et ne rajouter la poudre de lait qu'au dernier moment, juste avant la tétée. Le lait ainsi préparé sera plus propre.

◆ Pour reconstituer le lait, il faut une eau peu minéralisée et bactériologiquement correcte. Dans la plupart des régions de France, l'eau du robinet peut parfaitement convenir et ne présente aucun danger. Éventuellement, la faire bouillir par sécurité pendant les toutes premières semaines. Attention cependant aux régions agricoles ou d'élevage, où les taux de nitrates rendent l'eau impropre à la consommation (vérifier auprès de la DASS). Dans les très grandes villes, il faut s'assurer de la qualité de l'eau auprès des mairies.
Les eaux de coupage vendues dans le commerce sont bien adaptées du point de vue de la minéralisation, mais présentent plusieurs inconvénients : il en faut beaucoup, d'où un prix de revient élevé et l'obligation de transporter de lourdes charges pour en avoir assez chez soi. Par ailleurs, et c'est là le plus grave, les emballages plastiques n'offrent aucune sécurité sur les plans chimique et bactériologique et peuvent être dangereux à long terme...

◆ L'enfant a besoin de téter, de téter longuement pour satisfaire son besoin de succion, donc il importe de **calculer les perforations des tétines pour que le repas dure au moins dix minutes.** Sinon, il ne sera pas satisfait. De plus, le mode de succion de la tétine est très différent de celui du mamelon. Au début, bébé peut ne pas savoir, tirer trop de lait, s'étrangler facilement. Un risque à connaître.

◆ Le biberon peut être donné indifféremment à **température ambiante** ou **réchauffé à 30-35 °C** environ. Il n'y a guère de différence entre ces deux méthodes, ni pour la digestion ni pour le confort de bébé. L'habitude de réchauffer est plus une tradition familiale qu'une nécessité réelle. Mais puisque le lait maternel coule tout chaud !

◆ Dernier point qu'il n'est pas inutile de souligner une nouvelle fois. Bien s'installer. Placer le bébé tout contre soi. Lui parler, le câliner. Ne jamais le laisser tout seul, le biberon calé par un oreiller.

◆ **On peut choisir d'emblée la cuillère**
Dans nombre de pays, le biberon n'est pas admis et les repas se font à la cuillère : pourquoi ?
Dans les **pays du tiers-monde,** il n'est pas possible de stériliser correctement les biberons. L'eau est rare, le feu aussi, le nettoyage difficile. Le biberon, avec ses recoins, sa tétine, son pas de vis, est extrêmement dangereux. Il est plus facile de laver dans un peu d'eau un bol et une cuillère. De plus, les biberons

sont chers, beaucoup trop chers pour le budget moyen des familles. Mieux vaut utiliser correctement le matériel dont elles disposent. L'achat du lait est déjà un problème économique majeur. Le biberon est inutile.

Dans **les pays anglo-saxons**, au niveau de vie élevé, le choix de la cuillère a de tout autres motivations : la tétine est considérée comme dangereuse car elle déforme trop la succion. On peut lire dans un livre canadien sur l'allaitement[1] : « Les dentistes s'inquiètent des méfaits du biberon et de la suce sur le développement de la bouche et des dents des enfants... Les mâchoires et les dents mal formées nécessitant le port de broches seraient étroitement liées, dans plusieurs cas, à l'alimentation artificielle... L'acte de téter (au sein) fournit l'exercice nécessaire à un développement adéquat du palais et des mâchoires... L'enfant nourri au sein sera moins sujet à la carie dentaire... »

Nous n'avons pas de statistiques sérieuses récentes pour juger ces données. Il serait peut-être bon d'entreprendre un jour une étude approfondie sur ce sujet. Il est probable que, justement parce qu'elle modifie la succion, **la tétine n'est pas longtemps compatible avec l'allaitement au sein.** L'enfant n'aime pas beaucoup alterner la succion du mamelon et la succion de la tétine, trop différentes pour lui. Souvent, au bout de quelques jours, il fait un choix. D'où un certain nombre de « sevrages brutaux », l'enfant refusant du jour au lendemain le sein de la mère pour se contenter du biberon.

Je connais plusieurs jeunes mères qui ont été confrontées à ce choix de l'enfant et qui ont mal vécu d'être ainsi brutalement rejetées. La cuillère est mieux acceptée en complément par l'enfant, car elle fait appel à des mécanismes qui ne sont pas en compétition avec la succion du mamelon.

C'est pourquoi les femmes qui militent pour un allaitement prolongé font du biberon le « symbole à abattre », le « concurrent déloyal » du sein. Le biberon est formellement interdit, même pour l'enfant déjà grand. Il n'y a d'autre alternative que le sein ou le lait à la cuillère ou à la tasse. Ont-elles tort ou raison ? Je ne tenterai pas de prendre parti. Leurs arguments sont valables, mais les conséquences ne sont peut-être pas sans problèmes dans notre vie de tous les jours. Gardons-nous de tout fanatisme... Chaque famille choisira ce qui lui convient le mieux.

Jus de fruits et vitamines

Les besoins de l'enfant en acide ascorbique, ou vitamine C, sont un peu difficiles à définir. Les besoins minimaux sont estimés à 10 mg/jour. Mais, en fait, la carence grave en vitamine C, c'est-à-dire le scorbut, est une maladie qui a disparu de nos

1. Colette Clark, *Le Livre de l'allaitement maternel*, Éd. Intrinsèque, Québec, 1977.

pays, même chez les enfants nourris exclusivement au lait de vache... et sans jus de fruits.

Cependant, la vitamine C n'agit pas seulement pour prévenir le scorbut. Elle joue également un rôle d'activation de la plupart des métabolismes et un rôle de protection contre les infections. C'est principalement en cela qu'elle est utile à la croissance de l'enfant. Les doses considérées comme nécessaires sont de 35 mg/jour environ (recommandation de la FAO en 1973).

Dernier élément à connaître : il n'y a pas de dose maximale de vitamine C et pas d'intoxication par cette vitamine, même à absorption de quantités très importantes. Tout au plus peut-on observer une certaine hyperexcitabilité transitoire.

◆ La vitamine C

L'apport de vitamine C se fait uniquement par l'alimentation. Le lait de femme en contient de 20 à 60 mg/l, ce qui couvre largement les besoins des enfants nourris au sein. Le lait de vache bouilli n'en contient pas, et il est bon d'en fournir sous forme de jus de fruits aux enfants ainsi nourris. Les laits premier âge et les laits de suite sont tous enrichis en vitamine C, à peu près au taux du lait maternel. Les jus de fruits sont très riches en vitamine C (6 à 12 milligrammes pour trois cuillerées à café de jus d'orange environ) et peuvent être donnés sans risques, même à doses élevées, si l'enfant en a envie.

La prescription systématique de jus de fruits ne s'impose donc que pour les enfants nourris au lait de vache non modifié. Pour tous les autres, nourris au sein ou au lait en poudre, il n'y a que deux indications, et encore très relatives :
• Comme « stimulant et fortifiant » d'un enfant un peu hypotonique et fatigué.
• Surtout, et c'est là leur meilleure indication, pour régulariser le transit intestinal. Lorsqu'un enfant est un peu constipé, le seul et unique traitement efficace et sans danger est de lui donner quelques cuillerées de jus de fruits.

Pour introduire les jus de fruits, proposer des quantités progressivement croissantes, en partant de une à deux cuillerées à café par jour. Régler la quantité sur l'état des selles : si elles sont dures et rares, augmenter rapidement ; si, au contraire, l'enfant a tendance à être diarrhéique, ralentir un peu. Et, comme toujours, se laisser guider par le désir de bébé, sans le forcer.

Varier autant que possible l'apport du jus de fruits. Il est classique de commencer par l'orange et le pamplemousse. Mais très vite on peut donner du jus de n'importe quel fruit frais.

◆ La vitamine D

Un supplément est impératif. Le lait de vache n'en contient guère, les laits premier âge ou de suite sont aujourd'hui supplémentés. Dans l'alimentation, seuls les foies et les huiles de poisson en sont réellement riches (vous savez, l'huile de foie de morue de nos grands-mères). Il y en a un peu dans les laitages, le beurre, mais à doses très faibles.

La source la plus importante de vitamine D, c'est la peau. Sous l'effet du soleil, le cholestérol des tissus se transforme spontanément en vitamine D. Il faudrait donc laisser un bébé nu au soleil pour qu'il fabrique cette vitamine D qui lui est indispensable.

À quoi sert la vitamine D ? À une seule chose, mais capitale : à la fabrication et à la calcification du tissu osseux. Elle a donc un effet majeur direct sur la croissance et la « solidité » de l'enfant. Elle prévient le rachitisme. Indirectement, elle joue aussi un rôle dans le maintien d'un taux constant de calcium dans le sang, nécessaire à l'équilibre cérébral et neurologique.

La quantité nécessaire varie beaucoup suivant les saisons, les lieux et la couleur de la peau. En revanche, les enfants à peau sombre, les enfants vivant en zone de brouillard ou de froid ont des besoins importants. Comme il n'est pas question de laisser longtemps au soleil les bébés et les jeunes enfants, l'apport de vitamine est nécessaire, même en plein été.

La dose nécessaire ne peut être calculée que par un médecin, et les préparations pharmaceutiques de vitamine D ne sont délivrées que sur ordonnance. Attention : la vitamine D ne doit jamais être donnée en excès. Il faut respecter scrupuleusement les doses indiquées. Il suffit de peu d'excès pour avoir des signes cliniques de surdosage. Et l'intoxication à la vitamine D est une maladie très grave, qui peut laisser des séquelles rénales irréversibles. Ne jamais augmenter les doses pour « fortifier » l'enfant.

Sevrage et alimentation diversifiée

Je voudrais pouvoir sauter ce chapitre, dire seulement aux parents : « Attendez, attendez que votre enfant réclame les aliments qu'il voit dans votre assiette. Laissez-le choisir ce qui lui plaît, quand cela lui plaît, et comme il en a envie. »

Il est tout à fait certain qu'un enfant ainsi nourri serait magnifique, que les repas seraient un temps de fête collective, que la mère aurait trois fois moins de travail et d'angoisse, que les parents seraient bien plus heureux et détendus. Il n'y aurait pas d'enfants obèses et, probablement, les seuls enfants hypotrophiques ou dénutris seraient les enfants vraiment malades (ce qui simplifierait diablement le travail de débrouillage des pédiatres, puéricultrices... et psychiatres).

Nos tout-petits savent ce qui est bon pour eux... et à quelles doses. Pourquoi ne pas leur faire confiance ?

Mais nous vivons dans une civilisation technique. Il faut des chiffres ou des normes pour faire sérieux. Les librairies sont encombrées de livres et revues sur « la bonne diététique » : régimes, menus, habitudes alimentaires, repas sophistiqués ou macrobiotiques, rêves végétariens ou naturalistes pullulent sur le marché. Une recette en remplace une autre. Une mode succède à l'autre et, chaque fois, une abondante littérature essaye de nous convaincre de « bien faire » et de manger bien. La « bonne bouffe » serait bien sûr la dernière en date.

Même chose pour le « devoir sacré de parents ». Les manuels de puériculture remplissent des rayons entiers. Il en paraît de nouveaux tous les jours, ou presque. Et tous enseignent en de longs paragraphes très sérieux le « difficile métier de parents ». Des horaires, des menus, des conduites à tenir, un véritable agenda des mille et un gestes à faire et des bonnes pensées à avoir. Tous ces conseils, ces recettes sont d'une rigidité impressionnante. Comme si une famille ressemblait à toutes les autres. Comme si un enfant était un enfant à la chaîne qui doit manger les mêmes grammes de purée et faire pipi sur son pot à la même heure que son voisin. Ne vous laissez pas enfermer dans le moule du « parfait jeune couple qui élève son premier enfant ». Tous ces livres, à mon sens, cristallisent plus d'angoisse qu'ils n'apportent de véritable information.

La meilleure éducation, la seule valable, c'est celle apportée par chaque enfant… si les parents lui donnent une chance de s'exprimer.

Quand on évite certaines erreurs, l'alimentation diversifiée d'un tout-petit est extrêmement simple.

Première erreur : le faire trop manger[1]

C'est l'erreur la plus fréquente. Tout pédiatre, à chaque journée de consultation, reçoit en urgence à son cabinet un enfant traîné par des parents ou grands-parents affolés parce qu'« il ne mange rien ». Il n'est pas besoin d'être savant pour découvrir au premier coup d'œil un bambin superbe, aux joues roses, bien remplies, aux fesses dodues, qui, manifestement, ne manque de rien. Pourtant les parents sont catégoriques : « Je vous assure, docteur, c'est tout juste s'il goûte les légumes, il refuse la viande après trois cuillerées, il n'aime pas le lait, il n'a pris que deux bouchées de fromage… Je me demande comment il peut tenir le coup… C'est sûr, il est malade ou il va tomber malade. »

Pourquoi une telle angoisse devant un enfant pourtant magnifique ? Tout simplement parce que nous consommons presque tous, adultes et enfants, une ration calorique nettement supérieure à nos besoins. Cet excès atteint fréquemment

---

1. Ce chapitre a été inspiré par l'excellent article de A.-M. Dartois, M. du Fraysseix et G. Vermeil, paru dans *Le Concours médical* du 25 février 1978.

50 % et peut aller jusqu'à 100 %, c'est-à-dire que nous mangeons deux fois trop. Comparée à ces consommations habituelles excessives, celle de l'enfant qui mange juste ce qui lui convient le fait paraître anorexique. Pour juger de ses besoins, on s'est tout bêtement trompé d'échelle.

Il est urgent de calmer l'angoisse des parents, pour rendre la paix aux repas familiaux et surtout éviter à l'enfant un gavage inutile et dangereux. Comment l'éviter ?

◆ Réapprendre à **regarder** l'enfant, à voir à nouveau l'évidence, c'est-à-dire qu'il est en parfaite santé.

◆ Rappeler des notions toutes simples sur la courbe de poids d'un enfant normal. En moyenne, un nourrisson double son poids de naissance vers cinq mois et le triple vers un an. Pendant la deuxième année, il ne prend que 1 à 2 kilos. De même, un nouveau-né normal de 50 centimètres à la naissance mesurera entre 70 et 80 centimètres à un an. Si l'évolution de l'enfant suit ces courbes-là, pourquoi vouloir le forcer ? Pour qu'il soit plus gros que son copain ?

◆ Si ces arguments simples ne suffisent pas à rassurer, les tableaux scientifiques des besoins alimentaires des enfants selon l'âge et le poids, et les tables de composition des principaux aliments, permettent de calculer exactement la ration consommée par l'enfant. Mais attention, il faut faire de ces tableaux un usage intelligent, ne pas leur faire dire n'importe quoi.

◆ Il faut **tout compter**, même le biscuit après le bain ou le sirop de grenadine dégusté chez la voisine, même le bonbon offert par l'épicier, même, pourquoi pas ?, les miettes ramassées sur la table… Toutes ces « petites choses » représentent parfois le tiers de la ration calorique d'un enfant !

◆ Ne pas oublier surtout que les chiffres marqués représentent des **besoins moyens théoriques**. En réalité, ces besoins peuvent varier considérablement d'un enfant à l'autre et, pour le même enfant, d'un moment à l'autre de son existence.

◆ Il existe indiscutablement des enfants qui ont de gros besoins de nourriture, mais qui gardent un poids tout à fait normal. Ils sont en équilibre avec une ration élevée. On pourrait dire que ce sont des « moteurs à mauvais rendement » qui nécessitent beaucoup de carburant pour se construire et se mouvoir. Tant que leur poids reste normal, il ne saurait être question de restreindre sévèrement leur consommation.

◆ L'erreur beaucoup plus fréquente est de méconnaître les enfants menus, à croissance lente, dont les besoins alimentaires sont nettement inférieurs aux besoins théoriques. Contrairement à ce que croit l'entourage, ils ne grandissent pas lentement parce qu'ils mangent peu, mais ils mangent peu parce qu'ils grandissent lentement. Cette croissance lente peut relever parfois d'une cause pathologique : maladie, fatigue nécessitant un diagnostic et un traitement adapté qui seul fera repartir l'appétit de l'enfant, et donc son rythme de croissance. Ce n'est heureusement pas le cas le plus fréquent.

◆ Une chose est certaine : **jamais et sous aucun prétexte le remède ne consiste à forcer l'enfant à manger plus qu'à son appétit**, ni même à lui donner des médicaments réputés actifs sur l'appétit. L'appétit est un équilibre précieux qui permet à l'organisme d'adapter exactement sa consommation à ses besoins. En déréglant ce mécanisme par la force dans les premières années, on crée de toutes pièces des générations d'enfants et d'adultes incapables de savoir ce qu'ils mangent et pourquoi : d'où des conduites alimentaires totalement déséquilibrées et farfelues.

Regardez autour de vous les dizaines de personnes oscillant sans trêve d'une surconsommation à un régime amaigrissant ; jamais rassasiées et toujours malades de mal digérer. Qu'ont-elles fait de cet instinct vital qu'était leur appétit ? Quelle connaissance profonde et paisible de leur corps leur reste-t-il ? Ne détruisons pas le fantastique équilibre naturel de nos enfants. Respectons leur appétit.

Deuxième erreur : vouloir diversifier trop tôt l'alimentation

J'ai précédemment décrit l'engrenage qui a amené l'évolution des habitudes alimentaires de diversification. Deux enquêtes récentes, résumées dans le tableau ci-après, illustrent combien, jusqu'en 1930, l'introduction des différents aliments était tardive. Et comment nous avons « pris de la vitesse ».

Pour beaucoup de parents, de médecins et de puéricultrices, cette tendance à prescrire de plus en plus tôt à l'enfant ces différents aliments était un moyen d'être à « l'avant-garde » de la pédiatrie. C'est une erreur.

On sait maintenant que l'enfant, jusque vers six mois, n'a besoin que de lait, et d'un lait qui lui soit adapté : lait maternel bien sûr ou, à défaut, un lait diététique premier âge.

À partir de six mois, on peut apporter progressivement légumes, viandes, desserts, farines, comme l'enfant en manifeste le désir. On évite ainsi au maximum allergies et obésités.

Âge moyen d'introduction des aliments diversifiés

Aliments	1930-34	1940-44	1945-49	1950-54	1960-64	1970-72	1977
Farines	9	7,5	6,1	5,3	3,6	2,1	1,5 à 2
Légumes	15,5	11,5	8	7	3,9	2,8	2 à 3
Viande	?	?	?	9	5,5	4,3	4 à 5
	Enquête de J.-P. Deschamps et M.-F. Laruelle Nancy, 1972						Enquête Guigoz Sofres, Paris, 1977

Troisième erreur : croire que les farines sont nécessaires

Elles ont de nombreux inconvénients. Les farines sont constituées presque exclusivement de glucides, sous forme d'amidon, dont la digestion est sous la dépendance d'une enzyme : l'amylase pancréatique. Celle-ci est absente chez le nouveau-né et apparaît progressivement au cours des premiers mois. Avant quatre mois, le nourrisson ne peut digérer qu'une très petite quantité de farine. Par exemple, la dose maximale classiquement admise est de 5 grammes par jour pour un enfant de 5 kilos, soit environ 2 cuillerées à café par jour de farine instantanée. Même si les nouveau-nés digèrent sans problème, le biberon de lait qui contient de la farine est déséquilibré, c'est-à-dire qu'il contient trop de glucides. Ce qui n'est bon ni pour le tube digestif, ni pour la flore intestinale, ni pour la croissance de l'enfant.

La plupart du temps, les parents introduisent la farine pour calmer la faim de leur enfant, uniquement parce qu'ils n'osent pas augmenter les quantités de lait. Ils ont encore en tête les rations types que l'on doit donner – rations malheureusement encore inscrites sur chaque boîte de lait. Il n'est nulle part écrit à quel point ces chiffres rigoureux correspondent à des règles arbitraires et démodées. Si un enfant a faim, la meilleure solution (l'unique vraie solution avant quatre mois), c'est de lui offrir du lait, plus de lait, autant qu'il en veut. Pourquoi remplacer ce lait bien adapté par un aliment inférieur. Il ne faut que 50 millilitres de lait pour apporter autant de calories que quatre cuillerées à café de farine instantanée.

Je l'ai déjà dit, les farines de céréales contiennent aussi des protéines (celle du blé est le gluten) auxquelles quelques enfants vont devenir intolérants ; ils seront alors victimes de la redoutable maladie cœliaque. Un seul moyen pour l'éviter : éliminer systématiquement les farines contenant du gluten jusqu'à six mois environ. On ne peut pas prévoir ceux des enfants qui réagiront mal à l'absorption du gluten. Mieux vaut donc les protéger tous.

Autre inconvénient, **il existe une grande diversité de farines :** à cuire (dextrinées ou maltosées) ou instantanées, lactées ou non, simples ou multicéréales, avec ou sans gluten, enrichies en protéines, en légumes, en fruits, avec ou sans cacao, etc. Toutes ces farines ont des compositions et des propriétés différentes, avec de grandes variations des principaux constituants.

Malgré une réglementation en date du 1er juillet 1976 qui établit quelques normes précises, il est difficile quelquefois pour une mère de choisir la farine qui convient.

Quatrième erreur :
ne pas savoir compenser les déséquilibres

◆ Toutes les protéines animales sont équivalentes

Poisson, viande, œuf, fromage, lait : on peut varier énormément. Les viandes rouges ne sont pas plus nourrissantes ni fortifiantes que les viandes blanches ou le poisson. Les œufs, si injustement déconsidérés en France, n'ont de façon certaine aucune toxicité sur le foie et on peut en donner plusieurs fois par semaine à partir de six mois. Le fromage est une merveilleuse source de protéines et de calcium. Il peut avantageusement remplacer viande ou lait que l'enfant refuserait.

De toute façon, avant six mois, les protéines du lait suffisent largement. Il n'est pas judicieux de diversifier et d'augmenter trop tôt l'apport protéique. Leur excès dans la première année est sûrement une des causes des obésités majeures d'enfant que l'on voit se multiplier depuis quelques dizaines d'années.

LES ÉQUIVALENCES ALIMENTAIRES [1]	
1/2 l de lait (comme source de protéines et de calcium)	4 yaourts 60 g de gruyère = 80 g de saint-paulin 250 g de fromage frais
50 g de viande (comme source de protéines)	50 g de poisson = 40 g de jambon 1 œuf 40 g de gruyère 1/4 l de lait

1. D'après Lestradet.

◆ **Les légumes ne sont pas obligatoires**

Certains parents dépensent beaucoup de temps et d'énergie à forcer leurs enfants à manger des légumes verts. En fait, les enfants n'aiment guère ces légumes et préfèrent souvent les fruits, qui ont la même valeur diététique. Le potage du soir n'est qu'un reliquat de nos traditions paysannes. Il n'a pas grand intérêt pour une population sédentaire, qui n'a plus l'occasion de perdre des grandes quantités d'eau et de sels minéraux dans un travail physique intense. Pourquoi forcer un enfant qui rechigne devant la soupe, alors que celle-ci peut disparaître sans inconvénient pour sa santé ?

◆ **Le pain et les biscuits**

En dehors de l'intolérance au gluten, la **consommation modérée** de pain de blé ou de biscuits ne peut avoir aucun inconvénient pour l'enfant. Pain et biscuits peuvent s'utiliser à la main dès l'âge de six mois... à condition de ne pas gaver l'enfant à longueur de journée. Au début, un biscuit ou une fine tranche de pain par jour suffit largement.

Le pain complet, qui devient très à la mode, n'est pas adapté aux jeunes enfants. Le son est souvent mal toléré par l'intestin, d'où diarrhées et fermentations, et il est riche en acide phytique, qui empêche par compétition l'absorption du calcium et du fer. Enfin, sa richesse en vitamines du groupe B n'est pas un argument puisqu'une alimentation normalement diversifiée en apporte largement assez.

◆ **Un enfant qui a soif doit boire**

Et boire autant qu'il le désire. Il n'y a aucun risque. Tous les interdits dont on accable les enfants sont absurdes : ne pas boire quand on a chaud, ne pas boire quand on a froid, ne pas boire avant les repas, ne pas boire avant tel ou tel aliment...

Un enfant qui veut boire doit boire, et si possible **de l'eau**. Éviter les boissons sucrées (orangeades, limonades, sodas, Coca-Cola) qui contiennent plus de 100 grammes de saccharose par litre. Ce sucre, beaucoup trop consommé de nos jours (bonbons, friandises, boissons sucrées), est le principal facteur de développement de caries dentaires et d'obésité. Rationner le sucre, c'est protéger le poids et les dents des enfants.

Cinquième erreur : avoir peur des aliments en conserve

Les récits des premières expéditions polaires ont laissé un souvenir indélébile dans l'esprit des Européens, qui se traduit par une grande méfiance à l'égard des conserves. C'est une erreur.

Les conserveries actuelles sont soumises à des réglementations draconiennes et sortent des produits d'excellente qualité, peut-être supérieure à celle des légumes prétendus frais qui ont séjourné plusieurs jours dans des wagons, des camions ou des entrepôts.

Les légumes industriels pour nourrissons (aussi bien les poudres de légumes que les petits pots) sont le plus souvent d'excellente qualité. Le décret du 1er juillet 1976 a clairement réglementé leur composition aussi bien en protéines qu'en sodium pour mieux les adapter aux nourrissons.

Outre leur commodité d'emploi, les conserves ont de multiples avantages :

• Elles présentent un aliment qui contient toute la substance des légumes sous une forme fluide, donc miscible au lait du biberon, ce que les parents ne peuvent obtenir qu'avec un mixer puissant.

• Elles apportent en fait des légumes plus frais, parce que mis en conserve dès la récolte et parce que les techniques actuelles de conserverie épargnent mieux la qualité des constituants que les transports ou le stockage prolongé.

Il semble que, pour la courte durée d'introduction d'une petite quantité de légumes dans les biberons d'un nourrisson, le maniement des conserves soit plus pratique et mieux adapté aux besoins que celui du bouillon de légumes traditionnel.

Étant donné les faibles quantités nécessaires, l'argument financier devient négligeable alors que celui du gain de temps et d'énergie ne l'est pas. Il n'est sans doute plus raisonnable et nécessaire aujourd'hui d'imposer aux mères de familles l'obligation quotidienne d'éplucher des légumes et de les faire cuire pendant une ou deux heures en imprégnant leur logement de l'odeur du poireau. Tout le temps qu'une mère gagne ainsi, toute la fatigue qu'elle évite, peuvent se transformer en disponibilité pour l'enfant, en présence calme pour le reste de la famille. Cela ne vaut-il pas la peine, au moins de temps en temps ?

Je ne milite pas pour la consommation de conserves à tout prix. Si vous possédez un jardin, si vous avez facilement de beaux légumes frais, si vous aimez faire la soupe à l'ancienne pour toute la famille, ne vous privez pas. Le goût sera différent. Vous vous régalerez tous ensemble... et bébé aussi !

Un mot sur les surgelés : c'est un merveilleux moyen de conservation des aliments, qui préserve presque intégralement la composition et la teneur en vitamines. Vérifiez seulement que les exigences de la chaîne du froid sont respectées.

Sixième erreur : mal répartir l'alimentation dans la journée

Les habitudes françaises à cet égard sont très critiquables. Comment les améliorer ?

◆ Prévoir dès le plus jeune âge un **petit déjeuner complet.** Le nôtre est trop pauvre après une longue nuit de jeûne. Essayez d'y apporter lait ou fromage, jus de fruits, farine ou tartines. Et si l'enfant le désire, une boisson chaude ou froide de complément, pas obligatoirement du lait quand la ration de fromage est correcte.

◆ **Le repas de midi** peut être plus simple : un plat de protéines (viande, poisson ou œuf), des légumes, un peu de pain et de fromage, un fruit. Cela suffit.

◆ **Le goûter** pourrait se rapprocher du petit déjeuner et être plus complet.

◆ **Le repas du soir doit être plus léger,** mais apporter une certaine quantité de produits libérant lentement et régulièrement des glucides pendant la longue période de jeûne nocturne : protéines et féculents y sont donc indiqués.

◆ En résumé

- *La **seule erreur vraie** serait de se poser trop de questions sur cette période de transition entre le lait et les « repas comme un grand ».*
- *Il faut éviter de se compliquer la vie. On peut dès six mois proposer à l'enfant un peu de tout, lui donner les mêmes aliments qu'au reste de la famille pour éviter la fatigue inutile de multiples menus différents, l'habituer autant que possible à tous les goûts et consistances des aliments. Il s'y fera vite. Il sera heureux et fier de se sentir devenir grand.*
- *Une seule précaution indispensable : lui conserver le plus longtemps possible, pendant les premières années, une très large ration de lait (ou de ses dérivés) pour favoriser au mieux sa croissance et son épanouissement.*

Annexes

Bibliographie

◆ **Ouvrages généraux**

Akre (J.) sous la direction de, « L'alimentation infantile, Bases physiologiques », *Bulletin de l'OMS*, supplément au vol. 67, 1989.

Aubert-Godard (A.), Ben Soussan (P.), Didierjean (C.) et al., *Allaiter*, Erès, « Mille et un bébés », 1999.

Beier (U.), *Contes africains de la Création*, Federop, 1966.

Berg (A.), *The Nutrition Factor*, États-Unis, 1972.

Bertherat (T.), Bernstein (C.), *Le corps a ses raisons*, Le Seuil, 1976.

Bonnet (D.), Le Grand-Sebille (C.), Morel (M.-F.), *Allaitements en marge*, L'Harmattan, 2002.

Brewster (D., P.), *You can breastfeed your baby... even in special situations*, États-Unis, Rodale, 1979.

Cahiers du Nouveau-né, *Naître... et ensuite ?*, Stock, 1978.

Cahiers du Nouveau-né, *D'amour et de lait*, Stock, 1980.

Cazeaux (P.), *Accouchements* (7ᵉ éd.), Chamerol et Lauwereyns, Paris, 1867.

Clark (C.), *Le Livre de l'allaitement maternel*, Intrinsèque, Québec, 1977.

Colin (M.), *Un bébé en analyse*, Pierre Horay, 1978.

Comité national de l'enfance, *L'Enfant du premier âge*, 1980.

Dana (J.), *Et nous aurions beaucoup d'enfants*, Le Seuil, 1979.

Darmon (P.), *Le Mythe de la procréation à l'âge baroque*, J.-J. Pauvert, 1977.

Delouis (C.), Richard (P.), « La lactation », *La Reproduction chez les mammifères et l'homme*, éditions de l'INRA, « Ellipses », pp. 487-514.

De Schuiteneer (B.), De Coninck (B.), « Médicaments et allaitement », Centre antipoison, Bruxelles, 1992.

Dufour (H.), *La Guenon qui pleure*, Grasset, 1980.

Fischer (C.), « La position de l'enfant au sein », *Médecine et enfance* (1987), 7, n° 5, pp. 223-238.

Fomon (S.), *Infant nutrition*, W.B. Saunders, 1974.

Horvilleur (Dr A.), *Vous ne pouvez plus ignorer l'homéopathie*, Camugli, 1975.

Huard (P.), Laplane (R.), *Histoire illustrée de la puériculture*, éd. Roger Dacosta, 1979.

Jaubert (M.J.), *Les Bateleurs du mal joli*, Balland, 1979.

Koechlinswartz (D.), Granier Rivière (M.E.), *Médecine douce pour vos enfants*, Stock 2, Pratique, 1977.

Laborde (M.), *Bébé d'amour*, Stock, 1979.

Laroque (P.) sous la direction de, *Les Institutions sociales en France*, La Documentation française, 1980.

Lawrence (R.A.), *Breastfeeding*, Pediatrics in review, 1989, 11, n° 6, pp. 163-171.

Leboyer (F.), *Pour une naissance sans violence*, Le Seuil, 1974.

Leche League internationale, *L'Art de l'allaitement maternel*, 1978.

Leclerc (A.), *Parole de femme*, Grasset, 1974.

Loux (F.), *Le Jeune Enfant et son corps dans la médecine traditionnelle*, Flammarion, 1978.

Manushkin (F.), Himler (R.), *Bébé*, École des loisirs.

Marfan (A.B.), *Traité de l'allaitement*, Masson et Cie, 4e éd., 1930.

Martinet (J.), Houdebine (L.M.), *Biologie de la lactation*, éditions Inserm-INRA, avril 1993.

Mathiot (G.), Vermeil (G.), *Bon appétit de un jour à 20 ans*, Stock, 1972.

Maury (Dr E.A.), Rudder (C. de), *Dictionnaire familial des médecines naturelles*, France Loisirs, 1978.

Mendel (G.), *Quand plus rien ne va de soi, Apprendre à vivre avec l'incertitude*, R. Laffont, 1979.

Metge (J.) (sous la direction de), *La Production laitière*, Nathan, 1990, chapitre VIII, pp. 151-162.

Milinaire (C.), *Naissance*, Albin Michel, 1977.

Montagner (H.), Schaal (B.), *Données nouvelles sur les systèmes d'interaction entre le nouveau-né et sa mère*, éditions du CNRS, « Comportements » n° 6, 1986, pp. 125-154.

Montagu (A.), *La Peau et le Toucher*, Seuil, 1977.

Morley (D.), *Pédiatrie dans les pays en développement, Problèmes prioritaires*, Flammarion Médecine-Sciences, 1977.

Odent (M.), *Bien naître*, Le Seuil, 1976.

Odent (M.), *Genèse de l'homme écologique*, Épi, 1979.

OMS, *Déclaration de consensus à l'issue de la consultation OMS/Unicef sur la transmission du VIH et l'allaitement au sein*, Genève, 30 avril-1er mai 1992, WHO/GPA/INF 92.1.

OMS, *Protection, encouragement et soutien de l'allaitement maternel, Le rôle spécial des services liés à la maternité, déclaration conjointe OMS et FISE*, Genève, 1989.

Parat (h.), *L'Érotique maternelle : psychanalyse de l'allaitement*, Dunod, 1999.

Philippeau (A.F.), *Manuel d'obstétrique et de gynécologie*, Paris, 1899.

Roques (N., sous la direction de), *L'Allaitement maternel*, Spirale n°27, Erès, 2003.

Royal College of midwives, *Pour un allaitement réussi : physiologie de la lactation et soutien aux mères*, Masson, 2003.

Rosenstiehl (A.), *La Naissance*, Centurion Jeunesse, 1977.

Schaal (B.), Porter (R.), « L'olfaction et le développement de l'enfant », *La Recherche*, déc. 1990, 227, vol. 21, pp. 1502-1510.

Short (R.), « Hormones et allaitement », *Ces hormones qui nous gouvernent*, ouvrage collectif préfacé par P. Mauvais-Jarvis, « Bibliothèque pour la science », juillet 1990, pp. 46-57.

Soulé (M.), Blin (D.), (sous la direction de), *L'Allaitement maternel : une dynamique à bien comprendre*, Érès, 2003.

Terrien (E.), *Précis d'alimentation des nourrissons*, Masson, 1939.

Trémolières (J.), Serville (Y.), Jacquot (R.), *Manuel élémentaire d'alimentation humaine*, tome II, « Les aliments », 7e éd., éditions ESF, 1977.

Weill (E.), *Précis de médecine infantile*, Testud, DOIN, 1900.

Wright (S.), « Hypothalamus et système limbique », *Physiologie appliquée à la médecine*, Flammarion Médecine-Sciences, 1989, pp. 381-391.

◆ Articles

American Academy of Pediatrics, *A woman's guide to breastfeeding*, Elk Grove Village, AAP, 2000.

American Academy of Pediatrics, « The transfer of drug and other chemicals into human milk », *Pediatrics*, 108 (3), 2001, pp. 776-789.

Academy of Breastfeeding Medicine, *Guidelines for glucose monitoring and treatment of hypoglycemia in term breastfed neonates*, San Diego, ABM, 1999.

Auerbach (K.G.), Guss (E.), « Maternal employment and breastfeeding. A study of 567 women's experiences », *Am. J. Dis. Child*, 138, 1984, pp. 958-960.

Auerbach (K.G.), Renfrew (M.J.), Minchin (M.), « Infant feeding comparisons : a hazard to infant health ? », *J. Hum. Lact.*,7 (2), 1991, pp. 63-68.

Christensson (K.), Siles (C.), Moreno (L.), Belaustequi (A.), De La Fuente (P.), Lagercrantz (H.) *et al.*, « Temperature, metabolic adaptation and crying in healthy full-term new-borns cared for skin-to-skin or in a cot », *Acta Paediatr.*, 81, 1992, pp. 488-493.

Christensson (K.), Cabrera (T.), Christensson (E.), Uvnas-Moberg (K.), Winberg (J.), « Separation distress call in the human neonate in the absence of maternal body contact », *Acta Paediatr.*, 84, 1995, pp. 468-473.

Coordination française pour l'allaitement maternel (COFAM), *Ressources pour l'allaitement maternel*, Guide des organisations et des documents, 2001.

Cornblath (M.), Hawdon (J.M.), Williams (A.F.), Aynsley-Green (A.), Ward-Platt (M.P.), Schwartz (R.) *et al.*, « Controversies regarding definition of neonatal hypoglycemia : suggested operational thresholds », *Pediatrics*, 105 (5), 2000, pp. 1141-1145.

Daly S.E.J., Hartmann P.E., « Infant demand and milk supply/part 2. The short-term control of milk synthesis in lactating women », *Journal of Human Lactation*, 1995, 11 (1) : 25-37.

Daly S.E.J., Owens R.A., Hartmann P.E., « Frequency and degree of milk removal and the short term control of human milk synthesis », *Experimental Physiology*, 1996, 81: 861-875.

Décret n° 98-688 du 30 juillet 1998 pris en application de l'article L. 121-53 du Code de la consommation et relatif à la distribution gratuite des préparations pour nourrissons, à la documentation et au matériel de présentation les concernant. *Journal Officiel* du 8 août 1998.

Direction de la recherche, des études, de l'évaluation et des statistiques, *Certificats de santé du 8e jour. Taux en pourcentage : nombre d'enfants allaités par leur mère en France métropolitaine*, Paris, DREES, déc. 2002.

Donnet-Hughes (A.), Duc (N.), Serran (P.), Vidal (K.), Schiffrin (E.J.), « Bioactive molecules in milk and their role in health and disease : the role of transforming growth factor-b », *Immunology and Cell Biology*, 78, 2000, pp. 74 –79.

Evans (K.), Evans (R.), Simmer (K.), « Effect of the method of breast feeding on breast engorgement, mastitis and infantile colic », *Acta Paediatr.*, 84 (8), 1995, pp. 849-852.

Fetherston (C.), « Mastitis in lactating women : physiology or pathology ? », *Breastfeed Rev.*, 9 (1), 2001, pp. 5-12.

Foxman (B.), D'Arcy (H.), Gillespie (B.), Bobo (J.K.), Schwartz (K.), « Lactation mastitis : occurence and medical management among 946 breastfeeding women in the United States », *Am. J. Epidemiol.*, 155 (2), 2002, pp. 103-114.

Gojard (S.), *L'alimentation dans la prime enfance, diffusion et réception des normes de puériculture*, communication pour les « Journées jeunes chercheurs INRA » du 30 septembre 1999, Paris, INRA, 1999.

Groupe de travail pour la promotion de l'allaitement maternel dans le département du Nord, « Dossier pour la promotion de l'allaitement maternel », *Ann. Pédiatr.*, 8 (8), 2001, pp. 865-874.

Hartmann P.E., Cregan M.D., Ramsay D.T., Simmer K., Kent J.C., « Physiology of lactation in preterm mothers : initiation and maintenance », *Pediatric Annals*, 2003, 32 (5) : 351-355.

Hawdon (J.M.), Platt (M.P.W.), Aynsley-Green (A.), « Patterns of metabolic adaptation for preterm and term infants in the first neonatal week », *Arch. Dis. Child*, 67, 1992, pp. 357-365.

Hawdon (J.M.), « Hypoglycaemia and the neonatal brain », *Eur. J. Pediatr.*, 158 (suppl 1), 1999, pp. 9-12.

Howard (C.R.), Howard (F.M.), Lanphear (B.), de Blieck (E.A.), Eberly (S.), Lawrence (R.A.), « The effects of early pacifier use on breastfeeding duration (abstract) », *Pediatrics*, 103(3), 1999, p. 659.

Jansson (U.M.), Mustafa (R.N.T.), Khan (M.A.), Lindblad (B.S.), Widstrom (A.M.), « The effects of medically-orientated labour ward routines on prefeeding behaviour and body temperature in newborn infants », *J. Trop. Pediatr.*, 41, 1995, pp. 360-363.

Kramer (M.S.), Kakuma (R.), « Optimal duration of exclusive breastfeeding » (*Cochrane Review*), in *The Cochrane Library*, Issue 1, Oxford, Update Software, 2002.

Kramer (M.S.), « Maternal antigen avoidance during lactation for preventing atopic disease in infants of women at high risk » (*Cochrane Review*), in *The Cochrane Library*, Issue 4, Oxford, Update Software, 2001.

Labbok (M.), Krasovec (K.), « Toward consistency in breastfeeding definitions », *Stud. Fam. Plann.*, 21(4), 1990, pp. 226-230.

Labbok (M.H.), Hight-Laukaran (V.), Peterson (A.E.), Fletcher (V.), Von Hertzen (H.), Van Look (P.F.), « Multicenter study of the Lactational Amenorrhea Method (LAM) : I. efficacy, duration, and implications for clinical application », *Contraception*, 55 (6), 1997, pp. 327-336.

Langhendries (J.P.), « À la perpétuelle redécouverte du lait maternel », *Arch. Pediatr.*, 9, 2002, pp. 543-548.

Lawrence (R.A.), *Breastfeeding : a guide for the medical profession*, St Louis, Mosby, 1999.

Lawrence (R.A.), « A review of the medical benefits and contraindications to breastfeeding in the United States » (*Maternal and Child Health Technical Information Bulletin*), Arlington VA, National Center for Education in Maternal and Child Health, 1997.

Marchini (G.), Persson (B.), Hagenäs (L.), « Hunger behaviour contributes to early nutritional homeostasis », *Acta Paediatr.*, 87, 1998, pp. 671-675.

McKenna (J.J.), Mosko (S.S.), Richard (C.A.), « Bedsharing promotes breastfeeding », *Pediatrics*, 100 (2), 1997, pp. 214-219.

Matthiesen (A.S.), Ransjo-Arvidson (A.B.), Nissen (E.), Uvnas-Moberg (K.), « Postpartum maternal oxytocin release by newborns : effects of infant hand massage and sucking », *Birth*, 28 (1), 2001, pp. 13-19.

Martin-Calama (J.), Bunuel (J.), Valero (T.), Labay (M.), Lasarte (J.), Valle (F.) *et al.*, « The effect of feeding glucose water to breastfeeding newborns on weight, body temperature, blood glucose, and breastfeeding duration », *J. Hum. Lact.*, 13(3), 1997, pp. 209-213.

Osterman (K.L.), Rahm (V.A.), « Lactation mastitis : bacterial cultivation of breast milk, symptoms, treatment, and outcome », *J. Hum. Lact.*, 16(4), 2000, pp. 297-302.

Neifert (M.R.), « Clinical aspects of lactation. Promoting breastfeeding success », *Clin. Perinatol.*, 26 (2), 1999, pp. 281-306.

Neifert (M.R.), Lawrence (R.A.), Seacat (J.), « Nipple confusion : toward a formal definition », *J. Pediatr.*, 126 (suppl 6), 1995, pp. 125-129.

Neville (M.), « Physiology of lactation », *Clinics in perinatology*, 26 (2), 1999, pp. 251-279.

Newman (J.), Pittman (T.), *Dr Jack Newman's guide to breastfeeding*, Ontario, HarperCollins Publishers, 2000.

Picciano (M.F.), « Nutritional composition of human milk », *Pediatric Clinic of North America*, 48 (1), 2001, pp. 53-67.

Pinilla (T.), Birch (L.L.), « Help me make it through the night : behavioural entrainment of breast-fed infant's sleep patterns », *Pediatrics*, 91(2), 1993, pp. 436-444.

Renfrew (M.J.), Woolridge (M.W.), McGill (H.R.), *Enabling women to breastfeed. A review of practices which promote or inhibit breastfeeding with evidence-based guidance for practice*, London, The Stationery Office, 2000.

Renfrew (M.J.), Lang (S.), Woolridge (M.W.), « Early versus delayed initiation of breastfeeding » (*Cochrane Review*), in *The Cochrane Library*, Issue 2, Oxford, Update Software, 2001.

Renfrew (M.J.), Lang (S.), Martin (L.), Woolridge (M.W.), « Feeding schedules in hospitals for newborn infants » (*Cochrane Review*), in *The Cochrane Library*, Issue 4, Oxford, Update Software, 2001.

Renfrew (M.J.), Lang (S.), Martin (L.), Woolridge (M.), « Interventions for influencing sleep patterns in exclusively breastfed infants » (*Cochrane Review*), in *The Cochrane Library*, Issue 2, Oxford, Update Software, 2001.

Righard (L.), Alade (O.M.), « Effects of delivery room routines on success of first feed », *Lancet*, 336, 1990, pp.1105-1107.

Righard (L.), Alade (M.O.), « Sucking technique and its effect on success of breastfeeding », *Birth*, 1992,19 (4), pp. 185-189.

Righard (L.), Flodmark (C.E.), Lothe (L.), Jakobsson (I.), « Breastfeeding patterns : comparing the effects on infant behavior and maternal satisfaction of using or two breasts », *Birth*, 20 (4), 1993, pp. 182-185.

Righard (L.), « Are breastfeeding problems related to incorrect breastfeeding technique and the use of pacifiers and bottles ? », *Birth*, 25 (1), 1998, pp. 40-44.

Rodriguez (G.), Ventura (P.), Samper (M.P.), Moreno (L.), Sarria (A.), Perez-Gonzalez (J.M.), « Changes in body composition during the initial hours of life in breast-fed healthy term newborns », *Biol. Neonate*, 77 (1), 2000, pp. 12-16.

Schwetterlé (F.), « Évolution d'un projet de service dans une maternité », in *Santé Homme*, 1999, pp. 335-339.

Short (R.V.), Lewis (P.R.), Renfree (M.B.), Shaw (G.), « Contraceptive effects of extended lactational amenorrhea : beyond the Bellagio Consensus », *Lancet*, 337, 1991, pp. 715-717.

Sikorski (J.), Renfrew (M.J.), Pindoria (S.), Wade (A.), « Support for breastfeeding mothers » (*Cochrane Review*), in *The Cochrane Library*, Issue 1, Oxford, Update Software, 2002.

Snowden (H.M.), Renfrew (M.J.), Woolridge (M.W.), « Treatment for breast engorgement during lactation » (*Cochrane Review*), in *The Cochrane Library*, Issue 1, Oxford, Update Software, 2002.

Uvnäs-Moberg (K.), « The gastrointestinal tract in growth and reproduction », *Sci. Am.*, 1989, pp. 60-65.

Valdes (V.), Labbok (M.H.), Pugin (E.), Perez (A.), « The efficacy of the lactational amenorrhea method (LAM) among working women », *Contraception*, 62 (5), 2000, pp. 217-219.

Westphal (M.F.), Taddei (J.A.), Venancio (S.I.), Bogus (C.M.), « Breastfeeding training for health professionals and resultant institutional changes », *Bull. World Health Organ*, 73, 1995, pp. 461-468.

Widström (A.M.), Wahlberg (V.), Matthiesen (A.S.), « Short-term effects of early suckling and touch of the nipple on maternal behavior », *Early Hum. Dev.*, 21, 1990, pp. 153-163.

Widström (A.M.), Thingstrom-Paulsson (J.), « The position of the tongue during rooting reflexes elicited in newborn infants before the first suckle », *Acta Paediatr.*, 82 (3), 1993, pp. 281-283.

Widström (A.M.), Ransjö-Arvidson (A.B.), Christensson (K.), Matthiesen (A.S.), Winberg (J.), Uvnäs-Moberg (K.), « Gastric suction in healthy newborn infants. Effects on circulation and developing feeding behaviour », in Widström (A.M.) éd., *Studies on breast-feeding : behaviour and peptide hormone release in mothers and infants. Applications in delivery and maternity ward care*, Stockholm, Kongl Carolinska Medico ChirurGiska Institutet, 2001.

Woolridge (M.W.), « The anatomy of infant sucking », *Midwifery*, 2 (4), 1986, pp. 164-171.

Woolridge (M.W.), « Baby-controlled breastfeeding. Biocultural implications », in Stuart-Macadam (P.), Dettwyller(K.A.), *Breastfeeding. Biocultural perspectives*, New York, Aldine De Gruyter, 1995, pp. 217-242.

Woolridge (M.W.), Fisher (C.), « Colic, "overfeeding", and symptoms of lactose malabsorption in the breast-fed baby : a possible artifact of feed management ? », *Lancet*, 2 (8607), 1988, pp. 382-384.

World Health Organization, *Protecting, promoting and supporting breast feeding : the special role of maternity services*, Genève, WHO, 1989.

World Health Organization, *Indicators for assessing breastfeeding practices. Reprinted report of an informal meeting 11-12 june 1991*, Genève, WHO, 1991.

World Health Organization, *Indicators for assessing health facility practices that affect breastfeeding*, Genève, WHO, 1993.

World Health Organization, *An evaluation of infant growth. A summary of analyses performed in preparation for the WHO expert committee on physical status : the use and interpretation of anthropometry*, Genève, WHO, 1994.

World Health Organization, « Connaissances et attitudes des personnels de santé concernant les pratiques d'alimentation du nourrisson », *Wkly. Epidemiol. Rec.*, 70, 1995, pp. 117-120.

World Health Organization, *Promoting breast-feeding in health facilities. A short course for administrators and policy-markers*, Genève, WHO, 1996.

World Health Organization, *Essential newborn care. Report of a technical working group. Trieste, 25-29 april 1994*, Genève, WHO, 1996.

World Health Organization, *Hypoglycaemia of the newborn : review of the literature*, Genève, WHO, 1997.

World Health Organization, *Complementary feeding of young children in developing countries : a review of current scientific knowledge*, Genève, WHO, 1998.

World Health Organization, « The World Health Organization multinational study of breast-feeding and lactational amenorrhea. III. Pregnancy during breastfeeding », *Fertil. Steril.*, 72 (3), 1999, pp. 431-440.

World Health Organization, *Données scientifiques relatives aux dix conditions pour le succès de l'allaitement*, Genève, WHO, 1999.

World Health Organization, *Mastitis. Causes and management*, Genève, WHO, 2000.

World Health Organization, *Feeding and nutrition of infants and young children*, Genève, WHO, 2000.

World Health Organization, *Healthy eating during pregnancy and breastfeeding. Booklet for mothers*, Genève, WHO, 2001.

World Health Organization, *Breastfeeding and replacement feeding practices in the context of mother-to-child transmission of HIV. An assessment tool for research*, Genève, WHO, 2001.

Yamauchi (Y.), Yamanouchi (I.), « The relationship between rooming-in / not rooming-in and breastfeeding variables », *Acta Paediatr. Scand.*, 79 (11), 1990, pp.1017-1022.

Où trouver les réponses aux principales questions que vous vous posez

◆ **Prendre une décision**
– Quelle maternité choisir ? 128
– Pourquoi le lait humain est-il meilleur ? 80, 84
– Quelles femmes peuvent allaiter ? 24
– Que faire si l'on ne veut pas allaiter ? 105, 122
– Peut-on allaiter avec des mamelons peu ou pas formés ? 60, 121, 127, 161, 178
– Est-il vrai que l'allaitement fatigue ? 113
– Faut-il avoir de gros seins pour avoir beaucoup de lait ? 28, 115
– Quelles sont les contre-indications à l'allaitement maternel pour la mère ?
  Pour l'enfant ? 119, 121
– Comment le lait se fabrique-t-il ? 75
– Quelle est l'évolution du lait maternel ? 79, 84, 158
– Le lait de femme peut-il être dangereux ? 95, 119
– À quoi sert le colostrum ? 82 sq, 145
– Le père et l'allaitement ? 111, 229

◆ **Les premières tétées**
– Quels sont les soins d'hygiène pour les seins avant et après les tétées ? 48, 165
– Quels sont les mécanismes de la lactation ? 38 sq, 62 sq, 77
– Comment se préparer à l'allaitement ? 125
– Comment s'installer pour allaiter ? 45
– Comment donner le sein après une césarienne ? 149
– Pourquoi une tétée précoce ? 132, 145, 165
– Pourquoi des tétées à horaire libre ? 152 sq, 207
– À quel moment le nouveau-né sait-il le mieux téter ? 143
– Faut-il nourrir un enfant la nuit ? 207
– Faut-il lui donner à boire en plus ? 87
– Quel est le nombre de tétées par jour ? 155, 207
– Combien de temps dure une tétée ? 66, 155, 208
– Faut-il donner les deux seins ? 68, 165
– Peut-on allaiter des jumeaux ou des triplés ? 68, 219
– Pourquoi est-il inutile de peser l'enfant avant et après une tétée ? 154, 157
– Quelle est la courbe de poids normale d'un nouveau-né les deux premières
  semaines ? 157

– Quelle est la courbe de poids normale d'un nourrisson pendant les premiers mois ? 209

◆ **Les difficultés**
– Pourquoi les seins sont-ils tendus et lourds les premières semaines ? 33, 54
– D'où vient la douleur des mamelons lors des tétées ? 29, 41, 56
– Que signifient les contractions utérines pendant les premières tétées ? 61, 146
– Quelles sont les raisons du manque de lait ? 52, 166, 179
– Que faire pour stimuler une montée laiteuse ? 160, 180
– Pourquoi la montée de lait peut-elle être douloureuse et que faire ? 27, 61, 160
– Est-il vrai qu'il faut boire beaucoup ? 172, 181, 212
– Que faire si les seins débordent ? 182
– Qu'est-ce qu'une lymphangite ? Un abcès au sein ? 194, 199
– Comment prévenir et soigner l'engorgement ? 28, 160, 169, 171, 193
– Comment prévenir et soigner les crevasses ? 189-190
– Que faire en cas d'hospitalisation de la mère ou de l'enfant ? 219-220
– Que faire si la maman doit s'absenter quelques jours ? 212, 220-221
– Comment conserver du lait humain ? 212
– Que faire devant un bébé qui tète mal ou ne veut pas téter ? 148, 175
– Doit-on vacciner un enfant au sein ? 210
– Que faire devant une maladie ou une malformation du nouveau-né ? 149
– Quels sont les médicaments qu'une femme ne peut pas prendre pendant son allaitement ? 98
– Comment arrêter une lactation ? 122
– Peut-on rétablir une lactation après l'avoir arrêtée totalement ? 221
– Quand utiliser le tire-lait ? 167

◆ **La mère et son corps**
– Quelle est l'action de l'allaitement sur l'organisme maternel ? 68, 238
– Peut-on avoir une sexualité normale pendant un allaitement ? 116, 216
– Comment remaigrir en allaitant ? 70, 116, 216
– Comment doit se nourrir une femme qui allaite ? 211
– L'allaitement abîme-t-il les seins ? 32, 114
– Est-il nécessaire d'utiliser téterelles, niplettes et autres accessoires ? 18, 64, 166
– Une femme qui allaite peut-elle à nouveau être enceinte ? 69, 213
– Quelle contraception choisir pendant un allaitement ? 69, 216

◆ **Le sevrage**
– Quel est le meilleur moment pour le sevrage ? 224, 232
– Comment réussir un sevrage ? 232 sq
– Faut-il sevrer un enfant malade ? 234-235

– Sèvre-t-on sans difficultés un enfant de plus de trois mois ? 225, 229, 237
– Comment préparer un biberon ? 244
– Les biberons de complément. Pourquoi ? Quand ? 50, 165
– Comment réaliser le changement de lait ? 243
– Quel lait artificiel choisir ? 85 sq, 89, 241
– Que penser des conserves alimentaires ? 255
– Quel est le rôle des farines dans l'alimentation du nouveau-né ? 252
– D'où viennent les habitudes actuelles de diversification précoce de l'alimentation ? 251
– Quand faut-il donner du jus de fruit et des vitamines ? 246

◆ **À qui demander conseil ?**
• *Association Solidarilait*
   26, bd Brune, 75014 Paris. Tél. : 01 40 44 70 70.
• *Leche League*
   B.P. 18, 78260 L'Étang-la-Ville. Tél. : 01 39 58 45 84.

À ces deux numéros, un répondeur automatique donne les coordonnées d'une personne pouvant vous aider ou vous renseigner.
Pour connaître les associations proches de votre domicile, vous pouvez écrire (en joignant une enveloppe timbrée pour la réponse) :
– aux deux associations ci-dessus ;
– au Courrier Inter-Associations, A.P.A. Strasbourg, B.P. 42, 67044 Strasbourg Cedex.

◆ **Les sites internet sur l'allaitement**

Le site de référence en langue française
http ://santeallaitementmaternel.com

Associations de soutien aux parents
http ://www.info-allaitement-17.com/cofam/
http ://www.lllfrance.org/
http ://www.allaitement-jumeaux.com/
http ://www.infor-allaitement.be/
http ://perso.wanadoo.fr/ipa/

Le site du Dr Marie Thirion
http ://co-naitre.net/

Où trouver des tire-lait et du matériel pour l'allaitement
http ://www.almafil.com/
http ://www.medela.ch/

Sites d'informations scientifiques
http ://www.anaes.fr/ANAES/anaesparametrage.nsf/HomePage ?ReadForm
http ://www.ibfan.org/
http ://www.who.int/site/fr/
http ://www.afpa.org/

Liste des lactariums en 2004

Amiens
LACTARIUM D'AMIENS, hôpital Nord, Pédiatrie II
Place Victor-Paudret, 80030 Amiens
Tél. : 03 22 55 82 88

Bordeaux
LACTARIUM DÉPARTEMENTAL, hôpital Pellegrin-Enfants
Place Amélie-Rabba-Léon, 33077 Bordeaux Cedex
Tél. : 05 56 79 59 25 / 05 56 79 59 14

Brest
LACTARIUM DE BRETAGNE OCCIDENTALE
Service Pierre-Royer, hôpital Morvan,
CHRU Brest, 29200 Brest
Tél. : 02 98 22 33 33, poste 20002

Cherbourg
LACTARIUM DE CHERBOURG, CH Louis-Pasteur
46, rue du Val-de-Saire, 50102 Cherbourg
Tél. : 02 33 20 70 00, poste 36501
(à partir de 14 h : 02 33 20 76 63)

Clermont-Ferrand
LACTARIUM, Hôtel-Dieu, Service biberonnerie,
avenue Vercingétorix, 63003 Clermont-Ferrand Cedex
Tél. : 04 73 31 60 00, poste 4413

Dijon
LACTARIUM, CHRU Bocage
Maternité du Bocage, 2, bd du Maréchal-de-Lattre-de-Tassigny, 21000 Dijon
Tél. : 03 80 29 38 34

Grenoble
LACTARIUM RHÔNE-ALPES, antenne de Grenoble
Hôpital La Tronche, B.P. 217, 38043 Grenoble Cedex
Tél. : 04 76 42 51 45

Lille
LACTARIUM RÉGIONAL
Avenue Oscar-Lambret, 59 000 Lille
Tél. : 03 22 44 50 50

Lyon
LACTARIUM, hôpital Debrousse
29, rue Sœur-Bouvier, 69005 Lyon
Tél. : 04 72 38 55 68

Marmande
LACTARIUM Dr Raymond-Fourcade, Croix-Rouge française
Avenue des Martyrs-de-la-Résistance, 47200 Marmande
Tél. : 05 53 64 26 22

Montpellier
LACTARIUM MONTPELLIER, CHU hôpital Arnaud-Villeneuve
374, avenue du Doyen-Gaston-Giraud, 34059 Montpellier
Tél. : 05 67 33 66 99

Mulhouse
LACTARIUM CH MULHOUSE, hôpital du Hasenrein
Avenue d'Altkirch, 68051 Mulhouse
Tél. : 03 89 64 68 91

Nantes
LACTARIUM Jacques-Grislain, CHRU de Nantes
Quai Moncousu, 44035 Nantes Cedex 01
Tél. : 02 40 08 34 82

Orléans
LACTARIUM, CHR Hôpital Porte-Madeleine
1, rue de la Porte-Madeleine, BP 2439, 45032 Orléans Cedex
Tél. : 02 38 74 47 81

Paris
LACTARIUM DE PARIS
26, boulevard Brune, 75014 Paris
Tél. : 01 40 44 39 14

Poitiers
Lactarium de Poitiers, CHRU Jean-Bernard
Avenue Jacques-Cœur, 86000 Poitiers
Tél. : 05 49 44 44 44

Saint-Étienne
LACTARIUM Charles-Beutter, CHRU de Saint-Étienne-Nord
42270 Saint-Priest-en-Jarez Cedex
Tél. : 04 77 93 64 66

Strasbourg
LACTARIUM hôpital de Hautepierre
1, avenue Molière, 67000 Strasbourg
Tél. : 03 88 12 71 99

Tours
LACTARIUM CHRU DE TOURS, hôpital Clocheville,
49, boulevard Bérenger, 37000 Tours
Tél. : 02 47 47 37 34

TABLE DES MATIÈRES

Introduction   9

CHAPITRE I - S'il te plaît, dessine-moi un sein...   15

Des fantasmes bien loin de la réalité   16
  Première vision fausse : le sac   16
  Deuxième vision mythique : la source   18
  Troisième fausse vision : la mère nourricière   19
  Quatrième vision d'horreur : la vache laitière   20
  Cinquième vision fausse : la vision tiers-mondiste ! 21

La réalité de la nature   22
  Le tissu qui produit le lait   23
  La pompe d'éjection   25
  L'éponge sanguine   27
  Le silo   28
  Le démarreur mamelon-aréole   29
  L'emballage cutané   31
  Les saisons du sein   32

CHAPITRE II - Le lait jaillira, ou la physiologie du lien mère-enfant   37

Le signal bébé de la tétée   39
  Téter est une activité buccale très complexe   39
  Téter, c'est prendre un rythme régulier de succion 42
  Téter, c'est aussi une technique spéciale de déglutition   43
  Pour réussir à bien téter, le bébé doit être en éveil et calme   44
  Pour réussir à téter, le bébé doit être en bonne position   45

Le temps de réaction cérébrale   50
  Une région où la volonté n'a pas de prise   51
  Le largage des hormones   51
  Les blocages du mécanisme   52

L'arrivée des hormones hypophysaires   56
  Pendant toute la grossesse   56
  À la sortie du placenta   56

Au bout de trente à soixante-douze heures après la naissance 58
Les signes de l'arrivée des hormones 60

Le jaillissement du lait 62

La régulation de la production du lait 65

Un peu d'horaire, pour ne plus compter... 66

L'action bénéfique sur l'organisme maternel 68
Allaitement et tube digestif 68
Allaitement et utérus 69
Allaitement et fécondité 69
Allaitement et économie d'énergie 70
Allaitement et équilibre 71

**CHAPITRE III - Le lait du petit d'homme
ou la biologie du lien** 73

La fabrication du lait 75
Chaque cellule fabrique tous les constituants du lait 75
Les mécanismes de la fabrication 77

Le lait, spécificité de l'espèce 80

Le colostrum, lait de l'adaptation 82
Le colostrum est un « concentré salé de protéines » 82
Le colostrum évite la déshydratation 83
Une évolution constante 84

Le matériau de construction du tissu humain 84
Le lait maternel est impossible à synthétiser 84
Le lait maternel est le meilleur matériau de construction 87
Le lait humain apporte une large défense anti-infectieuse 91
Les risques du lait humain, et ses inconnues 95
Les alternatives au lait maternel 105

CHAPITRE IV - Choisir l'allaitement et s'y préparer 107

Trois conditions nécessaires et suffisantes 110
Pour allaiter, vivre un corps heureux 110
Pour bien allaiter, choisir ses « conseillers » 111
Pour bien allaiter, choisir ses lectures 112

Faux problèmes et racontars 113
L'allaitement fatigue : faux 113
L'allaitement abîme les seins : faux 114

Petite poitrine, peu de lait : faux   115
Ma mère n'a pas eu de lait, je n'en aurai pas : faux   115
Une femme très jeune ne peut pas avoir beaucoup de lait : faux   115
Dans ma famille, les femmes ont du lait trop clair : faux   116
Une femme qui allaite ne peut pas faire l'amour : faux   116
Au moment du retour de couches, le lait devient mauvais :
    faux   116
Une femme qui allaite reste grosse : faux   116
Le biberon, ça va plus vite : vrai et faux   117
Les bébés nourris au sein sont plus intelligents : vrai et faux   117
Le sevrage est un moment extrêmement dangereux : faux   118
S'il y a nouvelle grossesse, l'allaitement doit être arrêté
    d'urgence : faux   118

Existe-t-il de vraies contre-indications ?   119
Pour l'enfant   119
Pour la mère   120

L'alternative : le blocage de la lactation   122
Les méthodes traditionnelles   122
Les grands moyens   123

Comment se prépare-t-on à allaiter ?   125
Préparer la venue du bébé au sein de la famille   126
Préparer ses seins   126
Apprendre à aimer son corps   128

Le choix de la maternité   128

CHAPITRE V - La première tétée   131

Pourquoi une tétée précoce ?   132
Les petits animaux   132
Le petit d'homme   134

Naissance et première tétée   137
Préparer cet accueil avant la naissance   137
L'enfant vient de naître : prendre le temps de l'accueillir   138

Les avantages médicaux de cette tétée précoce   143
Pour l'enfant   143
Pour la mère   145

Premières tétées et naissances difficiles   146
Premier cas : l'enfant en détresse respiratoire ou neurologique   147
Deuxième cas : l'enfant prématuré   147

Troisième cas : l'enfant hypotrophique ou le retard
de croissance intra-utérin 148
Quatrième cas : les enfants endormis 148
Cinquième cas : les enfants malformés 149
Sixième cas : la mère ayant subi une césarienne 149
Septième cas : les mères ayant une pathologie de la grossesse 149

**CHAPITRE VI - Le séjour hospitalier,
ou la mise en route de l'allaitement** 151

Une nécessité au début : l'allaitement à chaque éveil du bébé 152
Les objectifs de l'allaitement 152
En pratique, comment cela se passe-t-il ? 153
Le contrôle de l'alimentation et du développement
du nouveau-né 155
L'adaptation de la lactation et des seins 158
Un bébé ne prend jamais « trop » 159

Le début de la lactation 159
Les difficultés de la montée laiteuse 160
L'adaptation des mamelons 161

Les conditions d'un allaitement réussi 162
L'enfant doit être auprès de ses parents 163
Un appui technique vrai pour démarrer l'allaitement 164
Éviter à tout prix les erreurs de technique contraires à la physiologie 165
La surveillance quotidienne des seins 168

Petites difficultés de démarrage 172
Éviter les mauvais conseils 173
Difficultés venant de l'enfant 174
Difficultés venant de la mère 177
Les seins qui débordent, qui coulent tout seuls 182

**CHAPITRE VII - Les problèmes médicaux de l'allaitement,
lésions des mamelons et des seins** 185

Les difficultés fréquentes 187
Les crevasses 187
Les engorgements et canaux bouchés 191
La lymphangite (ou mastite inflammatoire) 194

Les infections sévères du sein 197
La phase de mastite infectieuse 198
L'abcès du sein 199

Allaitement et pathologie mammaire 200
   Les tumeurs du sein 200
   Allaitement et chirurgie mammaire 201

**Chapitre VIII - Les mille et une tétées,
ou la phase d'équilibre** **203**

  Le jardin des délices 204

  Le nourrisson qui va bien 207
   Rythme et horaire des tétées 207
   Durée des tétées 208
   Courbe de poids des premiers mois 209
   Vaccinations chez l'enfant au sein 210
   L'enfant qui a des dents 210

  La mère qui va bien 211
   L'alimentation de la femme qui allaite 211
   La mère peut-elle s'absenter ? 212
   Allaitement, retour de couches et contraception 213
   Allaitement et « remise en forme » 216
   Allaitement et sexualité 216
   Une mère, un nourrisson, une famille et la société 217

  Quelques cas particuliers 219
   Naissance de jumeaux ou de triplés 219
   Hospitalisation de l'enfant 219
   Hospitalisation ou maladie de la mère 220
   Nouvelle grossesse 221
   Rétablir une lactation 221
   La mère qui se retrouve seule 222

Chapitre IX - Le sevrage, un nouveau pas vers la liberté **223**

  Un mot et un moment difficiles à définir 224
   Un mot différent suivant les lieux et les époques 224
   Sevrage précoce et sevrage tardif 224
   Le « sevrage provoqué précoce » 226
   Est-il possible d'allaiter longtemps ? 230

  Les avis des experts pédiatriques 231

  Quelques notions de bon sens 232
   Choisir le meilleur moment 232
   Ne pas se presser 235
   Le lait maternel diminue puis disparaît spontanément 238

Sevrage et changement de lait   241
    Le choix du lait   241
    Comment réaliser le changement de lait   243
    Jus de fruits et vitamines   246

Sevrage et alimentation diversifiée   248
    Première erreur : le faire trop manger   249
    Deuxième erreur : vouloir diversifier trop tôt l'alimentation   251
    Troisième erreur : croire que les farines sont nécessaires   252
    Quatrième erreur : ne pas savoir compenser les déséquilibres   253
    Cinquième erreur : avoir peur des aliments en conserve   254
    Sixième erreur : mal répartir l'alimentation dans la journée   255

Bibliographie   259

Où trouver les réponses aux principales questions
    que vous vous posez   267
    Prendre une décision   267
    Les premières tétées   267
    Les difficultés   268
    La mère et son corps   268
    Le sevrage   268
    A qui demander conseil ?   269
    Les sites internet sur l'allaitement   269

Liste des lactariums en 2004   271

La petite enfance
chez le même éditeur

« Bibliothèque de la famille »

Le Bébé prématuré – *L'accueillir, le découvrir, le soutenir*
Dr Claude BEYSSAC-FARGUES et Sylvie SYFUSS-ARNAUD

Une année dans la vie d'une femme – *Ma grossesse, mon bébé*
Maïté JACQUET et Mathilde NOBÉCOURT

Votre enfant de la naissance à la grande école
Penelope LEACH

L'Adoption – *Comprendre l'enfant, accompagner les parents*
Delphine ROUQUÈS

Les Compétences du nouveau-né
Dr Marie THIRION

Le Sommeil, le Rêve et l'Enfant – *De la naissance à l'adolescence*
Dr Marie THIRION et Marie-Josèphe CHALLAMEL

L'Éveil de votre enfant – *Le tout-petit au quotidien* (nouvelle édition)
Chantal de TRUCHIS

« Questions de parents »

Du berceau à l'école – *Les chemins de la réussite*
Jean-Luc AUBERT

Petits tracas et gros soucis de 1 à 7 ans – *Quoi dire, quoi faire*
Christine BRUNET et Anne-Cécile SARFATI

Aidez-moi à trouver mes marques ! – *Les repères du tout-petit*
Michael ROHR, préface de Etty Buzyn.

Crèches, nounous et Cie – *Modes de garde, mode d'emploi*
Anne WAGNER et Jacqueline TARKIEL